U0528224

成尚荣 著

QINGCHUN
DE
QIZHI
JIAOSHI RENSHENG
DE
YIYI ZUOBIAO

青春的旗帜
教师人生的意义坐标

长江出版传媒
长江文艺出版社

图书在版编目（CIP）数据

青春的旗帜：教师人生的意义坐标 / 成尚荣著. --
武汉：长江文艺出版社，2024.9
（大教育书系）
ISBN 978-7-5702-3326-7

Ⅰ.①青… Ⅱ.①成… Ⅲ.①教师素质 Ⅳ.
①G451.6

中国国家版本馆 CIP 数据核字（2023）第 186679 号

青春的旗帜：教师人生的意义坐标
QINGCHUN DE QIZHI : JIAOSHI RENSHENG DE YIYI ZUOBIAO

责任编辑：秦文苑	责任校对：毛季慧
封面设计：视界创意	责任印制：邱 莉　王光兴

出版： 长江出版传媒　 长江文艺出版社
地　址：武汉市雄楚大街 268 号　　邮编：430070
发　行：长江文艺出版社
http://www.cjlap.com
印　刷：湖北新华印务有限公司

开本：720 毫米×970 毫米	1/16	印张：19.5	插页：18 页
版次：2024 年 9 月第 1 版		2024 年 9 月第 1 次印刷	
字数：247 千字			

定价：56.00 元

版权所有，盗版必究（举报电话：027—87679308　 87679310）
（图书出现印装问题，本社负责调换）

自 序

青春的旗帜：不拘一格成人才
——教师人生意义坐标的构建

青春是面旗帜。青春的旗帜是青春的方向和志向。她是个召唤性结构，具有引领性和鼓舞性。她带领我们回望历史、回应时代、前瞻未来。我们，在青春的旗帜下集合，依循格律、格局、格调的要求构建教师人生意义坐标，一起出发，创造更开阔的时空，不拘一格成人才地走在新时代的桥梁上，走出自己的美好人生，走向更新的世界。

一　从中国古典诗词的"三格"中思考教师专业品格提升的审美视域

在我看来，教师专业发展是一个"有始无终"的命题，因为它永远在出发，永远在过程中，每一次抵达的只是一个驿站，始终面向前行的新路标。教师专业发展的"永远过程性"，决定着视域的多元、路径的多样。

不过，在多元、多样的过程中，也已形成了基本路径：阅读—思考—实践—反思—改进—总结—再思考—再实践……这一路径已被证明是有效的，具有普遍性，也具有专业性，折射出教师专业发展的基本规律。许多名师也以自己的成长经历印证了这一路径的可信、可行，我们应当心无旁骛地坚持下去。但也有不少教师依循这个基本路径成长，却并没有得到显著提升，原因何在？这些现象足以引起我们的反思。

近来，我从中国古典诗词尤其是律诗中获得一些启发。古典诗词都有明确的准则和严格的要求，我做了一个概括，中国古典诗词有"三格"：格律、格局、格调。所谓格律，是指样式和音律等方面的规定性，须严格遵守，不能逾越。讲究"格律"就是要"懂格""守格"，要十分讲究。所谓格局，是指诗词所呈现和透射出的胸襟、视野、见识和气象。格局大小是衡量、评价诗词的重要尺度，小诗词大格局，才是好诗好词。所谓格调，主要指表达的艺术品位，包括情调的倾向、思想的深度、意境的高度等。古典诗词的格律、格局、格调是一个有机的整体，三者互相依存、互相渗透、互相支撑与促进，具有整体性、严谨性、节律性和创造性。在这方面我深有体会。如学习、朗读毛泽东的《沁园春·雪》时，那种格律之美、格局之大、格调之高，形成了一种美好的文化意象和宏大气象。

可以说，诗词的"三格"凸显的是三种品质：规定的严格性、思想的深刻性和情感的审美性。古典诗词的"三格"具有迁移价值，完全可以成为教师专业品格提升的另一视域，并形成践行的新路径。

二 | 教师专业发展应讲究并追求格律、格局、格调

教师专业发展首先要讲究"格律"。格律的严格规定应被视作对教师的基

本要求，成为每位教师都应严格遵守的规则，养成教师应有的样子。一如学生应遵守"学生守则"一样，教师也应遵守"教师守则"。诗词违背或缺失了格律不称其为诗词，同样，教师违背或缺失了应有的规则、规范，就不能成为教师，更不可能成为好教师。无疑，教师应当用"格"来"律"己，让自己"懂格""守格"才能"入格"，进而"升格""越格"。

教师专业发展也应该讲究与追求"格局"。格局具有宏大性与开放性。教师专业发展的格局主要是理想、信念，以及所念所想所追求的意义，其中包括如何看待自己，如何看待别人、集体，如何将"小我"融入"大我"。格局之大小，影响教师发展的视野和胸襟。这就需要解放自己、打开自己，眼睛向外、向前、向上，而内心永远敞亮。如佚名的《板书有感》所写："轻盈数行字，浓抹一生人。"这不仅是对学生的要求，同时也要求教师用意义去"浓抹"自己的人生，这就是格局。

教师专业发展还应该讲究与追求"格调"。格调具有审美创造性。传授知识、教书育人绝不是冷冰冰的机械的过程，相反，要始终伴随着真挚的情感，让教师在教育教学的过程中充满愉悦的体验。即使面对成长中所要付出的刻苦努力，也绝对不是做个苦行僧，而应如唐诗《酬问师》所描述的："虚空无处所，仿佛似琉璃。诗境何人到，禅心又过诗。"教师专业发展，心应不为世俗所累，要像琉璃一样明净，只有这样的心境才能产生美妙的体验。这是格调，除情感的因素，还应有理论的支撑和思想的深度，形成专业发展的理性思考和文化自觉。理论品位也是格调的题中应有之义。

格律、格局、格调，有助于教师形成专业品格。格律，是使教师之为师的基础性品格，是专业发展的基本要求，是发展的前提，是教师之为师的基本特征与标志，是"底线"。守住底线，打好基础，才有发展的可能。格局，促使教师形成为师的拓展性品格，是教师专业发展的核心与关键，不妨视作

"中轴线""延展线"。打开格局、放大格局，教师才会有大发展、深发展。格调，促使教师形成为师的个性化品格，是教师专业发展的境界，不妨视作悬置于地平线之上的"天际线"。形成教师的风格，彰显教师的审美品格与精神，臻至科学与艺术融合的大智慧。

基础性品格、拓展性品格、个性化品格也是一个有机的整体，三者互相渗透、相辅相成，并且逐步拓展、逐层提升，在循环中跃升，健全教师的人格，优化教师的专业品格，成为学生为学、为事、为人的示范。好教师犹如一首好诗词，闪耀着"三格"光芒，我们为此而努力。

三、教师专业发展格律、格局、格调的应有内涵

格律、格局、格调是教师专业发展的三个维度，都有相应的充实内涵和明确的指向，又犹如一种提示器，指示教师在特定情境中前进的方向，丰富自己的专业生活。

其一，格律。指向教师专业发展的伦理道德，我们应称其为道德格律。教师首先是道德之师。有道德，是对教师的基本要求，也是对教师的根本要求，是教师必须严格遵守的规范。违反了道德格律就淡化了伦理道德的底色，遮蔽了教师应有的道德意义。陶行知先生提出"建筑人格长城"的重大命题，指出"建筑人格长城的基础，就是道德"。他提出的"每天四问"，第四问即是"我的道德有没有进步？"道德的核心是爱：爱教育，爱学校，爱学生，爱家乡，爱祖国。教师的道德责任是培育、践行社会主义核心价值观。道德教师要做明大德、守公德、严私德的示范。道德格律在于严格，重于践行，优于自律，道德格律铸造道德教师，道德教师是成为中国立德树人好教师的

基础与标志。

其二，格局。指向教师专业发展的价值意义，我们应称其为意义格局。首先，意义格局具有超越性。教师的教书育人，必须基于知识传授，又要超越知识传授，在知识传授中走向育人，这样的教学才能凸显教学的本质，格局才是宏大的。其次，意义格局具有打开性。教师的教书育人，要打开课程，打开教材，打开课堂，打开校园。"打开"才能走向生活，从生活上理解教育，在生活中进行教育。生活让教育格局更大。最重要的是，意义格局具有价值生成性。人总是生活在价值世界中，教师的发展要在价值世界中经历，进行价值澄清，选择价值引领发展，这是一个大格局，闪耀着理想信念的光芒。最后，意义格局具有创造性。教书育人是学习意义也是创造意义的过程。创造意义让生活更加灿烂，让世界更加精彩，让自己的心灵更加澄明。

其三，格调。指向教师专业发展的审美品位和理论深度，我们应称其为审美创造格调。美具有愉悦感，具有崇高感，具有解放感。中华文化的融通特征也让审美与科学互相融合，艺术美、科学美携起手来，共同编织教育，也编织教师专业发展的生涯，让美好永远成为教师最快乐的表情，而快乐表情又得到内心的确认。格调，除了审美品位，还应有一定的理性思考的深度，有理论品位。教师应当创造育人经验，但又要超越经验，从经验中提炼理论见解，将经验与理论结合起来、统一起来，用理论关照经验，用经验支持理论。审美的高度与理性思考的深度，催生教师教育思想生长，形成个性化的教学风格，进入创造的自由境界。

"三格"的具体内涵，从另一个角度勾勒了教师专业发展的方向、内容、要求、路径和特点，打开了新的视域，启发了新的思路，让教师专业发展有了新的可能。

四 明晰"三格"视域与教师专业发展基本路径的关系

"三格"视域与教师专业发展的基本路径并不是对立的，而是融通的；不是割裂的，而是融为一体的；不是孤立的，而是互动的。二者互为补充，相辅相成。

其一，格律、格局、格调的专业品格形成需要阅读，离不开大阅读。每个人所读过的书里都"隐藏"着一个自己，也孕育着自己的未来，当然也饱含着格律、格局、格调的营养。"三格"是阅读的结果，格律、格局、格调本身就是阅读的过程，阅读是"三格"的另一种表达，"三格"与阅读在深度互动中相互成就。教师应当是优秀的终身阅读者。

其二，格律、格局、格调的专业品格形成需要思考，离不开深思考。格律、格局、格调亦具感性特征，但是必须以理性作支撑，没有理论的支撑，便没有"三格"的深刻性，也不可能有"三格"的专业品格。思考是开掘理性深度的一种方式，是凝练思想的工具。思考，意味着思维，"学习就是要学会思维"，思维让"三格"专业品格开出绚烂花朵；思考，淬炼思想，思想让教师站立起来；深思考，让教师从熟知走向真知，从表象走向本质。"三格"彰显在教育生命之中，个性化风格与品格成为思想的雕塑。

其三，格律、格局、格调专业品格的形成需要实践，离不开持续实践。格律、格局、格调不是"说"出来的，而是"做"出来的，只有"做"出来才有得"说"，"做"得好才会"说"得好。教师专业发展应当有自己的哲学，这一哲学就是"做哲学"、行动哲学、实践哲学。"做哲学"引领教师站稳讲台、沉浸课堂、潜入教育深处。李吉林老师说自己既是"竞走运动员"，又是"跳高运动员",用"走""跳"的方式向上飞扬、向下沉潜,锻造自己的格律、格局、格调。实践不仅在课程改革中,同时也应是教师专业发展的方式,突出实践即是突出育人育己的使命与关键。

"三格"与基本路径的关系就不一一阐释了,比如"三格"与研究、"三格"与反思改进,等等。值得注意的是,"三格"与基本路径首先是同向、同行的,但是呈现出不同的特点。基本路径可视作一条"线",不断向前延展,而"三格"可视作是一个"面",基本路径这条"线"穿行于"三格"这一"面"中,让"面"更充实、丰满,更具内涵。而格律、格局、格调又在交织中逐步提升,向上向前发展,于是三个"面"又形成了一条"线"。总之,"三格"只有与基本路径交织、融通、互动,才能让教师专业发展进入新阶段。

五 | 在坚守格律与"不拘一格"中培养卓越人才

格律具有严格的规定性,其中有三个问题值得我们关注和研究。一是格律是为人的发展服务的,不是束缚人的,为人服务的格律才具有根本价值。二是人具有差异性,呈现出不同的认知风格与发展需求,格律要适应这一特点。教师专业发展绝对不是培养标准体,不是寻求"平均数"。三是格律,包括其他制度的核心是解放教师。解放教师,解放心智,规章制度才具有生命力。

因此,除"三格"外,我们还要鼓励并践行"不拘一格降人才"的古训。"不拘一格"之"格",既指标准,又指制度,要破除不利于教师发展的"格",让优秀人才脱颖而出。看起来"守格"与"不拘格"似乎是矛盾的、冲突的,其实二者在本质上是一致的。"不拘一格降人才"是格律的宗旨,是格律的终极意义。也是格局、格调的内在要义。一如相同的格律写出的诗词如此缤纷多彩，格局、格调如此丰富奇峻。格律既能束缚格局、格调，也能让它们在规定性中有无限的想象和精彩的创造。"不拘一格降人才"，这才是本质意义上的"格"，完全意义上的格。教师专业发展的"三格"，应谨守这一理念与宗旨。

另一古训"从心所欲不逾矩"，再次阐释"三格"的宗旨与意义，教师专业品格的"三格"发展也应坚守并践行。从心所欲，即从自己的实际出发，听从内心的呼唤，按照个人的方式去发展，形成独特的风格与品格。当下教师的个性化发展不足。与此同时，从心所欲还必须"不逾矩"，这即是"有规则的自由"。此时的"心"应是王阳明心学的"致良知"之"心"，用良知规范自己，达至良知，又用良知创造自己。"致良知"是对"格"的深度阐释，也是一种新的"格"。这样，教师专业发展的格律、格局、格调才会有新的方向和内涵。

从"三格"到"不拘一格"到"从心所欲不逾矩"，启发我们在面对全体教师的共同发展时，要让优秀教师、名师"冒"出来，让拔尖创新人才成长起来，让现代的人才观真正落实在教师队伍建设中。的确，"四格"（格律、格局、格调、不拘一格）为教师专业品格培育，为卓越人才成长提供了新视域，这样的教师人生才是审美的。因此，对于未来，我们给予更乐观的期待。

这便是青春旗帜给予我们的指引与鼓舞。

目录

第一辑

青春的旗帜

教师发展需要竖起一面青春的旗帜。青春的旗帜将教师之梦再次擦亮。它与生命同在，在岁月的深谷中，抵制惯性和惰性，烫平不安和焦虑，跳脱局限，释放精神，提升审美品格。我们在青春的旗帜下集合，永远洋溢青春的活力。

在青春旗帜下集合，唱响"青年中国说" 3

青春的座右铭　6

青春的呼吸　10

青春革命，塑造新文化生命体　13

卓越的信念行动：塑造人生意义坐标　17

人生无暮年　20

青春，向年长致敬　23

第二辑

在青春的旗帜下集合

人是意义的存在。人的意义不是别人赋予的,而是人自己寻找、创造的。人既可以是意义的创造者,又可能成为破坏者。我们在青春的旗帜下集合。教师,要不断去追寻意义、创造意义,让精神的阳光照进生命,在伟大的时代写出地平线报告,构建自己的审美人生。

精神之光照亮教育的天空
　　——教育家精神谱系特征的初步梳理　29
生命意义的追寻　40
美,是用眼睛看得见的吗　44
情感关切:教育的温度与美丽　46
教师,情感劳动者　48
让教育家精神之花在师生关系中绽放　53
精神的太阳照进生命的林子　57
我们走在大路上
　　——一个人记忆中的时代印记　61
追随时代,写出自己的地平线报告　70
美的沉思　79
给新教师的"青年教师成长手册"　92

3
第三辑

青春是个动词

理想总在年轻品格里闪耀，深情呼唤着现实的改变。教育在离地最近的天空飞翔，最终扎根大地。青春是个动词。我们是有理想、有能力、负责任的行动主义和长期主义者。用真才实学去把理想做出来，因为我们实干，是反思型的实践家。审美人生就是在理想中做出来的。

解放实践：人才培养的原则高度　103

用真才实学把理想做出来　107

把未来种在灵魂里　111

在大脑深处准备未来　115

课堂里的未来　118

让好课燎原　122

课程思政的智慧　125

课程是为了儿童的自我实现　127

非正式学习：走向开阔地　131

教是为了不教：从昆体良到叶圣陶到我们　138

完成的真实性：作业改革的"第一原则"　141

从"上课须知"走向教学成熟与自由　144

小题大做：专业精神品格的叙事　147

老师，请关注课程方案　151

教师要执行三张课表　154

劳动礼赞　162

让劳动真正发生　166

教师托起课改的未来　170

第四辑

用方法创作自己

方法是人创造的，更要把自己当作方法。"把自己当作方法"凸显了人的主体性、能动性和创造性。解决问题的过程，同时也是改变自己、创作自己的过程，只有把自己当作方法，用方法创作自己，才能让人去创造一切。这是构造审美人生的方法论。

教师颂：教师—人才　177

"把自己当作方法"　181

"把眼睛当作手"　184

教师的伟大　187

奥林匹克格言中的"一更团结"　189

让心安静下来　192

爱要走在教育的前头　195

"不知道"与"知道"之间……　201

指点与指指点点　204

我们该怎么对待经验　207

教师该不该与学生有距离　210

学校行为学视域下的教师重建　213

努力做研究型的实践家　216

解放实践：人才培养的原则高度　222

未来教育家，从中小学里走出来　226

第五辑

风格：领唱者的旋律

风格，是教学的最高境界、打开未来之门的钥匙。风格里流淌着思想的血液，阅读、写作，不断生成、凝练思想。写作是风格的一种表达。教师要以领唱者的旋律，和合唱队一起唱出生命审美之歌。

教学主张与教学风格　231

走进思想的丛林　238

风格：教师的生命歌唱　246

教学风格：创造一个个故事　255

"怪作家"与"怪教师"　260

明亮的日常：一间书房联结着过去与未来　263

记住，首先是因为相信　266

阅读，我们的爱情故事
　　——关于阅读的五句话　268

阅读：心灵的安顿、自己思想的跑马场　272

教师写作要有"自己的房间"　280

"蚂蚁写作"：教师写作的"我自己"　288

好文章在孤灯下　291

后记

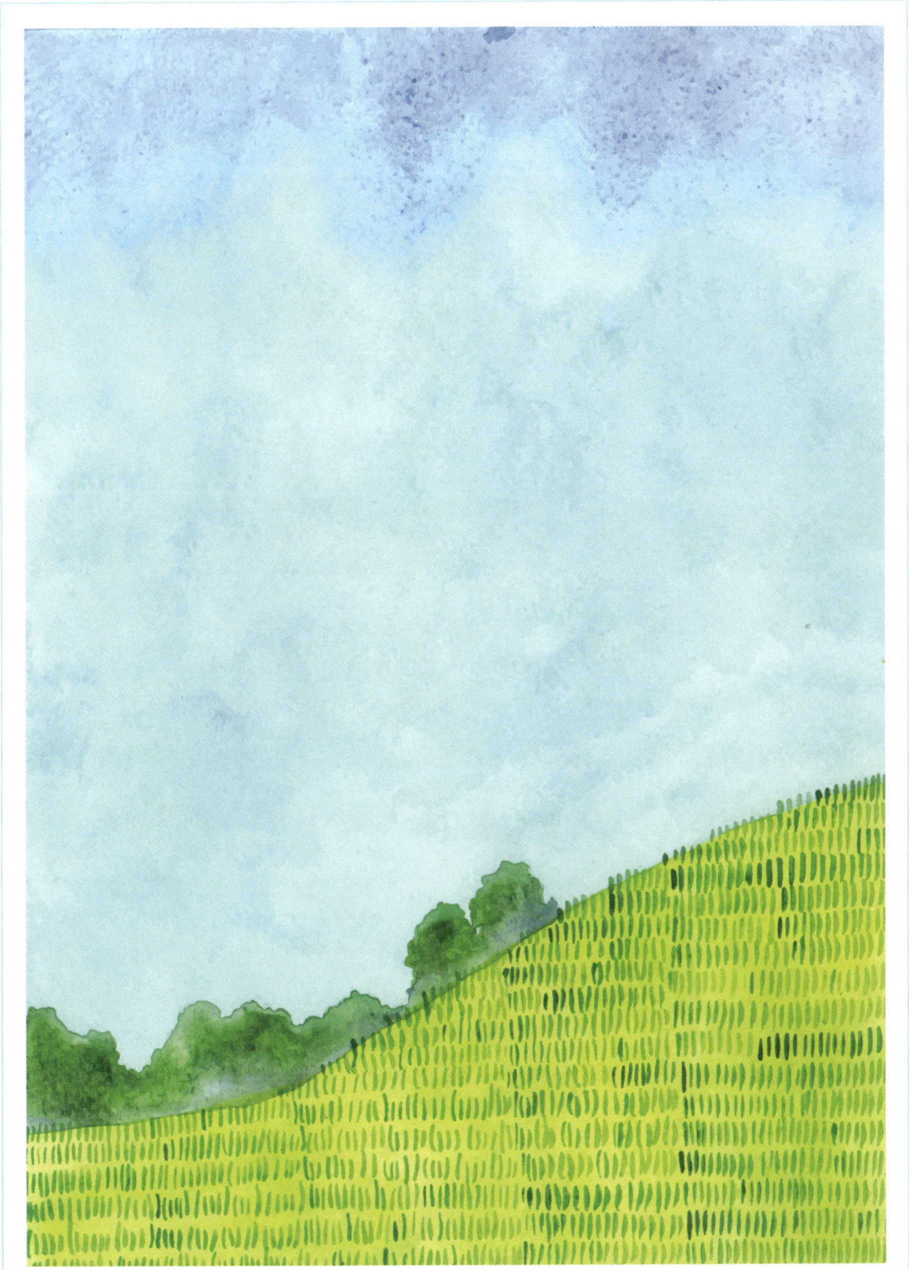

教师专业发展是一个"有始无终"的命题，因为它永远在出发，永远在过程中，每一次抵达的只是途中的一个驿站，始终面向前方的新路标。教师专业发展的"永远过程性"，决定着视域的多元、路径的多样。

第一辑
青春的旗帜

　　教师发展需要竖起一面青春的旗帜。青春的旗帜将教师之梦再次擦亮。它与生命同在，在岁月的深谷中，抵制惯性和惰性，烫平不安和焦虑，跳脱局限，释放精神，提升审美品格。我们在青春的旗帜下集合，永远洋溢青春的活力。

在青春旗帜下集合，唱响"青年中国说"

青春需要信仰，青春的信仰书写在青春的旗帜上。青春的旗帜是理想的旗帜、信仰的旗帜、使命的旗帜。青春的旗帜因理想、信仰、使命而猎猎飘扬，令人振奋，鼓舞人心，澎湃生命，指引着青春的方向。我们，在旗帜下集合，放开眼界，满怀激情地去创造未来。

回望历史，我们想起了曾经年轻过的大先生们。梁启超先生写下了《少年中国说》，持续、深刻影响至今。"少年中国说"是过去时，但也是现在时，还一定是未来时，因为她已成为中国少年坚定的理想信念，是永恒的、不朽的。当"少年中国说"响彻天宇的时候，我常常有着一种想象：既然有"少年中国说"，那有没有"青年中国说"呢？也许有人会解释，"少年中国说"之"少年"亦是青年啊。这我相信。但是，如果还有"青年中国说"，岂不是塑造了更为完整的"中国说"了吗？岂不是从少年到青年，中华民族才会江山代有才人出，中华文化才会薪火相传，中华文明新形态才会不断有新构建？无疑，中华民族的伟大复兴一定会指日可待。

于是，我不断寻找。当然没有找到冠以"青年"的"青年中国说"，但她肯定是存在的。我默默地想，并坚定地认为，毛泽东的《沁园春·长沙》正是"青年中国说"。我曾多次去长沙，就在橘子洲头，那青年毛泽东的雕像青春飞扬、目光炯炯，眺望着中国的未来；那沉思的神情里，激荡着磅礴的青春伟大；那飘扬起的长发里，有着历史的风云和时代的召唤。1925年，毛泽东32岁，正年轻，但已胸怀大志，把中华民族装在心里，把时代的抱负镌刻在年轻而伟大的心灵里。毛泽东不只是在描述层林尽染的万山，不只是在欣赏漫江碧透的秋景，也不是沉醉在往事的回忆中，而是直抒胸臆、发出青春的呐喊。"万类霜天竞自由"，是一种景象，旷远宏博的大自然更形成了所要追求的伟大气象。"怅寥廓，问苍茫大地，谁主沉浮？"何等宏大与深刻的中国之问。这一追问其实是种设问，是有答案的。那就是"数风流人物，还看今朝"——看今朝的青年。毛泽东举起了青春的旗帜。

理想、信仰、使命需要奋斗、需要行动。"百舸争流""到中流击水，浪遏飞舟"，要求年轻人接受风浪的挑战——奋斗是青春的本色，战胜挑战是青春的亮色。中华民族的复兴永远是一个千山万水、跋山涉水、而今迈步从头越的过程。历史的重担落在年轻一代身上。青春的力量正是在于风华正茂时激扬文字、指点江山。所谓的书生意气，恰是青春的志向、青春的意趣、青春的坚强意志。青年毛泽东的形象正是今天新时代青年所追求的形象与楷模。青春，意味着要有担当民族复兴大任的胸怀与气魄。这，正是"青年中国说"吧，是实现中国式现代化的信仰与誓言吧。她指引着青春的方向，开启了让中华民族站起来的青春征程，一程又一程，一棒接一棒，永无止境。

毛泽东这首词里的好多景与物都是隐喻。争流的百舸、长空展翅的雄鹰、中流击水的飞舟，还有那万类霜天、苍茫大地……都是满含深意、极富生动形象的隐喻。黑格尔在《美学》第二卷第三章中讨论了"隐喻"的问题。他说，"隐喻其实也就是显喻"。他又说，"每一种语言本身就包含着无数隐喻"，但是隐喻用久了，就"逐渐失去了他们隐喻的性质"。隐喻是一种隐含的类比，是一种修辞手法。学界对隐喻的理解已达成了共识，把它界定为"跨领域映射"——也有人称其为"图式转换""概念的迁徙""范畴的让渡"。这些学术概念及其阐释都是有学理依据的。这些暂且不论。值得注意和思考的，还是黑格尔所提出的"隐喻"其实也就是"显喻"的论断。让隐喻显现出来，那就是让一切类比成为我们今天这个时代的映射、成为青春的象征。也许这样的"迁徙"或"让渡"才可能创造出一个新世界，才能追寻新未来。

青春本身就是一种隐喻，但又是显喻。最为庄重、崇高的"喻"，就是青春是一面旗帜。当青春的旗帜飘扬起来的时候，当"青年中国说"唱响的时候，中华民族就会挺起精神的脊梁。曾记否，当年马相伯先生还算年轻时，他说："我是一只狗，只会叫，叫了一百年都没有把中国叫醒。"当年，张伯苓先生还算年轻时，他说："国不亡，有我！"当年，陈鹤琴先生还算年轻时，说要把他创办的南京市鼓楼幼儿园办成"大麦场"，要培育"中国麦种"——"中国人、现代中国人、世界中国人"。而如今，一批又一批年轻教师投身到教育强国建设队伍中去，为党育人、为国育才。他们把青春的旗帜举得更高，把"青年中国说"唱得更响，以自己的行动回答历史之问、时代之问、未来之问。怅寥廓，面对中华民族伟大复兴的战略全局和世界百年未有之大变局，再次追问：谁主沉浮？听，建党一百周年，在天安门广场，我们听到年轻的誓言："请党放心，强国有我！"这是最坚定、最响亮的回答。

"强国有我！"那是青春旗帜上最闪亮的青春之光。旗帜下飞扬起教师的青春之歌！我们听着，我们记着，我们唱着，我们行动着。青春旗帜飘飘，年轻的心不会衰老，迈开的步伐永远不会停下，教师人生的意义坐标永远放出光彩。

青春的座右铭

"此身、此时、此地。"这是美学家朱光潜的座右铭。朱光潜对自己提出了非常明确的要求：凡是此身应该做且能够做的事，决不推诿给别人；凡是此时刻应该做且能够做的事，便不推迟到未来；凡是此地应该做且能够做的事，不可等到将来某一个更好的环境再去做。六个字，简明扼要，易懂、易记，而且有独特的韵律，满溢着中国文化的美感。

座右铭是中国人特有的文化表达方式，是铭文，是格言，是行动指南。它将激励我们一生，也警诫着自己，永不忘记，永无止境。至于"右"，是因常用右手，置于桌案的右上角，意在时时读、常常看，不断检查提醒自己。其实，座右铭是镌刻在心灵深处的话，是为学、为事、为人的准则，指引着人生的方向，亦如心中飘扬的旗帜。

许多名人、大家年轻时都有座右铭。比如马克思的座右铭是："思考一切。"只此四字，极富深意。在我看来，左宗棠的"择高处立，就平处坐，向宽处行"，虽是一副对联的下联，却是他的座右铭。高处，看得远、看得透；平处，坐得稳、坐得实；宽处，开放，向未来，格局大。左宗棠的这一座右铭影响了许多后人，比如，教师的专业发展、名师成长，就常用这十二个字来描绘教师的人生图景，以搭起他们精神与意义的坐标。

座右铭，影响一生，成就一生。大科学家钱三强年轻时有个故事。1932年，在北京大学理科预科就读的钱三强决心放弃电机工程专业，改学物理，并考入清华大学，重读一年级。父亲钱玄同知道后，为他写了一幅字，以示勉励。也是四个字："从牛到爱。"其中"牛"指"牛顿"，"爱"指"爱因斯坦"；另外，钱三强属牛。"从牛到爱"，意思隐含而深刻：发挥"牛劲儿"，做一头老黄牛、拓荒牛，不断锻炼，不断进取，向牛顿、爱因斯坦学习，做中国的、未来的牛顿、爱因斯坦。从此，"从牛到爱"成为钱三强的座右铭，时时刻刻鞭策着他。也预示着他的人生发展轨迹："勇执牛耳"，怀着大爱，为中国原子弹事业奠基，做甘于奉献的"孺子牛"。从此，人到哪里四个字就到哪里。"从牛到爱"成为钱三强一生的瑰宝、精神动力的源泉。钱三强把它带到巴黎和里昂，后又带回国，与他相伴了六十年。在他去世后，子女们还将这四个字刻在他的墓碑上……座右铭成了家风，成了文化，可以代代相传，精神永恒。

再讲一个文学巨匠王火的故事吧。王火已102岁了。他与马识途是老朋友、好朋友，是至交。往年过生日，他都要和马识途一起过。王火百岁生日时，108岁的马识途为他写下对联："君子之交何妨淡似水，文缘之谊早已重如山。"回家后，王火对老友的字念念不忘，将对联打开看了一遍又一遍。也许这成了他俩交友的原则，不妨叫作交友座右铭。在抗战胜利之后，王火是全国首批报道南京大屠杀的记者之一，写出了一系列有关大屠杀幸存者和审判日本战犯的重磅报道。算一算，那时王火才二十七八岁，正年轻啊！王火目睹了战与火、血与泪，所爱所恨结合着满腔斗志发酵、沸腾，他为自己取了"王火"这个笔名。他说："因为高尔基讲过一句话：'用火烧毁旧世界建设新世界。''火'字简单明亮，轰轰烈烈。"那段时间，王火每天工作十几个小时，雄心勃勃创作了120万字的初稿，名为《一去不复返的青春》。20世纪80年代初，王火重新写了 167 万字的《战争和人》三部曲。①"用火烧毁旧世界建设新世界。"这难道不是王火生命与青春的座右铭吗？座右铭之火，永远燃烧，照亮人生，照亮自己的精神宇宙。

青年教师也应该有自己的座右铭，尤其是在风云激荡的今天。从小学教师队伍里走出的几位教育家都有自己的座右铭。比如李吉林老师。她创建了中国特色的情境教育学，构建了中国儿童情境学习范式。"文革"一结束，回到学校，她说："我要把'文革'中丢失的时间捡回来。"她又说，"我要克服一个女人的弱点。"她还有两个生动的比喻："我是一个竞走运动员，我又是一个跳高运动员。"她还写过一篇不长的文章，刊登在《人民教育》上，题目是《我，一个长大的儿童》……我已分不清哪几句话、哪个词是她的座右铭，她自己也没认定过。现在回想起来，人的座右铭可能不是某一个词语或一个短句，而是更具综合性、多元性和个性化的表达。不管是什么形态的，当代年轻人、青年教师的座右铭更趋向个性化，不是写在纸上、置于案头，而应是写在内心深处、写在行动中。从本质上看，座右铭是人生观、价值观的折射，是理想信念的格言，是价值意义的承诺。

如今，我们不仅有个人的座右铭，还有集体的座右铭。这样的座右铭是以爱国主义为核心的民族精神和以改革创新为核心的时代精神的映射和具体体现。这是共同的价值追求，因此也形成了鲜明的集体文化记忆。

当然，如果青年教师有自己个人的座右铭，也应鼓励和提倡。最近我访问了几位年轻教师，他们给我发来了自己的座右铭："业精于勤荒于嬉，行成于思毁于随。""有教无类，因材施教。""不念过往，不畏将来，无愧于心，不畏于行。"刚收到小钱老师的："山不让尘，川不辞盈。"呵，当年孔子，让

---

① 参考《成都商报》，2024 年 7 月 19 日《文学巨匠王火 102 岁》。

学生往器皿里倒水，倒一半，它可以直立，而倒满，它就倾倒了。这是孔子在对弟子们阐释座右铭。小钱老师的座右铭不正是在回归座右铭的原意吗?

青春的呼吸

近来，有首诗很流行，我一直没有查到作者与出处。好多次，我在一些教师的会上大声朗读它。每每此时，会场上的共鸣通过掌声、笑声和称许的点头告诉了我，他们也喜欢——尤其是年轻的老师们。

诗是这么写的：

月亮不是属于我们的，月光是属于我们的。
太阳不是属于我们的，阳光是属于我们的。
天空不是属于我们的，浪漫是属于我们的。
春天不是属于我们的，希望是属于我们的。
秋天不是属于我们的，收获是属于我们的。

估计后面还有诗句，因为没有查到原文，就不得而知了。不过也可以按此续写。

大家都喜欢，总有它的道理。我想了想，首先这首小诗很清新，描述的事物都是大家熟悉的，月亮、太阳、天空、春天、秋天都在我们的生活中。"他们"都是我们亲密的伙伴，我们几乎每天都在与"他们"亲切对视、亲密对话，有说不尽的感慨、道不完的心情。每当读起这首诗，心里总是荡起涟漪，那是一种意象、一种意蕴，也应当是一种意境。这些，我认为就是青春。没有比青春更深刻的原因了。不过，我们还得去深入和体悟。

比如，这是讨论"属于"的问题。属于，在我看来这是一种拥有权，拥有权虽不是占有权，但是拥有是一种权利。当我们拥有了月光，我们就会沉浸在寂静与丰富之中；当我们拥有了阳光，我们就会沐浴在温暖与光明之中；当我们拥有了浪漫，我们就会享受到天空给予的特有的愉悦和感受……"属于"不只是一种权利，也是一种追求。我们追求皎洁的月光，追求灿烂的阳光，追求天空般的浪漫，追求春天般的希望，追求秋天的收获与进步。这一切追求充满着爱，因而都是纯净的、光亮的、美好的，似蓝天白云，似田野晨曦，而一切都似在自由的呼吸中。我把它叫作青春的呼吸。

其实，太阳与阳光不可分割，说阳光是属于我们的，而阳光是太阳之光，自然太阳也是属于我们的……诗就是诗，其诗意在于想象，想象实质上是一种独特的思考，在"不是属于"与"属于"之间，既有区隔，又无具体的不可僭越的边界。这种委婉的诗意，意在一体化、相融相通。但是，既然有"不是属于"与"属于"之分，那么诗也意在不要越界，甚至意在不可贪婪，我们该分享什么又不能夺取什么，应有权利的区分感。也许，这叫青春呼与吸的界限。

比如，这是在引导我们怎么认识世界。世界是完整的，万物相互联系，不能任意地去阻隔、切断。春天是希望的代名词，秋天则是收获的象征，其中的逻辑虽是内在的，却是可以认知和把握的。由A到B，由B到A，用爱因斯坦的话来说，这是一种逻辑思维，这种逻辑思维的实质是一种科学精神、理性精神。这样的逻辑思维并不排斥感性思维。A、B之间存在巨大的想象空间，如说到天空，不仅能想到浩瀚，也能想到无垠的浪漫。逻辑与想象的结合，理性与感性的统一，正是认识世界的方式。用黑格尔的话来说，便是"用感性表达理念或理性"。这就是美，是对美的阐释和表达。这首诗中隐藏着认识和表达世界的审美方法论。青春的呼吸是自由的，青春的呼吸是美的呼吸。

比如，这首诗还留下空间，让我们再去想象，挥洒我们的才情。有一天，我与一位年轻的朋友来了一次"续诗"游戏，就是仿照这首诗继续往下写。他刚从外地回来，下了高铁，在行走中。他续写的是："高铁不是属于我们的，远方是属于我们的。"他接着解释，"高铁是现实，远方是浪漫。高铁带我们奔向远方，由现实到浪漫，从现实中寻找浪漫，真乃人生的乐趣。"接着我续写："路不是属于我们的，而步伐是属于我们的。"他的解读是："在路上迈着，就是行动，是欢快的、似乎没有方向感的、自在的步伐，但一定在走向心中的理想国。"我问他："您的理想国在哪里？"他的回答是："语言藏在心里是秘密，说出来就是故事。"呵，青春的呼吸，还有许多心中跳动着的故事，可能是梦想，可能是美好的秘密。年轻人生活中难免有些苦衷，有时候还不那么顺畅，甚至还有些焦虑，但希望在前方，路在脚下，只要有远方，那个理想国一定会到达。

我们每天都在呼吸，呼出的是什么？又吸进了什么？并不知觉，但一定是在呼与吸中吐故纳新，一定是在寻觅，在呼唤，在创造。青春的呼吸正是自由地生活，不必刻意，只要正常、顺畅就行。因为，在呼吸中我们懂得了认识世界也认识自己的辩证法，懂得了选择，选择了美好与崇高。青春的呼吸，真好真妙！

现在，我最想续写的诗句是什么？你猜……不过，我还是忍不住告诉你，最想说的是：空气不是属于我们的，呼吸是属于我们的。它的名字叫青春的呼吸。

青春革命，塑造新文化生命体

"青春革命"，不是我提出来的，但，我是赞同的。道理很好理解：可以说，革命发生在人生的任何一个阶段，尤其是青年时期；青年是改革的先锋，是创新的先行者；青春本身也要革命，革命让青春永葆、深刻、持久、旷远；教师们应勇敢地挑起青春革命的重任。

青春革命由文艺界首先提出来。成立于 2014 年的自得琴社，成员是一群热爱古乐的年轻人。他们将传统文化的魅力与国潮元素相互融合，在互联网上掀起了"古画音乐"的风潮。网友点赞他们的视频，称其"仿佛一幅会动的当代画卷"。最近，又有越剧的新作品《新龙门客栈》在上海公演。有评论说，这一越剧从情感、形式、媒介上将青年文化、时代审美融入戏曲古典样态，适应了新媒介环境，是以青年力量激活传统文化能量并进行自我更新的典型示例。他们称这是古老戏曲的"青春革命"，而青春革命的结果或曰境界是构建"新文化生命体"。

我从中领悟到的是，青春革命是对原有文化形态进行革命，让其焕发青春活力、洋溢时代色彩，以新文化生命体的形态呈现给大家，奉献于社会，并在创新中走向未来。从本质上看，青春革命是用青春力量、青春方式对传统文化进行创造性转换和创新性发展。我以为，青春革命具有鲜明的变革性和创新性，创造了文明新形态，凸显了青春的文化张力和时代潮流，唱响了新时代的青春之歌。

我以为，青春革命涉及几个关键性的文化问题。

一者，青春要深植在中华优秀传统文化之中。何为中华优秀传统文化？有人做了诗意的描述：中华优秀传统文化是万里长城，是黄河长江，是唐诗、宋词、元曲、明清小说，是春节的鞭炮、端午的粽子、中秋的月亮……当然，中华优秀传统文化更是灿烂的汉字。梁衡说得好："汉字是母亲微笑的脸庞、母亲温暖的胸怀、母亲甜美的乳汁……"从理论上看，中华优秀传统文化博大精深，其本色与亮色是伦理道德；是中华的伦理道德塑造了中华民族的精神品格，形成了中国人特有的心理文化结构。其实，习近平总书记已对中华文化、中华文明的突出特性做了全面而精准的概括、凝练：中华文明具有连续性、创新性、统一性、包容性、和平性。新时代的中国年轻人有魂有根，中华优秀传统文化给青春以悠远的纵深感、厚重的意义感和崇高的价值感。青春要回归，要回到文化传统中去，让自己在时代和世界激荡的文化中站稳脚跟，培塑深沉的文化精神，挺起中华民族的精神脊梁。

二者，青春要在中华优秀传统文化的创造性转换和创新性发展中焕发新的活力。文化是条河流，从遥远的古代流过来，裹挟着历史的风云和时代的风雷，源远流长，奔向远方。不忘本来，吸收外来，面向未来，这便是文化的特性。无论是本来，还是外来，还是未来，都是文化淘洗的过程，是跟随时代进步的过程。文化哲学家曾经提出过这样的问题：衰老无力的东西，能朝气蓬勃地创造吗？历史的回答是："这是不可能的！"历史还会进一步回答："文化以世界观为基础，并且只能够产生于许多个人的精神觉醒和伦理意志。……如果伦理的精神确实是实现文化的现实领域的充分基础，那么只要把这一领域重新导向文化世界观以及由此产生的文化信念，我们就能够重新回到文化。"① 无疑，青春革命是一场文化觉醒、文化自觉、文化振奋、文化创造。

三者，青春革命要担负起参与新文化生命体构建的使命。构建新文化生命体是传统文化与青年文化的互构互生。中华优秀传统文化自历史深处走来，有绵延深厚的文艺根脉和典雅厚重的美学气韵。青春文化呢？是多解的。但有其本质特性，那就是乘势于时代潮流，钟情于轻盈灵动的表达。阳光，向上，自由，个性，多元，活力，活泼，蓬勃，澎湃，这些词正是青春文化的表情。"优秀传统文化与青年文化似乎有着'旧'与'新'的时空阻隔，又有着'厚重'与'轻盈'的气质对冲。但在数字时代新媒体平台和新生产力的推动下，传统文化与青年文化交互相融、互构互生，结合形式意趣横生的'赛博国风'，造就了'新文化生命体'。"② 新文化生命体，是中华文明的新样态，是新时代精神与美学品格的映射，意味着文化融合中的创生。这一时代逻辑由青年文化去推进，这一时代使命由年轻人去担当，这一文化新图景由年轻人去编织。这恰是一场闪着传统与时代之光并使二者交相辉映的青春革命。

新文化生命体，型塑着年轻人的价值观。爱国情、强国志、报国行，青春为民族复兴而歌唱，成了时代的主旋律。新文化生命体型塑着年轻人的生命状态，在紧张而又轻松的劳动中，开辟新领域、新赛道。生命是美好的，生命之伟大在于用生命之力去创造新世界。新文化生命体，型塑着年轻人的审美观，精神再圣化、解放感、自由性、多元化。用个性去演绎共性，在情绪沸腾中迈向审美境界。新文化生命体，型塑着青年教师的教育观和育人方式，启智润心，因材施教，解放学生，解放实践，培养比我们这一代更优秀

---

① 法国，阿尔贝特·施韦泽著，《文化哲学》，上海人民出版社，2008
② 朱怡璇，《新文化生命体：传统文化与青年文化何以互构相生》，《文汇报》，2024年7月17日。

的人才。当然，这一场青春革命，影响着我们所有的人和所有的生活，牵引着创造，引导着未来。

　　我不想说让暴风雨来得更猛烈些吧。我愿意大声呼唤：让青春革命在传统文化和青年文化互构共生中更加深入、更为持久，让教育呈现育人的新方式、构建育人新范式，让担当民族复兴大任的时代新人更快更好地成长。

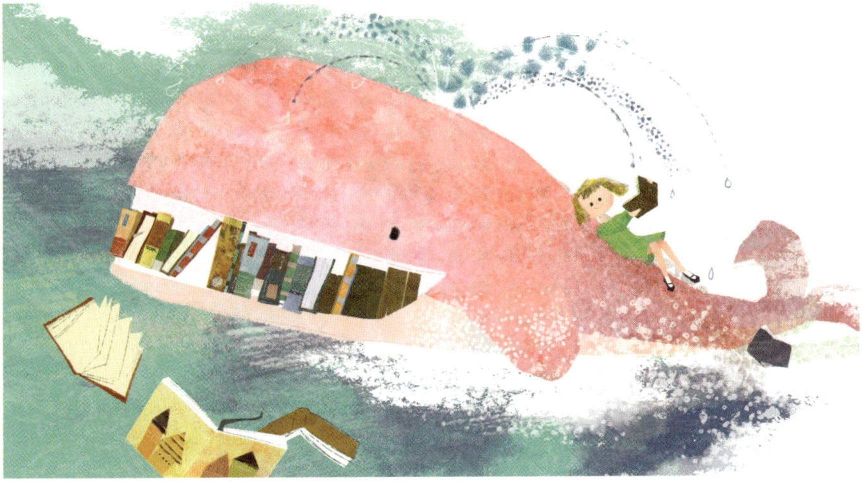

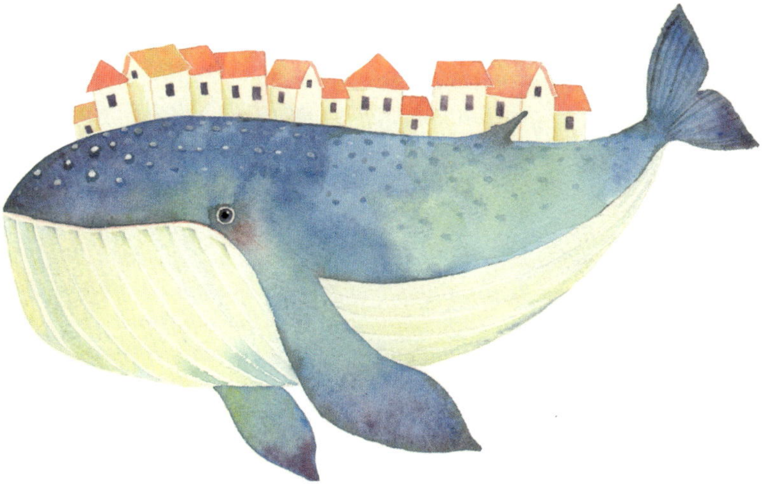

人不是跪在世界之外的抽象存在。认识世界，一定要勤奋阅读，大量读书。人在阅读中获得思想的启蒙，"长出精神"才会真正站立起来。

卓越的信念行动：塑造人生意义坐标

优秀与卓越是学校和老师们一直关注的话题，而且从优秀走向卓越也成了个重要命题。这既是一个实践问题，也是一个理论问题，更是一个实践与理论双向建构的问题。

这一命题年轻教师更关注，他们有着较为远大的追求，让那蓬勃的力量跳跃着青春的节拍，将理想镶嵌在优秀与卓越的努力中。新时代的年轻教师是可敬的。从深处看，我以为这一命题意味着教师在努力前行中建构人生意义坐标，并在坐标建构的时空结构中，开拓发展方向，让时间的箭头指向看似不确定的未来。

何为卓越？好像还没有一个确切的阐释，更没有明确的确定，也就是边界比较模糊。其实这是好事，因为卓越是个充满弹性的概念，给大家留下了创想的空间。事实也正是如此，卓越，也包括优秀的阐释是多样的，甚或是多彩缤纷的。我们需要个性的表达。

最近我在读《文化回应式教学——理论、研究与实践》一书，作者是美国的日内瓦·盖伊。他一直在思考一个问题：文化回应式教学的本质特征是什么？他认为是卓越。但是卓越是什么，又从何而来？他想到了一首诗，并用诗作为了书的序言。这首诗有以下诗句激荡着他的心：

我携带着照亮世界的火焰。我点燃了想象力。我赋予梦想以力量，给人们的愿望以翅膀。

　　我创造了一切美好、坚定和持久的东西。我通过今天的每一次超越来创造未来。

　　我身上带着古往今来的智慧和贡献。我驱散昨天的神话，发现今天的事实。永无止境。

　　我摒弃平庸。

　　我是创造的源泉、灵感的出口、远大抱负的梦源。

　　写得真好，百读不厌。盖伊认为这首诗赋予卓越一种个性的声音，点明了他所要表达的精神与要义。他将这首诗称为"卓越的行动信念"。意思很明确：卓越需要行动，而行动需要信念的驱动，行动信念更有力度也更有深意。这正是盖伊给予我们的文化启示，也是我们对文化的积极回应。这便是人生的意义坐标，只有用卓越的行动信念才能铸造青春的坐标。

　　如果做个概括的话，以下关键词正是卓越的特征和驱动我们走向卓越的力量。

　　一是携带与点燃。青春的火种是照亮世界的火焰，但火焰不能只照亮自己，更重要的是照亮他人，照亮社会，照亮世界。我们都是一个"小我"，"小我"只有融入"大我"，才会有大格局、大作为，才能价值更大，意义更深。火种有大有小，只要发光照亮就行，哪怕是一只萤火虫。问题还在于火种需要点燃。我一直以为青春是想象力最纯粹也最成熟，但也是最易消逝、最易"害羞"的时期——既有幻想又多虑，这就需要点燃。别人可以点燃你的想象力，但最重要也最为关键的是自己点燃自己。点燃想象其实是点燃青春、点燃生命，坐标是个点燃点，是个燃烧点。请读这两句："我赋予梦想以力量，给人们的愿望以翅膀。"梦想的翅膀飞翔起来，那将是"青春的逍遥游"。

二是驱散与摒弃。我们曾经创造过神话，但那只能代表过去，沉溺于过去，满足于昨天的辉煌，过去的神话就变成了一种包袱，有人说"优秀是卓越的敌人"便是这个道理。驱散昨天的神话，是一种反思型的自我革新，是心灵的自我洗涤，意味着新的开始。人很容易平庸。正如马雅可夫斯基所说的碌碌无为，也是中华古训中所说的"碌碌无为似废柴"。平庸的实质是理想的缺失、梦想的折翅、意志的消退；所谓"看透人生"后的颓废，假若不摒弃、不拒绝，很可能会放倒躺平。躺平的深处，是娱乐化生存、享受型消费的极致表现。波兹曼早就说过"娱乐至死"，那么，可以说"平庸""躺平"是精神之死。若此，人生意义坐标便会坍塌，暗淡无光的生活不是青春应有的状态。

三是超越与创造。今天，我用每一次超越来创造未来。昨日已逝，今日在即，未来已来。未来不是我们要去的哪个地方，未来是创造出来的；未来更具不确定性，充满变数，在不确定性的海面上航行，才能抵达未来彼岸；人工智能成了未来的显著特征，向人类发起了巨大的挑战……我们做好准备了吗？最根本的准备是：今天的每一次超越。意义人生是超越的人生，青春的意义在于超越。中国社科院的育人学者杨佳说得好："人生都有一条分水岭，我的分水岭在29岁（29岁时她成了盲人，跌入了绝望的深渊）。29岁前我在超越别人，29岁以后我在超越自己。"罗曼·罗兰也说过："世界上只有一种英雄主义，就是在认清生活的真相后，依然热爱生活。"生活的真相在于自我超越，这亦是青春的本质。超越才可能创造。人生的意义是自己通过超越创造出来的。不难理解，教师意义人生的坐标的轴心是：超越与创造。更为可贵的是"今天的每一次超越"。年轻的朋友，让我们共同努力。

也许，还有其他关键词。不管有多少关键词，都会赋予自己，也赋予别人梦想以力量、以翅膀。记住：我是创造的源泉、灵感的出口、远大抱负的梦源。

人生无暮年

人生无暮年。这个命题成立吗？

还是先看几个例子吧。我们暂且不说大艺术家齐白石、黄永玉，他们晚年艺术创作不断，青春勃发；暂且不说语言学家周有光，他说上帝把他忘掉了，研究不止；也暂且不说文学家王蒙，90多岁了，仍然是"青春万岁"，他说文学创作无新旧之分，新作涌现。

我们说说教育家。陶行知走得比较早，但我们常说永远的陶行知，说不完的陶行知，他永存不灭光辉；陈鹤琴也高寿，在临走时还说，我爱儿童，儿童也爱我，一个长不大的儿童；被称为"教育家的教育家"的马相伯，他说"我是一只狗，只会叫，叫了一百年都没有把中国叫醒"，虽带着遗憾而去，叫醒中国的声音依然震响……这一批教育家都已离我们而去，给我们留下了背影，却让我们看到了中华民族的正面。他们的人生无暮年。

我对顾明远先生有切身感受。顾先生今年95岁高龄了，可他永远年轻。他是全国教学大师，是著名教育家，青春永在，创新永在，一直活跃在教育改革的第一线，他的身影总是出现在教育现场。用日本教育学家佐藤学的话来说："顾老先生今年已经九十几岁的高龄了，但您的思维依旧如此活跃，您不仅面容看起来年轻，您的思维更加年轻，令我非常敬佩。"我再讲顾先生几个小故事。一次大会，台上嘉宾沙龙，台下一位与会校长提问："我们总是在分数、升学率与素质教育中徘徊，纠结、焦虑，不知怎么办才好？"会场一片寂静。大家不知说什么好，说些冠冕堂皇的话没意思，那些固守己见的老话也说不出口。这也是我当时内心的想法。此时，一句话震撼了整个会场："教师，应当有良心！"这是顾先生瞬间站起来，面对着整个会场在说，在呐喊。顿时觉得这句话震撼天宇。是的，只要有良心，只要人人都有良心，校长的问题是问题又不是问题。这就是知识分子的良心。近日和佐藤学对谈，他们提出一个共同的概念：学习专家。这是两位教育家对创造未来的教师的期待。"学习专家"一下子把教师专业发展提升到了一个新高度。中华文化史上曾有北宋张载的"横渠四句"，顾先生也有四句："没有爱就没有教育，没有兴趣就没有学习，教书育人在细微处，学生成长在活动中。"我们称其为"明远四句"，朴实无华，却直抵教育本质和核心。此时，顾先生的话还响在我们耳畔，振奋着我们的心灵。顾先生是大先生，大先生一生无暮年。

人生无暮年是中国哲学中的重要命题：人生不朽。春秋时期，范宣子和叔孙豹为一个问题争论：人何以不朽？范宣子认为他可以不朽，因为他是权贵，一代代传下去可谓不朽。叔孙豹认为这不叫不朽，而是世袭；真正的不朽是："太上首先有立德，其次有立功，其次有立言，虽久不废，此之谓不朽。"这就是载入史册的"三不朽"，这是精神的不朽、思想的不朽。教师是立德者、立功者，也是立言者。一生从教，躬耕教坛，默默奉献，应是不朽者。不朽者当然是人生无暮年，他们永远澎湃着生命的活力，洋溢着青春的气息，不断创造，人生便在灿烂美好的青春之中而无暮年。

"三不朽"让我想起了曹操的一段话："老骥伏枥，志在千里。烈士暮年，壮心不已。"年老的千里马虽然伏在马槽旁，但是它的雄心壮志仍然是能够驰骋千里；有远大抱负的人士到了晚年，奋发进取的雄心也不会止息。人生是有暮年的，但只要壮心不已，志在千里，就没有所谓的暮年，他们只有人生的晚年。

我想起北京大学。北京大学曾有著名的国学院，四大名师熠熠闪光：王国维、梁启超、陈寅恪、赵元任。原本梁启超排第一，但他一定让王国维排在第一。直至今日，北大哲学系，尤其是研究与教授中国哲学的哲学家几乎都是长寿者，这一现象被称为"北大哲学系现象"。无疑，这是人生无暮年最生动、最精彩的演绎。我想，这可能是对哲学无用却是大用的最深刻诠释。

人生无暮年不仅是对老年人的劝慰，也是对年轻人的真诚提醒、教导和召唤。年轻人还在活泼泼的青春状态之中，却有少数人会呈现45°状态——半躺半坐，只想稍微做做，能挣点小钱就行，不想全身心劳动，缺失了奋斗精神、奉献精神。45°青年已经处在暮年状态。躺平、好逸恶劳、坐享其成，是青春期的社会病毒，是人生意义之大敌。人生无暮年，要从青春奋斗开始。年轻的朋友，请看看你们的伙伴。谷爱凌，一位杰出的滑雪运动员，在多个国际比赛中屡获佳绩，展现出卓越的实力和稳定的竞技状态。与此同时，谷爱凌还以其积极向上的形象和励志故事深受广大青年人喜欢：她参与公益、关心社会进步、促进国际合作，呈现出的都是积极的态度、开放的胸怀，影响着年轻一代。秦玥飞，1985年生于重庆，耶鲁大学毕业后放弃高薪，选择回国服务基层，成为湖南省衡山县贺家乡贺家村大学生村官。他积极引进资金和项目，改善当地基础设施，发展现代农业，助村民脱贫。同时，他注重乡村教育和文化振兴，被誉为"最美村官"，入选"湖南青年五四奖章"……他们真实、真诚，追求公平、正义、美好。具有年轻的品格的人，未来一定人生无暮年。

黄永玉曾说：我们要在天上写下"人"字；我们在太阳底下坦坦荡荡；我们在人间烟火气里扑腾……斯人已去，但是，灵魂的光芒照亮了青春，照亮了暮年，照亮了未来。

真的，人生无暮年。

青春，向年长致敬

　　这是一个互相学习的时代。互相学习从互相致敬开始。因此，当我们向青春致敬的时候，不要忘了还应当向年长致敬；青春也要向年长致敬，向年长的老师学习。

　　时间的箭头永远向前，向着人生的未来发射、飞越。人生总得顺着时间箭头，眺望远方，奔向未来。时间箭头也总有个发射点，忘了发射点便无法走向未来；同样，假若目光只留恋年轻，只停留在那个发射点，而忽略年长，甚或抛却年老，那么，青春从一开始就会目光短浅，在自恋中显得单薄，甚至会显得肤浅。青春向年长致敬，是时间的必然逻辑，更充溢了在时间经历中，用中华文化积淀并形成日益成熟、厚重的中国人精神品格。青春向年长致敬，实质是从中国人伦理道德心理结构中发出的道德呼唤，是青春伦理命题中的应有之义，当然也是人类应有的共同的道德诉求。

　　人的成长过程决定着从年幼走向年轻，从年轻走向年长、年老。时间箭头在这过程中呼啸向前，发生多少奇妙的故事，它最终射中那个靶心，发出最耀眼的光。这是过程中最为精彩的瞬间。这一瞬间是由过程中所有力量的集中迸发，是所有精华的集萃展现。所以，射中靶心时虽然欢欣鼓舞，但那个箭头从不沾沾自喜，就此停歇，而是跳脱出来重新回到发射点去。它是淡定的，是谦逊的，是勇毅的。向年长致敬，既是向成长过程致敬，更是向年长的品格致敬，学会在过程中磨砺年轻。

年长，意味着成长中经历风风雨雨后的成熟与坚强；年长，意味着在迎接各种挑战后力量的集聚和强大；年长，也意味着知识积累、跃升后智慧的丰厚和从容；年长，还意味着人生在经验透视后智慧的纯粹和通达。这一切，都值得还处在年轻阶段中即后来人学习。青春应从心底里发出真诚的赞叹：年长，我们人生的楷模、前行的路标、青春的导师。

发出向年长致敬的呼唤时，巴黎奥运会正澎湃起更高、更快、更强、更合作的伟力，青春的力量挑战着人类的极限与真诚的互助共进。此时我们想起张伯苓先生。在历史上他是第一个亲临奥运现场观摩奥运的中国人。他是体育救国第一人，更是教育救国教育家。他曾经有两个"三问"。第一个是"奥运三问"："中国何时派人参加奥运会？中国何时组织一支队伍参加奥运会？中国何时自己举办一次奥运会？"这"三问"正是2008年北京举办奥运会、实现百年梦想的起点——他点燃了体育强国火焰。第二个是"爱国三问"。1935年，在中华民族危机存亡的关头，张伯苓在开学典礼上向大家问了三个问题："你是中国人吗？你爱中国吗？你愿意中国好吗？"这"三问"激起了巨大心灵共鸣，极大振奋了师生爱国斗志。无论是"奥运三问"，还是"爱国三问"，都是一个重大主题：热爱祖国，直击灵魂，铸造脊梁，忠贞不渝，刻骨铭心。他还说：给后代"留德不留才"。家训教育了子女，传承一代又一代。张伯苓先生离开我们已有70多年了，是我们的先驱、先辈，他是所有年长者的杰出代表。今天向他学习、致敬，是向大先生学习、致敬，弘扬教育家精神，赓续中华民族的文脉与魂脉。这是青春的伟大抱负和使命。

欣喜的是，年轻教师与校长正在新时代，以自己的行动演绎着向年长学习、致敬的故事。我曾听过重庆"波波校长"讲述他年轻时追随教育家陈鹤琴的经历。21 年前，也就是 2003 年，他在新华书店买到一本中国教育辞典，看到了陈鹤琴和陶行之、梁漱溟、晏阳初的名字排在一起。简历读完，他顿时肃然起敬，"活教育"让他心潮澎湃，马上想找来他的著作读一读，可找遍整个书架，也没找到。他没甘心，没过多久又来书店，居然找到了陈鹤琴的《家庭教育》。他如获至宝，整个下午都待在书店，一口气把书读完，离开书店时他把书架上 16 本书全部买走，后来成了他馈赠给家长、朋友最好的礼物。也是从那时起，他成了陈鹤琴的信徒，践行陈鹤琴的"活教育"思想。一次会议上，陈鹤琴当年学生的后代听说"波波校长"（那时还是一位青年教师）的故事后，给陈鹤琴弟子的后人打电话，说，我们这儿有位年轻人，在研究、践行"活教育"，我们要帮帮他。如今，"波波校长"将"发现儿童"作为教育的核心理念，进行自然而然的学校美育实验，走出了一条研究改革之路，学校成了鸟的天堂、油菜花的田野、树木苍天的小树林、玩水的泥潭……成了儿童学习乐园。"波波校长"是向年长致敬、弘扬教育家精神的示范者。

在东北师大附属实验中学有位大帅老师，当年还是一位高中生，很优秀。评"三好学生"名额限制没评上，班上同学给他手绘了一张"三好学生奖状"，班主任在他毕业时将奖状留在母校。大学毕业后回到母校当教师已 7 年了。去年高中教育教学改革研讨会，他接到上新教材课的任务，准备了一份教学设计，不是过去上过的实验课，而是教材中有难度的理论课内容。老教师劝他，工作这么忙，三个教学班，还有年级管理工作，你就教原来的实验课部分。大帅老师却说，这次我要上新课，要尝试探索。其实老教师一直在这么指导他，这一次有意考验他。老教师说："看见没，现在年轻教师，有现成的不上，非要上难的。"他的师傅高老师对他说："好！你成长了！"他似乎又一次获得学生时代同学们给他绘制的那张奖状，不过，这次是老师给予的。年长者，年长的教师以自己的甘于奉献和默默的指导、鼓励、帮助，让大帅老师不断走上发展的新台阶。青春,向年长致敬,不是一句口号,而是真切的行动,是走向优秀、走向卓越的行动信念。

在青春旗帜下集合,不只是年轻人、年轻的老师,还有那些年老的教师,他们永远年轻,他们将青春的旗帜举得更高、更高。我们,向年长致敬!

第二辑
在青春的旗帜下集合

人是意义的存在。人的意义不是别人赋予的,而是人自己寻找、创造的。人既可以是意义的创造者,又可能成为破坏者。我们在青春的旗帜下集合。教师,要不断去追寻意义、创造意义,让精神的阳光照进生命,在伟大的时代写出地平线报告,构建自己的审美人生。

精神之光照亮教育的天空[1]
——教育家精神谱系特征的初步梳理

中国共产党一贯重视精神力量，并在长期奋斗中建构起中国共产党人的精神谱系。在中国式现代化建设中，要回答时代之问、未来之问，我们一定要深入学习习近平总书记关于精神力量的重要论述，坚守共产党人的精神追求，挺起共产党人的精神脊梁，开辟新领域、新赛道，开启新征程。

精神力量也是教育家成长的动因和标识。教育家也在长期的奋斗中，构建了教育家的精神谱系。在教育高质量发展的今天，我们一定要牢记习近平总书记的指示，梳理教育家的精神谱系，弘扬教育家的精神，让精神力量闪亮起来，回应并落实民族精神和时代精神，努力做新时代"大先生"，投入中国式教育现代化建设中，将立德树人根本任务落实在教育教学全领域全过程，以培养能担任民族复兴大任时代新人为己任，为中国特色社会主义建设提供基础性支撑。

弘扬教育家精神，铸造新时代教师精神力量，首先要厘清教育家精神力

---

[1] 本文写作时参考了姚卫伟的《师道》一书（南京：江苏凤凰教育出版社，2019年版），对该书的参考、引用之处不一一注明，向作者姚卫伟致谢。同时也引用了笔者自己的著作《做中国立德树人好教师》（上海：华东师范大学出版社，2021年版），文中也未一一注明，特此说明。

量的内涵及特质。马克思指出,"人,并不是跪在世界之外的抽象的存在。人,意味着人的世界,意味着国家,意味着社会"。[①] 是什么让人站起来?应该是人的精神。人的站立意味着什么?意味着精神力量。精神力量关乎国家和民族,精神是"同物质相对的一个哲学范畴,指人所特有的意识、思维活动和一般心理状态","唯物主义把精神看作物质的最高产物,并且对物质具有能动的反作用"。[②] 看来,精神高于物质,是对物质的超越,并作用于物质。有学者对精神力量这一概念做了界定:"精神力量是指人的思想意识、思维活动、心理状态中产生的自信、自立、自强的激情和活力,以及自控、自律、自觉的意志和毅力。"[③] 这些论述或描述,揭示了精神或精神力量的内涵、特质及其与有关概念之间的关系。

当然,我们也不必拘泥于概念的界定。其实,我们完全可以意会精神或精神力量的内涵,这之后也能自如地运用。习近平总书记多次提到井冈山精神、长征精神、延安精神、雷锋精神、焦裕禄精神、红旗渠精神……这些精神都是具体的、鲜活的、可感知的、可触摸的,仿佛一幅幅动人心魄的画,浮现在我们眼前。精神与人不可分离,与人的活动和作为分不开。教育家精神一定要生动、具体地体现在教育家身上。我们可以从教育家身上发现教育家精神,一个个教育家的精神力量编织成了教育家的精神谱系。

---

① 马克思. 马克思箴言[M]. 汪培伦, 编译. 北京: 中国长安出版社, 2010:54
② 赵德水. 马克思主义知识辞典[M]. 南京: 江苏教育出版社, 河海大学 1991:964
③ 谢兵良. 习近平总书记强调的"精神力量"[N]. 学习时报, 2022-06-06(2)

一 | "叫醒中国"与"中国麦种":
爱国是教育家精神的灵魂

马相伯,是复旦大学、向明中学等学校的创始人兼首任校长,是蔡元培、于右任、邵力子、黄炎培、李叔同、陈寅恪等著名人士的老师,被称为"教育家的教育家"。马相伯漫长的一生跨越了帝制和民国两个时代,他的人生也和中国的近现代历史一样波澜壮阔。他一心为教育、办学校,为国家培养人才。他曾说:"我是一只狗,只会叫,叫了一百年都没有把中国叫醒。"确实如此。马相伯曾经有过惊世骇俗之举——把自己在松江、青浦等地的田产计三千亩全部捐献出来,办学兴学。有人表示怀疑,他特立下字据,并在字据上补写八个字:"自献之后,永不反悔。"他认为这是他晚年办学兴学的破釜沉舟之举。尽管没有把中国"叫醒",但他真的叫了,而且叫了一辈子。马相伯的"叫"其实是用自身行动来唤醒,他的"叫醒中国"就是教育家的伟大精神。1939年,马相伯迎来百岁诞辰,中共中央的致电是:"国家之光,人类之瑞。"这八个字凝练了马相伯的爱国精神之崇高、伟大:国家之光,熠熠闪光;人类之瑞,教育家是人类精神的灵魂,召唤人民,开启救国征程。我们的耳畔至今仍能响起马相伯的演讲词:"读书不忘救国,救国不忘读书。"爱国,是所有教育家精神的灵魂,马相伯是其中的杰出代表。

我们自然还想起陈鹤琴。一百年前,陈鹤琴创建了中国第一所实验幼稚园——南京市鼓楼幼儿园。当时他的办学宗旨就是走中国化、科学化、大众化幼教之路。他确定的培养目标是:"做人,做中国人,做现代中国人。"他对"福禄贝尔、蒙台梭利等人的西方主要幼儿教育思想进行了深入的分析,分析了他们的优势,也指出了他们的不足,言之成理,以理服人,教导人们不要盲从"。^①"陈鹤琴认为,幼儿教育的研究,关注国情是主要的原则,只有结合国情,才能产生科学和有效的教育。"^②他还说:"我们办幼稚教育就是要大田种麦……但你知道大田种麦需要麦种,这麦种从哪里来?当然也可以向外国去买。但从外国买来的麦种能适应中国的土壤和气候吗?我办鼓楼幼稚园就是要为大田提供中国麦种这个目的。"^③中国化、中国人、中国国情、中国大麦田、中国麦种……中国,装在他的胸中。为了中国麦种,他说自己是骆驼,驮着学生走过沙漠,走向绿洲;他说自己是狮子,勇猛、坚韧,克服一切艰难困苦;他说自己又是孩子,具有无穷的想象力、创造力。陈鹤琴像骆驼、像狮子、像婴孩,依据哲学家尼采的理念来说,这就是达到了人生最完美的境界,不愧是"中国幼教之父"。

习近平总书记强调,爱国主义始终是使中华民族坚强团结的精神力量。以爱国主义为核心的伟大民族精神,深深熔铸在我们的民族意识、民族品格、民族气质之中,熔铸在我们民族的生命力、凝聚力、创造力之中。教育家的爱国主义精神影响着一代又一代中华民族的子女,用我们的血肉筑成我们新的长城。

二 独立人格,自由思想:
风骨是教育家精神的脊梁

孟子曾提出"大丈夫精神":"富贵不能淫,贫贱不能移,威武不能屈。"教育家正是孟子称作的"大丈夫",具有"大丈夫精神"。"大丈夫"成了教育家的别称,"大丈夫精神"成为教育家的风骨。风骨,充分体现了教育家的骨

---

①②③ 虞永平.中国幼教之父——陈鹤琴[M].南京:南京大学出版社,2019

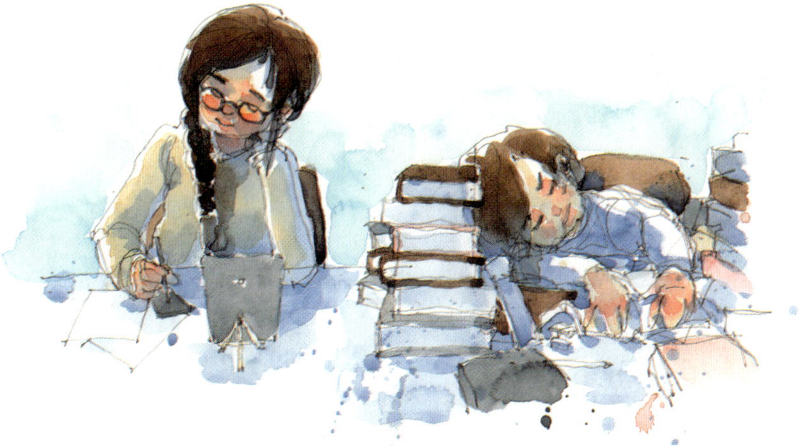

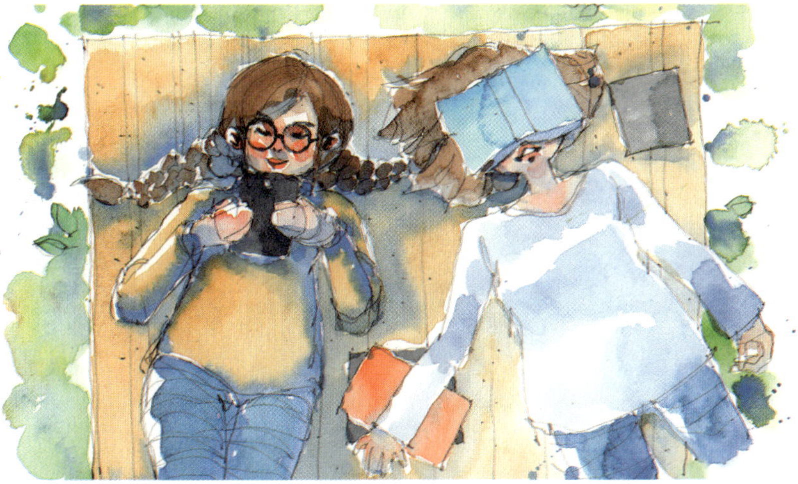

我们常说，在急速行走的旅途中，应停下脚步，让灵魂跟上来。现在回想起来，这其实说的是，急切的、毫无地平线感的前行，会让我们失去灵魂。不是让灵魂跟上来，而是我们要塑造灵魂，用灵魂来引领我们，有灵魂的优秀人才才可能有真正的卓越。

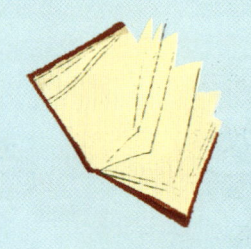

气，这样的骨气映射的是中华民族的志气、豪气、底气和不可动摇的钢铁般的信念与意志。

　　陈寅恪先生是一个有风骨的教育家。他给中国知识分子和教育家留了一份珍贵的历史底稿。这份历史底稿的主题是：独立之精神、自由之思想。他曾经这么说："惟此独立之精神，自由之思想，历千万祀，与天壤而同久，共三光而永光。"这是陈寅恪为好友王国维写的铭文，实则是陈寅恪的"夫子之道"，是教育家风骨丰厚内涵的高度凝练，光照万年，不朽永存。1941年，太平洋战争爆发，日军占领香港，陈寅恪立即辞职赋闲。战时的香港物资匮乏，即使是教授，生活也十分困难。有一次宪兵队上门"慰问"，士兵把一袋上好的面粉送到陈寅恪家中，陈寅恪和他夫人硬生生地把那袋面粉推出了门。1942年，日本侵略者占领上海，为了粉饰时局，专门派人上门拜访陈寅恪，请他出山授课，陈寅恪坚决回绝。中国知识分子决不会为侵略者做一切事，哪怕是一点点，只有为祖国学术才会显现风骨之神力。独立之精神、自由之思想，正是中国人应有的气节。刚正不阿，重的是中国知识分子的气节，重的是教育家的尊严。没有风骨，何来的教育家？又何来的风格？风骨是教育家的精神脊梁。

　　"独立之精神，自由之思想"，也是教育家的学术思想和品格坚守。陈寅恪说："结社之首要在于有共同的崇高理想，有此精神才能团结巩固，成就事业，造福于民。"他又指出："学说有错误，这是可以商量的……我的学说也有错误，也可以商量。个人之间的争吵，不必芥蒂。我、你都应该如此。"学者的争吵，为的是学术思想的独立。学术问题的商量，乃是谦逊的学术美德和高度的自由。他还说，"独立精神和自由意志是必须争的，且须以生死力争"。"以生死力争"，是对"独立之精神，自由之思想"这一学术风骨的争取和捍卫。"独立之精神，自由之思想"不只是表现为个人的学术尊严，而且内蕴着学术

33

品格的谦逊、相互包容的胸怀。教育家告诉我们，虚怀若谷才会有真正的精神独立和思想自由。教育家永远处在积极而紧张的思想生活中，这锻造了教育家的风骨，而风骨让教育家挺起了精神脊梁，其维护的绝不是个人的利益，而是用精神和思想让我们、让世界看到了中华民族的伟大正面。

三 "捧着一颗心来，不带半根草去"：奉献是教育家精神的人生境界

陶行知有着鲜明的教育家精神标识："人生为一大事而来，做一大事而去""捧着一颗心来，不带半根草去"。他的精神在"来去"之间。一来一去，来来去去，想的都是教育，为的都是孩子，将国家民族装在心里。笔者称他的精神是"来去精神"。"来去精神"的实质是奉献精神。奉献，是教育家的道德人格，是教育家的人生境界。

教育家把自己奉献给孩子。陶行知"爱满天下"，而他对学生最深刻的爱是教学生"千教万教教人求真、千学万学学做真人"，培养学生的创造精神。他在《创造宣言》中说，教育者所要创造的是真善美的活人……先生创造学生，学生创造学生，学生先生合作而创造值得彼此崇拜之活人。他竭力呼吁："处处是创造之地，天天是创造之时，人人是创造之人……"他的学生汪达之，在他的精神感召、鼓舞下，组织、带领新安旅行团在全国各地宣传中国共产党的抗日救国主张，历时17年之多，行程5万余里，足迹遍及今天的22个省、自治区、市。从淮安出发时只有14名基本学生，后来逐步发展到600多名团员。他们参加宣传抗日战争、解放战争，并参加新中国建设。陶行知赞誉他们是"划分新时代"的"伟大宝藏"，"一群小好汉，保卫大武汉"。新安旅行团是陶行知、汪达之这两位教育家奉献给孩子们最珍贵的人生礼物，而孩子

们用自己的行动"奉献"了又一"少年中国说",共同唱响了奉献之歌。

教育家把自己奉献给教师。"大学、大楼、大师"之关系说,正是梅贻琦对教师、大师价值最通俗又最深刻的描述,也是对教师、对大师最根本的尊重。他常说:"校长的任务就是给教授搬搬椅子,端端茶水。"他治校的策略就是三个字——"吾从众"。这个"众",主要指的是教授。梅贻琦的"大师之谓",邀来、引得一大批知名学者、科学大家云集清华,后来又影响了西南联大。大师们心情舒畅,人格独立,无问西东,一心为清华效力,为祖国效力。把自己奉献给教师,把自己献给中华民族。这就是精神,是崇高的道德品格,它闪耀着灵魂之光。

教育家把自己奉献给学校。竺可桢是把自己奉献给学校的楷模。抗战时期,北大、清华、南开三所大学搬迁到昆明,合并为西南联大。竺可桢想的是:浙江大学该怎么办?在竺可桢的带领下,浙大自浙西天目山、建德到赣中吉安、泰和,又从赣中吉安到桂北宜山到黔北遵义,多次迁徙,行走了3500千米,历尽千山万水、艰难险阻,吃尽千辛万苦。就在这长达两年的迁徙中,竺可桢的妻子和一个儿子都生病离世,他遭到令人难以忍受的打击。可他用自己的双肩、双手和双脚,保留并发展了浙江大学。也许这正是竺可桢所大力倡导、执着坚守的"求是"校训的集中体现。今日之浙江大学,为党育人,为国育才,与竺可桢舍己家、为大家、为国家的奉献精神和道德品格分不开。

教育家把自己献给孩子、献给教师、献给学校,就是把自己献给祖国。教育家的人生经历,让我们感慨万千,敬佩不已。教育家的人生境界,我们虽不能至,却心向往之,高山仰止,努力不息,进步不止。

四 "三军可夺帅也,匹夫不可夺志也":
大志向、大学识是教育家精神的专业标识

梁漱溟在"文革"中受到批判,当有人问他的感想时,他脱口而出:"三军可夺帅也,匹夫不可夺志也。"铿锵有力,可谓响彻天宇,表达了他的信仰、志向、抱负、意志,以及对自己理想与使命的矢志不渝。他认为自己只是一介匹夫,普通、平常不过,却不失匹夫之志。其实,他是教育家,是大家,"可夺帅、不可夺志"同时也道出了他的宏大志向、深厚学养与对学术价值的坚信不疑、坚定不移。所有教育家都有自己的专业,表现出专业精神的坚定、专业学术的深邃、专业品格不可改变的信心和决心。

梁漱溟的专业精神集中表现为对平民的悲悯,对乡村教育的大情怀。有一天,他在大街上行走,看到一位白发老人十分吃力地拉着人力车艰难前行,体力不支,但坐车的人凶狠地催促老人快跑。老人又怕又急,重重地跌倒在地,嘴里流出了鲜血,连胡子都被染红了。梁漱溟当时眼里就掉出泪来。从此以后,他再也没有坐过人力三轮车。正是这样的悲悯情怀、恻隐之心让他生出了投身乡村运动的大志向、大情怀。在梁漱溟波澜壮阔、曲折丰富的人生中,唯有乡村运动使他的人生理想真正得以实现。他一直努力构建宏大的社会改造实验场,推动他的乡村建设思想的落地。在那个年代,他的思想与社会设计是不能实现的,但他的大情怀、大思想、大设计,无不表现了他的专业志向。

同样,晏阳初也充满着真挚的平民情怀。当年晏阳初考察了农村,总结出中国农民的四种病症,他决心用"四力"治"四病",并且一步一步使自己农民化。晏阳初与家人用英语对话,但与农民交流时,却用地道的当地土话,与农民吸一样的烟。这既说明他才学高、语言能力强,更体现出他的心贴在

农民心上。中国那么大，中国农民那么多，中国农村那么广，农村教育又那么落后，正是晏阳初的坚定信念和专业品格感动了许多中国有识之士，一批留洋博士、大学生也和晏阳初一样，奋斗在了乡村教育第一线。看如今，新时代的新乡村建设取得了历史性的进步，不能不说当年教育家的乡村教育实验的影响是深远的。

说到专业学识，我们权且不说梁启超，不说蔡元培，也不说张伯苓；先说说吕凤子、叶圣陶。吕凤子被称为"江南才子"，有艺术家和艺术教育家的美誉。他说："生的法则为真，生的意志为善，生的状态为美。"他又说，"美在异，美在一切生的谐和幻变。"他创办的正则艺专所立的校训便是"爱与美"，将学校推向最高的审美境界。叶圣陶是作家、出版家、语文教育家，可谓是多才多艺，但一直耕耘在语文教育的田野里，也深深影响着整个教育。他提出，"小学教育的意义，概括起来，便是使儿童在行为上得到新的人生观"，他的"教是为了不教"道出了教学的本质与境界。语文教育家吕叔湘对叶圣陶有个评价："……前后60多年，对于这半个多世纪里我国语文教育工作中的利弊得失知道得深切详明。"茅盾则说："彩笔焕发，规模阔大，有胜于圣陶的，但圣陶的朴素谨严的作风，及其敦厚诚挚的情感，自有不可及处。"

教育家有大志向、大情怀，但志向、情怀绝不是空洞无物，相反，是有着大学识、大本领支撑的。教育家精神当然不可缺少专业学识与本领。教育家应是大学问家，才情横溢，学养深厚，思想飞扬。对于他们而言，将帅可以换人，但专注于学识专业的"匹夫之志"始终夺不走，因为这已成为教育家专业精神与能力的标杆与标识。

五 创建中国自己的教育学：
实验与创造是教育家精神的内核

教育家精神有其魂脉，也有其根脉，绵延至今，影响当代。当代教育家们扎根在中国大地，结合中国国情，致力于教育实验，开创教育的新格局，构建教育的新形态，将立德树人根本任务落实在教育的各领域、全过程，从而推动教育高质量发展，为中国式教育现代化的实现，贡献自己的聪明才智。

顾明远先生，躬耕大中小学教育，他以浓厚的使命感与敏锐的思想深思中国教育改革之路，创立"以学生为主体"的学说，提出"没有爱就没有教育，没有兴趣就没有学习，教书育人在细微处，学生成长在活动中"的理念，成为中国教师的教育信条。顾明远先生道德优美、学术纯粹，推动着全国基础教育改革。他以自己的学术力量成为教育大师，成为教育家精神的典范。

朱永新教授，有着崇高的理想抱负，为中国未来教育探路，创立了具有中国特色的新教育，倡导师生过一种幸福完整的教育生活。新教育提出教师的精神生命这个概念，让教师成为素质教育的主人和创造者；新教育构建十大行动，突破关键因子，让素质教育落地生根；新教育用中国美学精神照耀教育，始终面向实践，面向未来，让广大中小学学生健康成长，又在回归与变革相统一中，构建实践哲学。朱永新教授获得了国际教育大奖——一丹奖，为中国教育赢得了荣誉。

李吉林老师，这位从小学里走出来的儿童教育家，深植中华优秀文化，瞭望世界，探寻教育教学原理，创立中国特色的情境教育，构建中国儿童情境学习范式。她潜心教育实验，从情境教学到情境教育，从情境课程到情境学习，一步步走来，步步踏实，步步进步。她像竞走运动员一样走得又快又好，像跳高运动员一样不断向上、突破超越。她创立的学说——情境教育，可概括为"真、美、情、思"四个特点，以思维为核心，以情感为纽带，以美为境界，以周围生活为源泉。李吉林的著作被翻译成英文、德文，在国际上产生影响，受到学界的赞誉。李吉林老师以她的改革行动引发我们的思考：中国课程改革、教育改革要回到实验，用实验创立中国自己的教育学、教学论。

斯霞老师创立童心母爱教育思想，探寻儿童教育规律，让童心与母爱相遇，生成创新精神，实现创造性成长。其用随课文识字法推动语文教学体系的构建，促使语文教学发生根本变革。斯霞老师是杰出的育苗人。

人民教育家于漪老师，永远怀揣"对民族负责"的校训，一辈子做教师，一辈子学做教师。她站在课堂里，一只肩膀挑着学生的现在，另一只肩膀挑着民族的未来，使命感让她一走上讲台生命就开始歌唱。她说，让有信仰的人讲信仰，教书是手段，育人才是目的，学科育人、教学育人在她的课堂里真正得以实现与生动呈现。

教育家精神谱系是由教育家精神编织而成的，一个个教育家，就是一个个教育家的精神标杆。今天，我们要弘扬教育家的精神，开发教育家的精神基因，补精神之钙，续新时代教育家精神谱系，做中国立德树人好教师，努力成为新时代的"大先生"。

生命意义的追寻

"生命诚可贵，爱情价更高。若为自由故，二者皆可抛。"这首匈牙利爱国诗人裴多菲创作的诗，几乎人人皆知，很多人都会背诵，有年轻的，也有年老的，诗句，一直在影响我们。这首诗以十分精炼的20个字道出了生命观、爱情观、自由观，并加以整合，阐释了人生观。无论是"爱情价更高"，还是"若为自由故，二者皆可抛"，总是离不开生命，在任何时候，生命都是可贵的，生命为爱情、为自由奠定了基础。自由观中也包含生命观，因为生命的可贵，才让自由更崇高。

更为可贵的是，裴多菲这首诗的翻译者是革命烈士殷夫。正是这首诗成了殷夫悲壮一生的深刻写照。为了革命，殷夫四次被捕入狱，第一次出狱后就加入了中国共产党，写了壮丽的诗篇《我们是青年的布尔什维克》："我们的摇篮上，招展着十月革命的红旗。我们的身旁是世界革命的血液，我们的前面是世界共产主义。"共产主义成了他的信仰，诗歌成了他革命斗争的武器。他也有自己的爱情。在他第二次出狱重返上海后，与党组织接上关系后，全身心地投入到地下革命斗争。殷夫曾写一首诗——《写给一个姑娘》："我不是清高的诗人，我在荆棘上消磨我的生命。把血流入黄浦江心，或把颈皮送向自握的刀吻。"这是庄严的宣告，他宣告了自己立志为革命献身的"大爱情观"。第四次被捕后，他与柔石等 5 位左联战士被残杀，当时还不满 21 周岁。殷夫的斗争精神、牺牲精神，诠释了"若为自由故，二者皆可抛"的庄严承诺，投射了生命的可贵与崇高。

21 岁，年轻的生命，年轻的精神，年轻的品格离不开对生命价值意义的追寻与实践，生命的意义在生命价值认知与生命关怀联系中。生命关怀，既包含对自己生命的关爱，更包含对他人、对社会、对国家的挚爱，在需要时可以献出自己的生命。历史上曾留下多少可歌可泣的生命赞歌。

曾记得，唐山市开滦矿务局赵各庄一位女同志讲述的故事。唐山大地震时，她作为科室人员正在井下劳动（那时，这个矿务局就有领导和科室人员下矿劳动的规定）。矿井跟着大地晃动，所有出口被震塌，所幸的是，井下 2000 多名工人安然无恙，但惊恐万状。这时，代班的副矿长振臂高呼："大家不要乱，听我指挥！共产党员站出来！共青团员站出来！"副矿长把年轻的党员分成几个小组，让他们去找"生命通道"，其他党团员安抚群众，维持秩序。此前，即 1975 年，井下搞战备，矿务局就在矿井里用粉笔画了许多标记。一个小组顺标记找到一个直径 0.7 米、高 70 多米的通风口，上面有钢筋棍的简易梯子。副矿长宣布：大家听我的命令：女同志先走，然后是 50 岁以上的老工人；再往后是 40 岁的、30 岁的、20 岁的；再往后是共青团员、共产党员、科室人员，最后是领导干部。撤离工作从凌晨五点到下午四点才结束。讲述的这位女同志爬出通风口，惊讶地发现：外面是瓢泼大雨，可是先出来的人一个都没走，大家望着通风口，每出来一个人，大家就报以热烈的掌声。最后出来的是副矿长，他看着大家只说了一句话：出了这么大的事，大家都回去看看吧。几天后，这位女同志向党组织提交了入党申请书。

这故事发生在 1976 年，是非虚构的。似乎无需做过多解读，大家都被深深地打动了，而且内心深处冒出一些话来：共产党员的初心、人性的美丽、年轻的品格……生命的真正可贵，在于让生命发出光亮，既照亮自己，也照亮别人；生命关怀，关怀的不只是自己的生命，更要关怀他人的生命；关怀自己的生命，才有可能关怀别人的生命；在关怀别人生命的同时，让自己的生命彰显更大的意义和更高价值，尤其是危急关头。

生命礼赞是日常生活中的杰作。大家都知道著名小说家欧·亨利创作了可能是最为著名的小说《最后一片叶子》。琼珊与苏艾入住了艺术家小区，在租用的画室里，琼珊不幸患上了肺炎，躺在病床上，失去了生活下去的勇气，她把生的希望寄托在病房外的那风雨中常春藤上的树叶上。她数着树叶，每掉下一片叶子，就觉得生命快要结束。她说，等到最后一片叶子掉下来时，我也该走了。苏艾对她说："我不喜欢你老盯着那些莫名其妙的藤叶。"而琼珊说："一天，我想摆脱一切，像一片可怜的、厌倦的藤叶，悠悠往下飘，往下飘。"苏艾悄悄请来了一位老画家贝尔曼，希望他画一幅杰作……第二天早上，琼珊醒来的时候，她突然看到经过漫漫长夜的风吹雨打，窗外常春藤树上仍然有片叶子贴在墙上，它是最后一片叶子，孤零零的藤叶仍旧依附在茎上。他们看到随着夜晚同来的北风怒号，雨点不住地打在窗上——那片常春藤叶仍在墙上。琼珊对苏艾说："冥冥中有什么使那最后的一片叶子不掉下来，启示了我过去是多么邪恶——不想活下去是个罪恶。现在请你拿些药来……苏艾，我希望有朝一日去海湾写生。"苏艾对琼珊说，老贝尔曼在医院里去世了，就在那凄风苦雨的夜里，他不知道到哪里去了。"后来，我们找到了一盏还燃着的灯笼、一把从原来地方挪动过的梯子，还有几支散落的画笔，上面和了绿色和黄色的颜料……看看窗外，亲爱的，看看墙上最后一片叶子，你不觉得纳闷，它为什么在风中不飘不动吗？啊，亲爱的，那是贝尔曼的杰作——那晚最后一片叶子掉落时，他画在墙上的。"

这是虚构的小说，却又真真切切地存活在我们中间。为生命画上一片"叶子"吧，生命关怀、生命关爱带来生命的希望与活力。而生命关怀、生命关爱有多种方式和途径，"树叶"是多彩的，形状是多样的。欧·亨利写道："为生命画一片叶子，只要心存相信，总会有奇迹发生，虽然希望渺茫，但它永存人世。"也许，这正是"欧·亨利式结尾"的真义与深义——我相信。

其实，生命的意义关乎生活中意义的认识，这样的生活，可能是在伟大的事件中，更多则是在日常生活中，因为，宏伟的外在价值可以通过较小的事情和行为来实现。为此，哲学家密尔说，能修复生活意义的事情是读诗。我知道，生命关照下的年轻的品格，就是在意义的追寻、创造中读诗，读壮丽的青春诗篇。诗篇中，有英雄的挚情，有不落的叶子，有通向光亮的风口，还有那可爱的"姑娘"……

美，是用眼睛看得见的吗

回到常识，是当下一个很熟的命题，其意义和价值不可低估。但，常识也会发生一些变化，会被质疑，甚至有可能会被颠覆。

比如，世界上不缺少美，缺的是一双会发现美的眼睛。这是深度的哲思。不过，他被一位盲人质疑，并重新解读了。

一位给人按摩的盲人师傅，讲了一个故事。去年，他去了一趟华山。华山那个险峻啊，从别人的提醒和自己的感觉中，他真切地感受到了。通过长空栈道的时候，很多游客为他让路，还有人在远处喊叫："师傅，不要恐高哟！"他抓着铁链侧着身子轻轻松松就走了过去。许多人为他鼓掌，可他心里感到好笑：纵然下面是万丈深渊，在我们盲人的脚下也是一马平川；有眼睛看得见的人，很难体会到"空灵"带给人的好处。后来，他问一位正在按摩的先生："你没去过华山吧？应该去一趟，那里的风景美极了！"这位顾客小心翼翼地问他："你能看见美景吗？"沉默了好一会儿，盲人师傅突然说："我问你，美是用眼睛看见的吗？"轻轻地，却重重地敲击着人的心。

是的，美是用眼睛看见的吗？眼睛看见美是常识，没有眼睛怎么看得见？但是，盲人却"看见"了。因为，他不是看见，而是发现；他不是用眼睛，而是用心灵。一个人即使有明亮的眼睛，而不用自己的心灵，或者心灵不明亮，他仍然是看不见的。

但是，这里有个重要的前提：他必须亲身经历过；在经历中，他会感觉到脚下的万丈深渊，他有摸索着铁链前行的体验，他会听到别人对他的提醒，他还会从别人的掌声里感受到，他已"看见"美了。真实情境里的经历、体验、感受，是"看见"的基础和前提。

教学正是如此。教学应当是一种审美化的过程，审美整合了知识与能力，审美超越了知识和能力。审美化过程最为重要的是打开学生的心灵，在开放的状态中去探究、体验和建构。因此，只是沉溺于知识，抑或被知识、被训练淹没了，审美就消失了，此时，心灵也就关闭了。只有在探究、体验、建构中，心灵才是鲜活的，此时，眼睛才会真正成为心灵的窗户，于是"看见"——发现美了。

一个人可以看不见，但这个人的心灵是可"看见"一切的；一个人可以没有视野，但是这个人的内心世界是完整的、丰富的。于是，美不是用眼睛，而是用心灵发现的。

常识被质疑，被重新解读，就诞生了新的常识，让我们还是回到常识上去吧。

情感关切：教育的温度与美丽

《当代学校德育对话录：情感的关切》摆在我面前，再次捧读，亲切感又一次涌上心头，朱小蔓教授的形象不断浮现眼前，高雅、智慧、美丽。这本对话录是她生前所作，去世后出版，可算是遗作。这是对这位著名的教育学家最好的怀念。我和朱小蔓有过很多的交往，可谓密切，她给我留下了十分美好的回忆。

朱小蔓历经 40 余年的刻苦钻研，她满怀知识分子的良知，充溢飞扬的激情，她从情感教育的向度，通过研究和实践，改造、加强学校德育，推动课程教学改革，提升教师专业能力，为繁荣学术，为教材建设，为落实立德树人根本任务作出了探索和贡献。

情感的关切，是朱小蔓诸多学术成果中的一个代表性的论题，具有引领性的学术价值与实践指导意义，影响是多方面的。其一，情感教育为学校德育拓开了一个新视角。她高度重视情感在个体道德形成及道德教育中的特殊地位和独特价值，强调以情感体验为基础，以情感——态度系统为核心，让情感伴随认知，并促进认知发展。她提出情感德育，并建构了范式。这一范式防止德育过分学科化、逻辑化，使其回到鲜活的生活中，回到人的心灵滋养上去。以德为先，可以有多个切口，情感教育是其中一个重要发端。因而德育过程成为一个情感触发下的审美过程，以美育德，以美其身，立德树人。其二，情感教育促进人的精神生命成长。朱小蔓的研究以其学术的敏感性，发现人的生命最早出现的联系感，她把这一联系感看成最有分化发展潜力的"情感基膜"。"情感基膜"这一朦胧的整体，可以不断分化成丰富的类似数学的"变式"，成为儿童身体、道德、精神得以充盈的根基。儿童是一种精神的存在，而且也是情感的存在，情感可以滋养精神生命。由此出发的学习是一种整体性的学习，能够促进儿童德智体美劳全面发展，从而成为完整的儿童。其三，情感教育有利于重构良好的师生关系。师生关系是诸多教育关系中最根本的关系，是教育展开最重要的基石，是学生发展最为关键的文化生态。情感是师生关系的纽带。朱小蔓认为，情感教育能让教师触摸到学生情感脉搏的跳动，学生可以感受到教师的爱，对规则、对意志、对智慧、对创造有亲切而强烈的感受与体悟，进而互相尊重、互相信任、互相学习，心心相印。在这样的关系生态中，儿童会有安全感、美好感、成就感、幸福感。其四，情感教育带来学习方式的变革，让育人实践充满审美愉悦。朱小蔓认为，教师应具有情感素养，教学离不开情感的激发。在学生的思想劳动中，情感有着点燃的作用，无论是文化认知学习，还是道德学习，抑或是创新实践，都会有社会与情感能力发展贯穿始终。有情感的实践，学生是快乐的、自由的，可以发挥想象力，激发探索的欲望，成为创新的先导，为培养创新人才成长打好基础。朱小蔓所研究的情感教育扎根在中华传统文化中，又积极回应世界教育改革的潮流，以情感关切，关切教育改革，关切社会情感认知能力发展，关切儿童生命的健康成长。同时，她又满蘸情感的雨露讲述，与大家对话。

  朱小蔓提倡的情感教育具有中国特色，又有世界情怀。她让我们切实感受到加强情感教育是教育改革的重大转向。

教师，情感劳动者

近来，在社交媒体上，有些热议的话题，"如何做一个情绪稳定的成年人"就是其中一个。这一话题也在教育领域引起关注。香港中文大学教育学院课程与教学系主任尹弘飚在一次研讨会上指出：教师从事的不只是物质、精神劳动，也是一种"情绪劳动"。教学是以大量的人际互动为基础的工作，教师在育人时常常潜移默化，不自觉流露出一些言行，带着某种情绪。这样的情绪劳动无时无刻不在影响着与之互动的学生。[①] 情感劳动在很多行业都存在，但是因为教师职业的特殊性，所以情感劳动在教师群体中也有特殊的表现。

事实也正是如此。我常听到一些教师说工作中"心累"，有不少的苦恼和烦闷，但又不得不让自己的情绪隐蔽起来，以"示弱"的姿态对待学生，长此以往，心更累，也影响了教书育人的效果。听了以后，在心生敬佩与感激之情的同时，我也不免对"情感劳动"有些思考。我们不仅要关注教师的知识、精神、思想劳动，还应关注教师的情感劳动，要看见教师的情感劳动，更要重视教师的情感劳动，让积极情绪伴随教育教学的全过程，也充溢自己的生活，做一个真正幸福的教师。

---

① 见2022年7月20日《文汇报》。

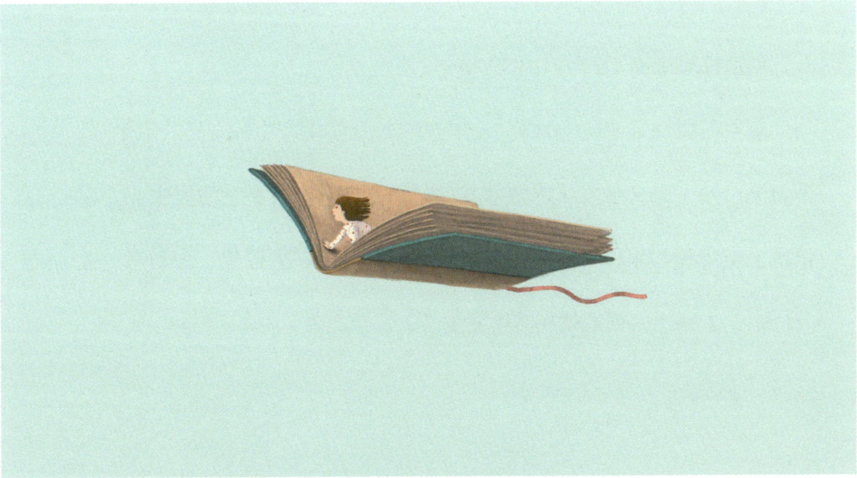

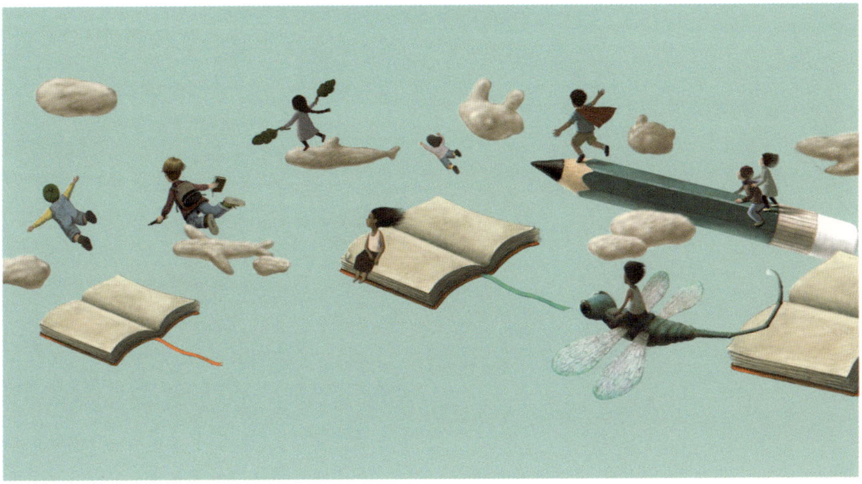

创造性思维离不开学生想象力的发展。

想象需要特定情境的激发。这样的情境让学生产生惊奇感、陌生感。惊奇感、陌生感又触发了求知欲与探索欲，想象力就在情境里生成，在情境上空飞扬起来，把学生带入一个无限的时空，去遐想、去幻想、去"乱想"、去狂想，创造就在其中发生了。

我不禁回忆起自己的教师生涯。我做过小学教师，和孩子们一起学习、生活了 22 年。那段青春岁月已深深镶嵌在自己的生命之中，成了难以忘怀的记忆。那时，我有不少的进步和发展，也有不少的缺憾；有不少的快乐、幸福，也有不少的苦闷和纠结。有时不免冲动，冲动以后又有些后悔和懊恼。现在回想起来，这正是一种情感劳动的表征和过程。我们早就有劳动的概念，也常常说及自己的情绪，但从来没有将两者联系在一起。"情感劳动"概念的提出，让我们回过头来审视自己成长的过程，也许可以作为当今教师，尤其是年轻教师正确对待自己的情绪，学会情绪管理的借鉴。在教育的理念和理性的驱动下，抵达教师幸福人生的彼岸，让立德树人成为自己和学生发展史的历程。

首先，我想到，教师是一个真实的人，人总是离不开情感的伴随。情绪劳动是客观的存在，是真实人性的反映。因此，对教师的情感劳动不能熟视无睹，也不能刻意回避，相反，我们应该让它被看见。马克思非常精辟地论述了人的本质："人，并不是跪在世界之外的抽象存在。人意味着人的世界。"他又说，"只有把人当成人，你才可以用爱去交换爱，用信赖交换信赖。"教师不是抽象的存在，他们永远和学生们在一起，上课、活动、交流、聊天……那么鲜活，那么具体；更不是跪着教书的，他永远站立着。唯此，教师才能挺起自己的腰杆。因为是具体的存在，才会有各种情感的认知与反应。教师的工作是十分辛苦的，教师又是高度负责的，工作中难免有些不满，尤其是"双减"政策实施以后，教师表现出更强的责任感和使命感，一切都是为了学生健康成长。但有一个不争的事实是，教师工作的时间拉长了，工作量增加了，教育的难度更大了。对此，少数教师有些想法，流露出疲惫感，这是真实的感受，是正常的，党和政府会采取措施改进。同时，我们应当建立起一个信念：随着实施的深入，我们将会以专业的态度、研究的方式，进一步把握规律，做出更为科学的安排。我们还应该坚信，我们以挚爱对待学生，用信任对待家长，一切都会变得更好。

其次，我想到，教师是一个教育人的人，肩负着教书育人的重任，对情感劳动应有理性的认识。大家再熟知不过的"学高为师，身正为范"正是对教师形象的描绘，也是对教师要求的严格规定。苏霍姆林斯基专门论述了教师。他说，"教师的人格是进行教育的基石"；教师的语言修养是他精神修养的一面镜子；师生读书是"师生精神交流最灿烂的时刻"；教师是艺术家，"火热的感情与冷静的理智融为一体"。这些都深刻又生动地说明，教师是教育人的人，不同于一般的人；教师既要生活在世俗中又要超越世俗，在情感劳动的同时，还在进行精神劳动和思想劳动。他不能"跪"在情感世界中，要站在道德的、精神的、思想的高地上，和学生们一起挺直民族的脊梁。回忆我的教学生涯，加之后来40年的学习、思考，尤其是新时代的感召，我对自己的要求是做个精神灿烂的人；我对青年教师的希望是以年轻的品格致敬。前些日子我与一些年轻教师就情感劳动笔谈。治军老师说，教师对于自己的情绪开始总是伪装起来，但是在一位老教师的帮助下，解决了师生间发生过的一个矛盾冲突，得到了启发。他认为教师应当擅长情感劳动，情绪不该伪装，而应该是有意识地隐藏。他还把情绪比作孩子，有时还要主动地把"孩子"唤出来，和自己来一次对话。想起法国作家蒙田的话："如果我希求世界的赞赏，我就会用心修饰自己，仔细打扮了才和世界相见。"我们的老师不正是一个会修饰自己，生活在儿童世界里的人吗？

再次，我想到，教师要学会情绪管理，及时调控自己，始终以积极的态度面对学生与家长。如前所述，人总是有情绪的，人也总是有欲望的，这就给自己和管理者带来一个极富挑战的命题：情绪管理。在热议那些话题时，与会的学者都认为，情绪管理其实是面对精神压力，提升自己抗压力的问题。

从神经科学角度看,人的情绪是大脑的一种认知功能,这种认知功能在控制人类情绪的过程中起到了重要作用,除了先天存在的一定差别,更多是受后天环境的影响。因此,有必要把情绪管理当作当代人整个人生的必修课。这门必修课不是在课表上列为一门课,而是在现有的课程体系和内容上。这门必修课不只是对学生开设,而首先应成为教师的必修课。从管理的角度看,管理者,即教育行政部门和校长,应当尊重教师,信任教师,鼓励教师,引导教师。在企业界,常有60后领导发出这样的感叹:"以前觉得80后难管,现在90后来了,才发现更难!他们为什么这么懒?"这样的问题确实存在,在教育界、学校里也会存在。面对这样的情势,我们不应一味哀叹,也不应简单地批评,而是要了解他们,理解他们,发现他们。前几天,一位校长给我打了电话,电话里专门谈到90后教师,他发自内心地表扬:"青年教师真正地爱孩子,和孩子平起平坐,和犯错的孩子在走廊里,一直站着,耐心地谈心,平心静气,不急不躁,大概有半个小时。后来看到那学生高高兴兴地回家了。"校长又说,"年轻教师学养更丰富,才艺更出色,他们有不足,但是,他们也有优势。"校长最后说,"我们要爱青年教师。"当然,我也应提醒教师,尤其是提醒年轻教师,我们应让心里住着两个"孩子"。一个是学生,他们是成长中的人,他们又是民族的未来,有着无限的可能性。我们该呵护他们,教育他们,让他们有幸福的学生生活,他们的幸福就是我们的幸福。另一个孩子就是自己的情绪,让情绪安顿在心灵深处。

最后,我还想到,人的情绪深处也常常隐藏着另一个深层次的问题,那就是价值观。情绪不仅受到心理的影响,还受到价值观的影响。我们不应对情绪进行简单的价值判断,更不能把情绪问题当作道德问题,但是从价值引领的角度,定会提升情绪劳动的境界。人总是生活在价值世界中,受着各种价值观的纠缠,我们必须进行价值澄清。而价值说到底是理想信念问题。只要在新时代，以立德树人、培养能担当民族复兴大任的时代新人为使命，我们就一定会在情感劳动中提升自己，生成深层次的意义，走向幸福的教育人生。

如果让我再做一回教师，一定会有新的精彩。但是，我又想，何止教师是情感劳动者呢？学生呢？那些学校领导呢？那些企业高管呢？他们都应是情感劳动者吧。

让教育家精神之花在师生关系中绽放

弘扬教育家精神是个深刻的话题。其深刻性在于精神引领性，引领教师心灵的"再圣化"，提升精神境界，塑造美好心灵。其深刻性也在于它的深沉召唤性。召唤教师以教育家为楷模，像教育家那样当老师。其深刻性还基于教育家精神的生活扎根性——教育家精神是在日常教育教学生活中浸润、滋养而铸造起来的。正是生活的扎根性，让教育家精神具有亲近性，并具有普遍意义：教育家精神是崇高的，但绝不是高不可攀的；是深刻的，但绝不是深奥的；形象是高大的，但绝不是遥不可及的。教育家就在我们身边，与教育家为友为伴，我们也会生长起教育家精神来。也正因此，弘扬教育家精神是个可持续、常谈常新的话题，其可持续性应视作深刻性的另一种体现。

换个角度看，弘扬教育家精神也在引导我们回溯和回归：回溯教育家成长的过程，回归教育的本质属性，进而寻找、弘扬教育家精神的着力点和突破点，使弘扬教育家精神落到实处。

在本质上，教育学是人学。尽管古希腊文献中早就洋溢着幸福的人学思想，但直到 1969 年，人学仍未成为一门独立学科。可贵的是，正是在人学尚未成为一门公认学科的年代，苏霍姆林斯基便已发现它与教育学的本质联系，提出了"教育学就是人学"的命题。① 教育学是人学，弘扬教育家精神必然回归到人发展的几个基本问题上去，回归到教育与人的基本关系中去，回归到对人的关怀与帮助。只有回归教育与人的基本关系，才可能找寻到教育家精神的本质属性，弘扬的发力点才会更有深度和力度。

回归人性，必定要回归师生关系。无疑，在诸多关系中，师生关系是最基本、最根本的关系。这是不言而喻的。教育或教学的本质，即是教师与学生在特定情境中互动、建构意义的过程。教师与学生是相互依存、相互支撑、相互促进的，舍弃其中任何一方，便无教育、教学可言。对师生关系的描述较为准确而生动的有很多，其中突出者有两人，一人是《被压迫者教育学》作者弗莱雷。他说，教室里只有两种人——教师学生与学生教师。另一人是蒙台梭利，她在《童年的秘密》里对教师的定义是"作为教师的儿童"。其实，中华优秀传统文化中也映射着师生关系的思想光芒。"信其道，亲其师"，大道至简的六个字，思想如此深邃，其精髓就在"信"与"亲"的思想和实践的张力之中。"三人行必有我师"，说的是人人可为学生，也个个可为教师。良好的师生关系自然呈现在日复一日、年复一年的生活中，如此平常，又如此亲切。教育家谦逊的为师之德、君子之风，犹如拂面的春柳。

实践中正是这样的。所有的教育家都以教育为家，首在与学生为友。他们的精神自然而生动地体现在师生关系中，当然也是在这样的和谐关系中生长出教育家精神的。说到底，良好的师生关系是教育家营造起来的。我们不妨再讲讲陶行知四块糖的故事。一个男生用泥块砸自己班上的男生，被校长陶行知发现并制止，叫他放学时到校长室去。放学后，陶行知来到校长室，男生早已等着挨训了。可是，陶行知却笑着将一颗糖果送给他，说："这是奖

---

① 孙孔懿. 苏霍姆林斯基教育学说 [M]. 北京：人民教育出版社，2018:13

给你的，因为你按时来到这里，而我却迟到了。"男生接过糖果。随后陶行知高兴地掏出第二颗糖放到他的手里，说："这是奖励你的，因为我不让你打人时你立即住手了，这说明你很尊重我，我应该奖励你。"男生惊讶地看着陶行知。陶行知又掏出第三颗糖塞到男生手里，说："我调查过了，你用泥块砸那些男生，是因为他们欺负女生。你砸他们，说明你很正直善良，而且有跟坏人斗争的勇气，应该奖励你呀！"男生感动极了，流着泪后悔地喊道："陶校长，我错了，我砸的不是坏人，而是同学……"陶行知满意地笑了，随即掏出第四颗糖递过去，说："为你正确地认识自己的错误，我再次奖励给你一块糖果。我没有更多的糖果了，我们的谈话也可以结束了。"

故事如此平常，又极不平常；如此普通，又极不普通。但正是这平常而又普遍的故事，成了经典。经典的故事让教育家精神凸显得如此具体、鲜活。我以为，教育家精神常常发生在师生关系的建构中，因此这样的精神具有渗透性、弥散性，真实而自然地发生着。但是，这样的故事又是不平凡、不普通的，它让我们重新审视师生关系。教育家精神照耀下的师生关系给了教育一种秩序：你说我听，我做你说，互相倾听，互相理解。这样的秩序里有教育应有的规范，又充满着精神的自由。教育家精神照耀下的师生关系，给了教育一种高度。这样的高度以情感为纽带，以尊重为前提，以信任为基础。这是情感的高度，在对话中生成意义。它触摸学生情感脉搏的跳动，用意义创造自己的生活。教育家精神照耀下的师生关系，揭示了师生关系的实质——精神关系。它用心灵的对话、意义的交流、人格的互塑、精神境界的提升编织和谐、合作、共生的师生关系，用良好的师生关系丰盈教育生态。

回归人学，回归师生关系，我们应更坚定一个认知：教育的精神属性，即人是一种精神力量，用精神呼唤精神，用精神塑造精神，让学生挺起精神脊梁，中华民族才能挺起精神脊梁。同时，我们更坚定一个信念：教育家精神不仅是属于教育家的，也是属于我们所有教师的，教育家精神永远和教师、学生在一起。这样的"属于"，绝不仅仅是出于纯理性的逻辑判断，也不仅仅是教师应有的价值认知和追求，而是由教育家精神的本质所决定的。弘扬教育家精神不能只是仰望，还要在教育生活中践行。青年教师也不必全是敬畏，也许"景行行止"是对弘扬教育家精神的诠释。我们从热爱学生、了解学生、发现学生，和学生一起构筑良好的师生关系做起。这样，教育家精神就会在师生关系中绽放最美的花朵，而师生关系的教育秩序、情感高度、精神境界，会让教师的心灵、人格与精神品格悄然地"再圣化"。

精神的太阳照进生命的林子

马克思曾经对精神有个比喻：精神的太阳。细想，这一比喻中的太阳应当是真理，是理想，是信念，是使命，一言以蔽之，应是价值观。鲁洁教授对价值有个定义：理想中的事实。这一定义呼应着"精神的太阳"这一比喻。生动的比喻总是深刻的，深刻的喻义总是精彩的。我们需要"精神的太阳"，教育需要价值这一太阳的照耀与透射。

如今，这"精神的太阳"照耀着一片生命的林子——江苏省苏州科技城实验小学（以下简称科技城实小）。十年来，阳光普照，从来没有被遮蔽，从来没有消退，于是生命的林子里永远明亮、灿烂。十年办学，在价值阳光的照耀、指引下，科技城实小朝气蓬勃，永远向着蓝色的天空伸展茂盛的枝叶，而枝头上永远是春天。科技城实小的十年，是向着太阳歌唱的十年，科技城实小的年轻人是一群追随阳光的人，是用价值观铸造自己灵魂的人。

从精神的太阳，亦即从价值观的视角去解读科技城实小教师团队建设的探索实践，我们会把握住学校之魂，会有新的认识和新的发现。

好的生活生长好的教育，好的教育创造更好的生活。这是科技城实小办学与育人的核心理念，也是他们的核心价值观。的确，教育就是一种生活，问题是应试教育下的学校只有知识的学习，只有机械的操练，只有成绩和分数，而精彩的生活不见了。教育与生活背离，教育已发生了异化。让生活回到校园里，让教育回归生活，让学生过一种完整而幸福的童年生活，成了科技城实小徐瑛校长和她的团队共同的价值愿景，价值愿景导引着一个个行动。为此，他们逐步形成了颇有深意的理念及行动：好好生活就是教育；好的教育是在好的生活里生长起来的；好的教育体系实质是好的生活体系，要构建好的教育体系，首先要构建好的生活体系。但是，他们的认识还要再向前一步：好的教育才能创造更美好的生活，好的教育体系可以创造更科学、更美好的生活体系。以上两方面的理念最终聚焦于教师与学生：教师与学生是积极学习者，是积极生活者，积极生活者实质上是积极创造者。生活的回归与复位，让教育充满生机和青春的气息。当教师成为积极生活者和积极创造者的时候，他的内心涌动着的是奋进的激情、创造的渴望，以及迈向更高境界的期盼与扎实的步伐。这样的教师，内心有束光，有着不竭的发展动力——这是价值理念和理想信念使然。试想，教师发展怎么可能是被逼出来的呢？

积极生活者创造出一片生命的林子，生命的林子里培育出"众生长"的优秀团队。

那束光来自太阳，来自精神的光源。积极生活者都有一个"活泼泼"的生命，每一个生命都是独特的，都应该被好好珍惜。但是每一个生命都不应该孤独，生命的独特绝不意味生命的孤独，生命之间相互呼唤，在生命的互相呼唤中大家走到一起来。广袤的大地上一棵大树，独领风骚固然可贵、伟大，但一大片森林，郁郁葱葱，竞相生长，笼盖四野，更显得雄伟、强大。森林中生命互相扶持、互相呼应，每棵大树才会更旺盛。徐瑛和她的团队早就认定，科技城实小是生命的林子：教师就像森林里生长的树木，每一棵树都应该有自己的生长规律和生长姿态；在学校里，一棵棵树枝干相连、根系交织，编织起生命彼此关联的意义之网；教师团队建设，就是培育一棵棵自由生长的大树，而且让每一棵大树都主动伸出手来，合林成森；教育管理者要有静待生命萌芽、生长的情怀，并给他们更丰富的营养和更广阔的生长空间。他们称之为"众生长"，"众生长"长出了一片生命的林子。试想，教师发展哪能只是一个人的努力？在生命的林子里，教师才可能有自己的专业生命、精神生命。

阳光照耀下的成长：教师成长图谱凸显价值观更大的文化力量。

成长当有个图谱。所谓图谱，是成长的总体设计，可能是规划，可能是指南，可能是脚手架，可能是路线图。这一图谱关注着当下，更关注着未来；关注着个人，也关注着集体。图谱让教师成长有方向、有目标、有计划、有步骤，可实施、可操作、可检测。如何处理个人发展与集体共同发展的关系是个难题，但是在科技城实小，这一难题得以破解。他们为每一位教师绘制了个人成长图谱，定制化的图谱让每一位教师都有恰当的位置，每个位置都重要，每位教师都闪亮；同时，每一位教师在学校的"谱册"中，又能感受到集体感、力量感、温暖感。徐瑛校长说："共同的愿景凝聚着教师从一个个'我'融合为'我们'，引导教师过好每一个教育的日子，对教育充满共同的期待与追求。""我"和"我们"其实都体现价值观的凝聚，在共同发展中，要重视个人价值的实现，但也要将"小我"融入"大我"，唯此，"小我"才更有可能实现自己的价值，而"大我"才会五彩斑斓、多姿多彩。所有的光束聚在一起，才会有耀眼夺目的普照之光。

从生命的林子到"慧·谷"，让教师发展有落脚的地方，让心中那束光激活教师发展的实践智慧。

科技城实小坐落在有"苏州硅谷"之称的苏州科技城，因此学校把新教师成长共同体命名为"慧·谷班"。学校的一位新教师晓雯用画笔为自己所在的"慧·谷班"精心绘制了徽标，把科技城实小依山傍水的自然之韵和灵动高远的生命质态表现了出来。这位新教师说："徽标里的山代表大阳山，水代表太湖和诺贝尔湖，寓意我们在灵山秀水间敞开胸怀，向着智慧那方生长。"话语间满溢着家的情怀与文化自信。智慧有自己的表情，有自己的特征，也有大小之分。不管怎么分析，有一点是不能忽略的，那就是要让智慧有自己落脚的地方，而不是让它飘荡在天上。"慧·谷班"采取了措施，一是"12项基本功练习令"，而且把新教师12项基本功镶嵌在"二十四节气文化"中，让人与自然的生长融为一体，每两个"节气"即一个自然月展示一项基本功。其寓意是丰富的：基本功的训练有内在的规律，其科学性与自然生长性趋于一体，基本功就会长在教师生命之中，也会显现在日常的教学活动中，像节气那么自然。二是"以书换书"的约定。前者是学校为新教师定制的读物，后者是新教师成长的实践成果，是一份答卷。两本书分别是《你的第一年：新教师如何生存与发展》和《我们的第一年》，就在问答之间，约定一代代传下去，一份约定一种承诺，一份承诺一种成长。三是"青年教师聊天吧"。新教师有个身份、角色的转换问题，转换过程中难免有苦恼、有纠结、有无奈。在一周一约的聊天中，或许为他们打开了一个心结，或许给了他们一把钥匙，或许为他们开启了另一扇窗户，而智慧就在其间悄然成长。

为教师营造适合成长的气候。

生命的林子，充溢着生命的自由与创造的激情，一棵树摇动着另一棵树，天上飘过的云彩正在推动着另一片云，而不知是哪片云下起了及时雨，滋润每一棵树。这就是气候，是温润的气候，是蓬勃的气候，是将挑战隐含在内的激活人成长的气候。这气候，就是文化生态。徐瑛校长的大智慧就是给生命的林子以成长，给成长的生命以气候。值得注意的是，每一个教师都可以营造自我生长的林子，也可以营造自己的小气候。林子里始终有那束光，气候里始终有彩虹，精神的太阳永远照耀生命的林子，价值的力量永远为教师的成长撑起一片明亮的天空。

我们走在大路上——
一个人记忆中的时代印记

我生于 1941 年，1962 年中师毕业，当了 22 年小学教师，后来从事教育管理和研究，一辈子做教育工作。60 多年的教育生涯，经历了不少时期，其中，青春年华是在 60、70、80 年代度过的。所有年代都留下了一串串记忆。这是属于自己的历史，是个人记忆。但个人记忆，离不开集体性记忆，集体性记忆可以不断地匡正个人记忆；个人记忆只有汇入集体性记忆的大潮中，才会点亮那些关节点浪花般的精彩，再次勃发生命的力量。

一切时代印记都是一种声音，而声音是时代意义的回响，继而演绎为时代的主旋律。主旋律主导下的集体记忆，让我获得文化进步的信心和动力，时代的主旋律成了我、我们教育生涯的主旋律。过往的主旋律是永恒的飞扬，会一次又一次沸腾我的情感，点燃我的青春的篝火。于是，所有的日子都会过去，又都会回来。

一 60年代（1962-1966）：
《我们走在大路上》。在生活困难中，满溢教育情怀，将"上好每一堂课"当作最大的责任和乐事

还是从小学、初中说起。最深刻的记忆是四个字："家庭贫寒"，那是我写在助学金和生活补助申请书上的，不知道写了多少回、多少遍。但是，学校和同学从来没有歧视过我，相反给了我许多温暖。中师读书的三年，正是三年困难时期。最深刻的记忆是，上午最后一节课的下课钟声最动听，因为它一响，我们就能奔向食堂，早就饿了的肚子会在稍稍填充后得到一次不算饱的享受。但在我们记忆深处还有五个字，"贫贱不能移"——永远培植的"大丈夫精神"。

1962年夏天，师范毕业了，在家坐等通知——分配我去的学校。漫长的暑假过去了，不见通知的影子。直到开学报到注册的第二天，我才接到通知，去第二附小当老师。之所以这么迟，是因为国家经济困难，师范生不能都包分配当教师，能收到通知的只有少数几个，而大部分同学在家待业，还有的转行。第一天上班，校长交给我的任务是刻钢板——把蜡纸铺在铁板上，用铁制的笔，把字一笔一画地刻上去；交给我一个毕业班，当六年级班主任，并教语文。我认认真真、快快乐乐，虽懵懵懂懂，却充满激情和干劲，还时有突发而来的想象。我爱教师，想做个好教师。

国家经济在恢复中，生活仍然比较困难。第一年我的工资每月30.5元，第二年开始涨到35元，这样的工资水平好像维持了很多年。"生活困苦"是那个时代的特征：我穿打补丁的衣服，上课没有手表，凭着感觉把握时间，上公开课要向同事借……我们仍然那么认真、那么快乐，从不埋怨，从不发

牢骚，因为我们知道，国家困难，我们当然困难，生活原本就是这样。物质生活虽然困难，我们精神生活却丰富，因为心中有束光，那束光来自一首歌——《我们走在大路上》："我们走在大路上，意气风发斗志昂扬，毛主席领导革命队伍，披荆斩棘奔向前方。向前进向前进！革命气势不可阻挡，向前进向前进……"大路，社会主义大路；前方是温暖、幸福、美好，荆棘阻挡，可我们一往无前。我们当然向往幸福，我们相信只有走在社会主义大路上，才会有好的生活。走在大路上是那束光照亮了我们的心——热爱中国共产党，热爱社会主义，热爱教育，爱学校爱学生；走在大路上，就是我们的理想信念，教好每一个孩子是我们的使命；教育走在大路上，孩子们才会走在大路上。

生活的清贫全然不放在心上，所有的心思都在课堂上。学校的风气是：做又红又专的教师，上好课是最大的责任，是最大的本事，也是最大的光荣。记得工作不久，学校领导要听我的语文课，意思是检查新教师的课究竟上得怎么样。我选的课文是《山下的桃子该谁摘》，是《毛泽东选集》中一篇文章的节选，是议论文。那时，我还没有完全建立起文体教学的概念，于是我向师范学校羌以任老师请教。他帮助我备课，他从议论文的要素出发，进行课文内容的结构性分析。我设计的板书是：提出问题、研究问题、解决问题；然后对应地写上：论点、论证与结论。议论文教学，提纲挈领，一目了然。课文的写作特点、议论文的结构"立"在黑板上了，也记在学生心里了。这堂课得到了较高的评价。我永远记住老教导主任李静老师听课时的表情：戴着金丝边的眼镜，握着笔，抬着头，始终微笑着望着你。微笑里有信任、有鼓励、有期盼。后来，再后来，无论是听课，还是听校长教师发言，还是指导工作，我总是学着主任的样子：微笑地看着他们……

20世纪60年代，我们走在生活的困难中，又永远走在祖国社会主义建设的大道上，意气风发斗志昂扬。走在大路上，走在信念中，走在自己心里。

二 | 70年代（1966-1976）：
《我爱北京天安门》。走在大路上，有一段困惑、迷茫，仍满怀着忠诚，以各种形式持续着教育，书写教育的情感

当教师没几年，"文革"突然爆发了，"我的第一张大字报"，开始波及校园。我们不知所措，一下子被"卷入"，紧张、困惑、迷茫包裹着我们。这段时期的记忆汇聚在几件大事上，难以忘怀。

一件促我自我检讨的事。那时候，校园里贴满小学生大字报，与大街上铺天盖地的大字报相互呼应。看着学生的大字报，稚嫩的笔迹里透着对民主师生关系的渴望，他们渴望平等待人，要求亲切耐心，期待少罚作业……这些要求并无恶意，也不无道理。大字报前我深刻反思了自己的教育言行，比如年轻气盛，态度急躁，对学生不能一视同仁，有时还有点小体罚……大字报还是让我紧张的，不过心里有股民主的潮流在涌动。说老实话，何为师生关系，还是从那个时候引起我思考的。教科书教给我概念，而生活现场给了我体验，教给我道理。我并不知道这场革命深刻的背景，但校园里的大字报让我心中从此永远有了儿童。此后，我时时思考，不是要废除师道尊严，而是需要民主理念下的师道尊严。前几年出版的《儿童立场》也许要溯源到那个年代。虽如此，对教育改革究竟怎么搞，小学生写大字报究竟好不好，还是有不少的困惑。

一件触动我心灵的事。当时李吉林老师受到了冲击，而且声势凶猛。批斗现场，火势那么猛，一发发"炮弹"，一般人难以承受，如果是我，也会彻底被击溃。但李吉林异常坚强。一次会后她对我说："我不怕，我是中国人，我热爱祖国，我热爱中国共产党，我热爱教育，我热爱孩子，我没有错，今

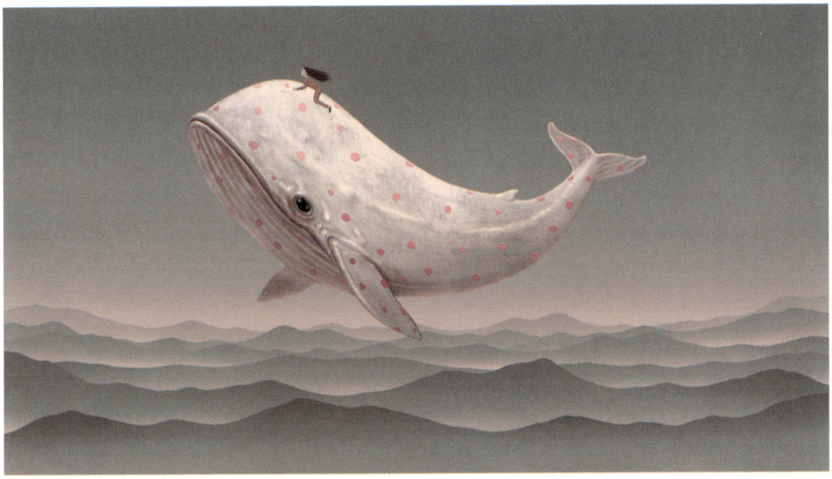

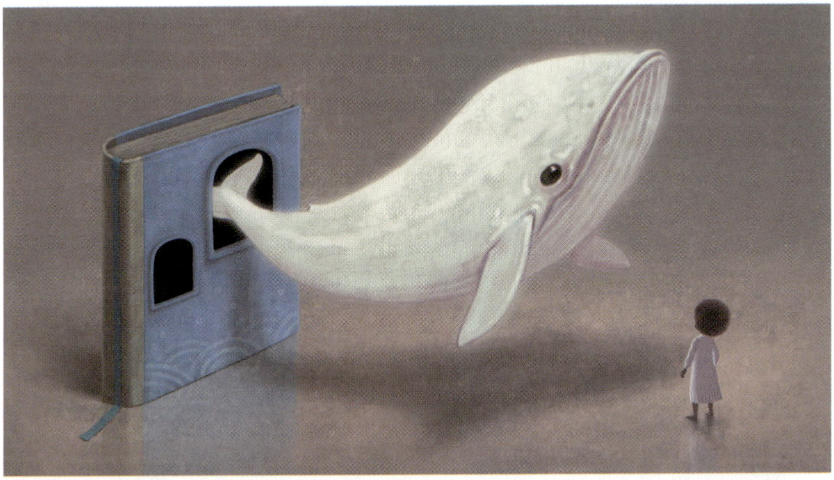

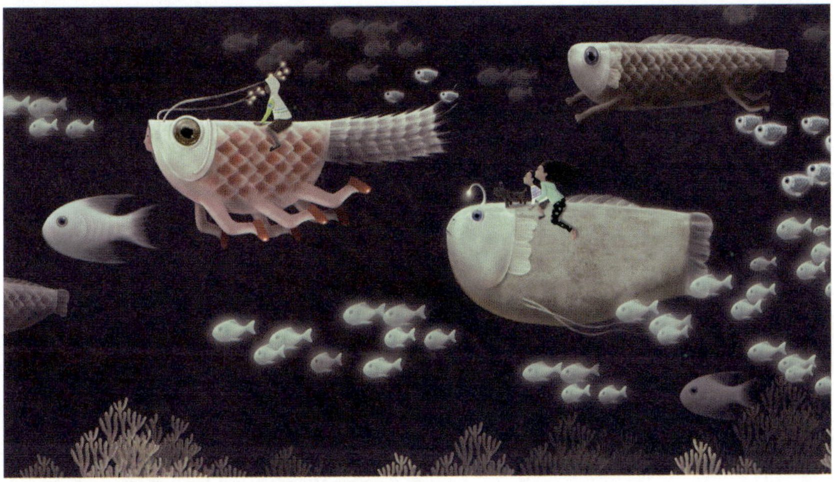

想象力具有不确定性，也显得十分脆弱，亟须呵护乃至保护，也亟须宽容与等待。学生想象力的发展需要教育者拥有海洋般的胸怀。胸怀又和大脑自然联系在一起，大脑也是一片无垠的大海，想象正是那个在大海深处的"伟大的潜水者"。

后我要做得更好。"由此，我知道在后来的情境教育研究中，她为什么如此坚定。那时在批判现场，我受到了一次生动而深刻的人性教育、人格教育、爱国主义教育、教师专业教育。我相信她的话，我们要做"威武不能屈"的大先生。与此同时，我对教师发展要不要业务，要不要有业务尖子，要不要成名成家，要不要权威等，一时迷茫起来，甚至还有一个想法：认真做事，不要出名。

难忘的街头文艺宣传。"文革"中停课闹革命，停课，怎么闹革命？闹革命可以有多种形式，文艺宣传也是一种战斗。于是，我们组建了红小兵文艺宣传队，写剧本，排练节目，制作道具，给学生化妆，上街拉场子，都是我们自己做，演出时还用手风琴伴奏（此前学会的手风琴，用到了现场，在实践中运用，效果最好）。其实，我是个文艺青年，这样的活动形式，我很喜欢，也锻炼了自己的才干。但是，我心里会想，学校还要办吗？课还要上吗？书还要读吗？知识还要学吗？……诸如此类的想法常常在思想中翻腾，时时来叩问自己。我们多么渴望回到课堂啊！

难忘的事还有很多很多，几乎是无数。无论聚焦于哪方面，有一首歌永远唱响心头，是我们的终身记忆，也许直到人生末年也都会吟唱。这首歌就是《我爱北京天安门》："我爱北京天安门，天安门上太阳升。伟大领袖毛主席，指引我们向前进。"这是首儿歌，但是大人们也唱，我们教师更会唱，更爱唱。我会和孩子们一起唱，几乎天天唱。爱唱、会唱的原因无须多作解释，答案在心里：天安门，祖国的心脏；天安门，中国的"客厅"。1949年，毛泽东主席在天安门城楼庄严宣告中华人民共和国成立，大江南北，长城内外，一片欢腾。天安门，是中国人心中的一盏灯，是中华民族前行的灯塔，我们走在大路上，就从这儿出发。一切都会变，唯有心中的天安门不会变；一切都会改，唯有国家客厅里的"字画"不会改。当困惑时，当迷茫时，天安门所指引的方向仍是那么明亮，那么坚定。唱起她，心里的阳光永远不会被任何云翳所吞没；和孩子一起唱起她，教育信念便在；我一个人唱起她，我知道自己是个赤子。总之，唱起她，相信不久的将来，乌云将会被驱散，仍是霞光满天。我们急切地等待着。真的，那就是"文革"中的我们、我们教育人共同的信念。

三 | 80年代（1976-1984）：
《在希望的田野上》。走在改革开放的大路上，教育改革、教育研究开始勃发，为社会主义现代化建设培养人才

1976年，十年"文革"结束，人们终于解放了思想，敞开了胸怀，放开眼界，意气风发，斗志昂扬，教师和各行各业一样，以极大的激情投入了社会主义建设。1978年载入史册的党的十一届三中全会召开，短短几年，中国发生了翻天覆地的变化，美好的蓝图在改革开放大潮中铺展。1980年，一首歌应运而生，在广袤的中国大地上唱响，而且唱响云天外："我们的家乡在希望的田野上……我们世世代代在这田野上生活，为她富裕为她富强。"就教育而言，希望的田野在课堂，有希望的课堂才会有希望的工厂、希望的农村、希望的实验室，才会有希望的一切。所有的希望都在为社会主义现代化建设早出人才、多出人才。那时，我们以新的姿态回到了课堂。那几年经历的人、事历历在目，其中有三件大事刻骨铭心，镌刻在记忆深处。这些记忆既是个人的，又是集体性的；既是现实的，又是未来的，总之是希望的。

教改实验的希望。李吉林的情境教育研究开启了教育改革的新征程，开创了教育实验的新局面。我清清楚楚记得，李吉林从被下放到农村村小到回到南通师范学校第二附属小学（后简称通师二附小），"文革"中的一切都已

成过去，在她心里积聚十多年的改革激情迸发出来。她遇上我，说了两句话："我要克服一个女人的弱点。""我要把'文革'中丢失的时间补回来、抢回来。"说得平静，但一股子劲从心里跳到了嘴边。我不知道女人的弱点是什么，但我知道李吉林已学会了坚强，也知道她正在将弱点转化为动力再转化为优势，要把一切投注到教育改革实验中去。她敏锐地捕捉到了教学过程中长期以来存在的问题：认知学习只在符号世界里，丢失了更广大更丰富的生活世界；只有记忆、训练、考试，丢失了情感的发育，缺失了学习的动力；只有外国经验，丢失了中国文化传统的继承。她以情境教育为总课题，在实践中走了四步：情境教学——情境教育——情境课程——情境学习，而且构建了中国儿童情境学习范式。整个研究植根于中华传统文化中，彰显了东方智慧，回应了世界教育改革的潮流。中国特色情境教育拥抱了世界，与世界对话。她曾有两个比喻："我是一个竞走运动员，又是一个跳高运动员。"竞走运动员，永不停步，又快又好，但双脚不能同时离开大地，一步一个脚印，地平线在远处闪光；跳高运动员，不断向上，突破自己，超越自己，理想永远在高处召唤。我坚信，社会主义现代化建设仍然应该成名成家，应当有自己的学术权威。李吉林开拓了教改希望的田野。

省委教育大会的希望。我所在的通师二附小，百年老校，以高质量著称。老校长、老党员周琪老师是我们的楷模，她以校为家，奉献教育；真诚待人，爱才用才；精于教学，支持教改；严格管理，质量第一。周校长以深邃的目光洞察教育的本质和核心，以独有的敏锐和胆量支持所有教师的改革与实验，又以身作则，上好每一堂自然课，严谨科学的态度给了师生极为深刻的影响。改革开放没几年，周校长领导的通师二附小成为教学改革、提高教学质量的一个典范。为引导全社会重视、办好中小学教育，1980年8月，江苏省委在调研的基础上，召开了全省中小学教育工作会议。省委第一书记作了《全党重视调整发展中小学教育事业,为社会主义现代化造就一代新人》的报告,呼应着中央的要求,多出人才,早出人才,出好人才,迎接科学春天的到来,创造中华民族未来的希望。会议还安排了经验介绍,其中就有通师二附小的发言。到南京,在省委召开的大会上发言是相当重要相当光彩的事,我时任副校长,可正校长周琪老师力荐我去,把机会让给了我。经教育局同意,我去了南京。在大会上发言的情景我已记不清楚了,但是领导告诉我,我们的经验在大会上有很高的评价,有很大的影响。后来《新华日报》还连发了几篇评论,其中就有关于我们学校的教学经验的文字。1982年9月,中国共产党十二届代表大会在北京召开,周琪校长作为党代表参加了会议,这是小学教师莫大的光荣。回来后,南通师范学校举行篝火晚会,邀请周校长去讲话,我陪同。那熊熊燃烧的大火,映红了夜空,为希望的升腾添加了新的动力。难忘的省委教育会议,难忘的篝火晚会,我永远相信党对教育工作的领导,有党的领导才有教育的希望。

省教育厅的任命中蕴含的希望。1984年1月初,没几天就过春节了,正在学校忙着,忽然市委组织部找我谈话,主要意思是江苏省教育厅要调我去工作,从事小学教育管理,好像是任副处长。我非常惊愕,根本没想过,也根本没有任何准备,领导容我思考几天。谈话后,我立即向周琪校长汇报,她建议向教育局秦同局长汇报,听听他的意见。秦局长态度很明确,到省教育厅工作肯定很好,但是由本人决定。我心里有数,他很想让我留在南通。思考几天后,我决定先只身前往,先试试,然后再考虑是否迁户口。等过了春节,忙完开学工作后我去了南京。我,一个普通的小学老师;我,贫苦家庭出身,毫无背景;我,省厅没有一个认识的人……怎么会调我呢?而且从一所小学到省教育厅?其实,这是有大背景的。一是改革开放,干部需要年轻化、专业化;二是在省委召开的教育大会发言,给大家的印象比较好;三是为了办好一些小学，省教育厅组织一次全省小学视导，全省名校校长和专家汇聚通师二附小，整整一个星期，视导组组长推荐了我，从此改变了我的人生。伟大的党，是为人民的党，是一心为公的党，"干部不问出身"，竟落在我身上。千言万语一句话：永远相信党，永远听党的话，跟党走，永远认认真真为人民服务，永远清清白白做一个好干部，做一个好人。有了党的正确领导，才会真正有希望的田野。

《我们走在大路上》《我爱北京天安门》《在希望的田野上》……串起了一个伟大的时代，也串起了我的人生。我将继续从时代记忆、国家记忆中，寻找我的个人记忆，让个人记忆活在伟大的时代，走在新时代的大路上。

追随时代，写出自己的地平线报告

我耳畔一直回响着一首歌——《我和我的祖国》："我的祖国和我，像海和浪花一朵，浪是海的赤子，海是那浪的依托。每当大海在微笑，我就是笑的旋涡，我分担着海的忧愁，分享海的欢乐。"

我心里一直回响着两句话：我是有祖国的人，生命为祖国澎湃；教师，一个精神灿烂的人。只有生命为祖国而澎湃，精神才会灿烂；精神灿烂的人，才会为祖国放声歌唱。

我手中一直握着三样工具：笔、书本、黑板。用笔写好教书育人的故事，用书滋养孩子们的身与心，用黑板演绎未来的理想。三样工具编织了我教育的壮美诗篇，美的诗句飞向湛蓝的天空，向着太阳微笑。

而这一切都发生在那张讲台。三尺，但在我心里，它无边无涯，连着蓝天、大海，连着山巅、田野，连着古与今、中与外。我爱这张讲台，我的血脉在那偾张，我的生命在那延续。其实，那张讲台连着的是那远方的地平线。我瞭望地平线，追逐地平线。于我而言，地平线的最高价值是让我永远追随时代的脚步，不断向前、向前、向前。这地平线是我的理想、信念和使命。

这一连已快 60 年了，尽管后来的几十年不是在校园里连着，而是在教育管理的机关里、在教科研究所里、在家里，可是那根线一直没有断。相反，那情怀越来越浓，那情思越来越深，那地平线还是那么遥远，却始终向着地平线。那根线，把我牵引到可知又不可知的未来，但未来肯定美好。

我感恩伟大的祖国，感恩伟大的时代，赤子之浪永远忘不了那大海的依托。我要向祖国交出地平线报告。

一

我，1941年12月生人。出生在启东的吕四渔场，长在大海边，那里似乎离地平线很近。海水无私地养育了我，望不到边的彼岸让我有永远的想象。但大海没有给我足够的勇气，也没有给我足够的底气，因为六七岁的时候我就离开了它，来到了南通城里。那时，南通城狭小，也显得陈旧，可那里有条濠河，环绕着城市，清澈，淙淙流淌，不声不响，像条玉带。更可喜的是，濠河连着通吕大运河，而大运河又连着大海。总之，我没有离开过水。大海没给我足够的勇气，却给了我说不清的情怀和无限的期许，没有给我足够的底气，却给了我慧心、慧根和内心的坚韧。

更为重要的是，那濠河旁是我的三所母校：南通师范学校第一附小、南通中学、南通师范学校。通师一附小，在中华人民共和国成立后第二年就接纳了我，而且整整6年没收我一分钱，无论是学费，还是杂费，还是书本费——20世纪50年代初，我就享受了免费的义务教育。没有新中国，我能进小学读书吗？能有我今天吗？南通中学，南通地区最好的中学，英才辈出，在那读了三年初中，永远忘不了诗人校长、化学家副校长、数学家老师，还有复旦大学毕业那年就写出《郁达夫论》的青年才俊……南通师范，这所全国第一所独立建制的中等师范，战争年代南通的第一个党支部，照亮了我的心灵，为我铺就了一条教师之路。

大海、濠河、濠河旁的三所母校，培育了我爱教的情怀，铸就了我为师的品格，锻炼了我从教的能力。这一切都闪耀着新中国的光芒，祖国的新生让我这穷人家的孩子享受到最好的教育。就在那时候，《歌唱祖国》激励着我。我的生命要为祖国歌唱："五星红旗迎风飘扬，胜利歌声多么响亮，歌唱我们亲爱的祖国，从此走向繁荣富强……"歌声已镌刻在我的心灵深处。

二

1962年，我从中师毕业了，面临着工作分配。可是六十年代，三年困难时期，国家极度贫困，就业面临着极大的困难。

到了通二附小才知道，这一届四个班的毕业生只分配了几个人当教师，我班有两人，其中有我，其他的分配到企业，不能当教师，还有的在家待岗、待业。这，我根本没有想到。是谁推荐了我？心里疑惑，但无法打听，后来有人告诉我，是校长和老师们集体讨论的。那时候哪有什么"走后门"一说啊，我又没什么背景，一个穷人家，清贫、穷困，老母亲为别人洗衣服、敲铺马路的小石子，哪有什么关系啊？可是幸运就这么落到我头上。清明，风气正，这是新中国，是社会主义啊！我感慨无限，感恩我的祖国，我没分担"海"的忧愁，却分享了"海"的幸福与欢乐！我心里冒出一个强大的声音：把所有的一切给孩子，献给教育，献给祖国。

共产党是领导我们事业的核心力量。祖国渡过了难关。随着祖国前进的步伐，我走上了讲台，第一年就教六年级毕业班。可我什么都不会，懵懵懂懂，跌跌撞撞，磕磕碰碰。校长说，年轻，没经验，没关系，学校相信你。又说，担任毕业班班主任，一开始就教毕业班语文，是挑重担，是难得的经历、难得的考验，也是难得的机会。那个年代我们的价值理念是：甘愿当一颗螺丝钉，祖国的需要就是我的需要，该安哪里就安哪里，工作的安排就是我的任务，一切服从学校决定。这一价值理念并没有淹没人的个性，螺丝钉是闪亮的，至今应让它继续放光。

年轻人应当有虎犊之气，勇于探索，成长之路就在脚下。地平线在召唤我。当然现在回过头来看，螺丝钉不只是一个标准件，它也有个性。是螺丝钉总会起作用，总有它的价值。我也知道，那个年代同样倡导教学艺术，教学风格、教师的创造性永远是可贵的。

三

"文革"开始了。

停课了，叫"停课闹革命"；后来复课了，叫复课闹革命。就在"停课、复课闹革命"之间，我们都没有停下教育的步伐，首先"复"了我教书的心愿。我们组织了红小兵宣传队，在街头演出节目，歌唱中国共产党，歌唱领袖毛泽东，歌唱祖国。就在那时候，我学会了写剧本，排练节目，学会了拉手风琴。我的作品常常获奖，后来，进了南通市文艺创作班，接受了文学艺术创作的洗礼。一次，话剧团的导演对我说："你写的剧本理性多了，感性少了，激情少了。"从此，我知道，感性应是灿烂的，激情可以成就一个剧本，成就剧中的一些人物，也会成就一个好教师。我写剧本，排演节目，是在激扬生活，不是教学生在舞台上表演，而是教学生在舞台上生活。也许正是这一认知，让我后来对同事李吉林的情境教育很有感触，向她学习，也支持她。

生活不会欺骗我们，日子应该是我们的老师。"文革"十年我没有荒废，我对党始终忠诚，对祖国始终信任，对教育始终热爱。心中有那股情感，有那条地平线在。我和我的祖国永不分离，赤子之心永不改变，浪花永远在大海之上欢跃,地平线永远在闪光。

四

"文革"结束了,教育教学走上了正轨。

恢复学校秩序,这是教育教学的基础和保障。让上课正常起来,是我们要做的第一件事,但与此同时,我们还应该做什么呢?

李吉林,这位从小学教师里走出来的教育家,不同凡响之处就在她有更高的追求,也正因为此,她才成为教育家。她对我说:"我要克服一个女人的弱点",又说"要把丢失的时间重新捡回来"。一个女人承认自己的弱点,而且要克服,可见她有一种"大丈夫精神",那就是"贫贱不能移,富贵不能淫,威武不能屈";一个教师要在反思中捡回丢失的时间,可见有一种意志,有一种信念,坚持自己的理想,有大视野,有大格局,有大境界。事实为李吉林做了最有力的判断和证明,情境教育之花开在中国大地,又在国外"香"了起来。

我和李吉林老师在一起,参与她的研究,"文革"后的情境教育研究有六年多的时间。当然,即使1984年我被调往省教育厅工作后,仍参与研究,这是我的黄金时期。这六年,让我重新认识、发现了教育,我发现教育是有规律可循的,而规律需要探索、发现、把握,这就离不开研究。教育研究不在教育之外,不是硬加上去的,也不是硬贴上去的,就在教育本身,是教育的题中之义;一个好教师,不仅要爱教育,还要研究教育,抑或说,教育研究是对教育最为深沉的爱,好教师之好,有诸多要求,教育研究是不可或缺的"好",要做一个研究型的教师,努力做一个学者型的教师;研究,不能离开教学,不能离开儿童,要凝聚为一个使命——教书育人。这一信念与使命一直伴随着我。

记得有一次，李老师对情境教育之"情"有一些新的想法。情境教育只讲"情"不讲"理"吗？"情"与"理"相悖吗？"情"与"理"如何融合？她邀我去高校请教教授，有华东师大的杜殿坤教授，上海师大的吴立岗教授，南通师专的徐应佩、周涌泉教授等。多少次的拜访、多少次的讨论，多少次的梳理，也记不清了。其中一次在南通的南公园宾馆，是晚上，杜教授作了讲解；一次是在无锡，我们向吴教授追问个性发展问题；一次是在校园里，徐应佩、周涌泉二位教授侃侃而谈，而忘了在路上来来往往的人与自行车……这一切都让我发生一次次的转换与提升。于此，一颗种子悄然播在我心中，逐渐长成一棵树，根深植地下：做学者型的教师，以研究的方式做教师，以研究的方式做事。无论身在何处，地平线总是向我张望，发出深情的召唤。

五

人生总有一些机遇。

我坚定地认为：机遇不是外来的，是镶嵌在生命之中的；机遇是人创造的，否则，机遇在你面前，你都会茫然；正因为此，机遇时时都存在，生活本身就是机遇的另一种表述。

我的人生有三次重要的机遇。

第一个机遇：1984年江苏省教育厅调我去幼教初教处任副处长。我很惊讶，命运为什么如此垂青于我？我甚至怀疑，真的有上帝，这是上帝的安排。"上帝"就是我们的祖国，"上帝"就是这个伟大的时代，因为一位老人家在南海边画了一个圈，从此中国人讲起了"春天的故事"。其实，这个圈画在每一个中国人的心中！当然，我也知道，我在学校里工作是十分认真、积极、负责的，是有成就的，没有个人的努力，机遇不会来邀请你。当你认真工作、奉献时，机遇就会看上你。

第二个机遇：南京师范大学的学习。到了省里后视野开阔多了，机会多了，平台也高了。1985年，南京师范大学教育系举办第一届本科函授班。我以同等学力报考。此前，我利用所有的星期天、节假日、工作结束后的时间，几乎用上了所有的时间恶补专业课，政治、哲学、大学语文、教育学、心理学，不分昼夜。在去苏北最穷的地区工作的长途汽车上，捧着书，啃着、背着、写着，大雪从窗外飘进车厢，双手双脚冷得麻木，我心中却很亮堂。一次在路上遇到一个熟人，他看着我，"啊"了一声，再没说下去，我知道他想说的是：啊！你变形了，你太苦了。命运不忘苦心人，我终于被录取了。整整三年，我比较系统地学习了教育理论，同时这三年也锻炼了我的读书习惯与品质，也改变了我的思维方式。我补上了大学这一课，理论为我打开了另一扇窗，让我深知专业上的提升是多么重要。

第三个机遇：教育部两次基础教育课程改革的参与。1985年开始，当时的教育部启动基础教育课程改革（被称为国家第七次课改），要从江苏省厅调一位干部去参与，工作一年。厅长选派了我，除了行政工作需要服从规矩的原因外，我乐意前往，还有一个重要原因：去学习，去增长见识。以往，我只有"教学"的概念，而无"课程"的意识，课程、课改于我，一片空白。这一年，跟着分管的中教司副司长马立调研、拜访专家学者，讨论、论证、修订，后来，在课程方案中第一次提出"国家安排课程""地方安排课程"等。这是国家课程方案设计，是国家级的政策与制度设计，对我而言无疑是一次高级别的进修，也无疑当了回课程论专业的研究生。记得在甘肃会宁县，红军会师的地方，我亲身体验到了什么叫缺水，什么叫苦读，什么叫知识可以改变命运；在北师大，拜访启功先生，我知道了什么叫大师，什么叫知识渊博、学问高深；在人民教育出版社，向叶立群先生请教，让我知道了什么叫课程大家，什么叫深度谋划，什么叫文化与格调。参加的第二次课改，始于2001年，目前正在进行着的基础教育课程改革，其间发生的重大事情更多：课标研制、教材审查、统编教材使用、学生发展核心素养、立德树人、西部教学改革支持项目，等等。这些工作进一步提升了我，让我在更高的时代站位上，在更高的价值立意上，在更大的视野与格局上，都有满满的收获，有更深层次的掘进，说是一次跃升是不过分的，说离地平线又近了一步，也是不过分的。

我常想，如果用王国维《人间词话》里说的集大成者的三重境界来解说机遇，可不可以呢？当然可以。"昨夜西风凋碧树，独上高楼，望尽天涯路"，"衣带渐宽终不悔，为伊消得人憔悴"，"众里寻他千百度，蓦然回首，那人却在灯火阑珊处"，这是对机遇，对地平线最美的诠释和最生动、最深刻的写照。请别忘记，这一切都是改革开放的伟大时代赋予我们的，是新时代照亮了我们。一个人是渺小的，祖国才是伟大的，时代才是宏阔神圣的。浪花永远离不开大海的巨大依托。当一行白鹭上青天的时候，去回望那无边无际、翻滚浪花的大海吧，大海给你力量、给你希望，而地平线似乎就在大海的彼岸。

六

2002年底，我正式从省教科院退休了，2003年1月就不去上班了。我躲回老家了一个多星期，想有个过渡期，主要是心理方面。

一个星期的沉静与思考，我对退休做出了个性化的解读：退休只不过是办公室的搬迁，只是把办公桌改成家里的书桌，或者说把家里的那张书桌放得更多。

退休又遇上了党的十八大、十九大的召开，与新时代相遇了。我们正在新时代中，我们已融入新时代了。新时代，新使命，都要回归到初心去。我的初心是做一个好教师，做一个学者型的教师；我的使命是教书育人，是立德树人。我给自己列了几大课题："做中国立德树人的好教师""学科育人""儿童美学研究""论国家课程"等。我正在学习、思考中，虽已有了初步思考，但要做的事还太多，慢慢来吧。

作为 20 世纪 40 年代出生的教师，我在祖国的大地上走过 78 个年头了。路还在脚下，我向着前方的那条地平线走去，想交出又一份地平线报告，献给伟大祖国，献给中华人民共和国成立 70 周年。其实，这份地平线报告已多少次写在我的心里了。

美的沉思

中小学加强美育似乎是个无需讨论、毋庸置疑的话题——哪个学校不追求校园之美？哪位校长不要求教师形象优美、气质高雅？又有哪个教师不希望培养学生的美德美行，引导他们做最美学生？这确是个事实，但又常常事与愿违。在不少学校，美育被窄化了，变成了上上音乐课、美术课，甚至变成了唱唱歌、跳跳舞、画画图的教学，这些固然是美育的一种形态，但远远不是完整的美育；在一些学校里美育被异化了，目的是为打扮学校、装点门面，成为一种单纯的展示，甚至成了一种"秀"，这绝不是美育的本质与宗旨，绝不是真正的美育；在很多学校，美育被"悬浮"，没有落地，没有落实，只是一种口号，连理念都算不上。这确实也是个事实。

加强美育是一个真问题，是高质量发展的关键命题，是对学生全面发展的核心关切。把真问题真正解决好，把要求落实好，前提是认知要深刻、讨论要充分，基本问题厘清澄明。只有道理明白了，行动才会自觉、积极，也才会有创造性。这本身也是一个审美过程，是我们经历的一次美的历程。美的历程一定会有审美认知和体验，在美的体验中提升美育理念。

一 | 美育价值意义的澄明：
美育在学校教育体系中占有重要地位，具有独特的育人价值，加强美育是以美育人规律的回归、教育境界的提升

加强学校美育应当进一步形成共识。对此，教育学者曾有很多深刻的论述，也不乏精彩；教育实践者也努力积累相关经验，不乏丰富。苏霍姆林斯基曾这样论述美与美育："美是道德纯洁、精神丰富、体魄健全的强大源泉"。"美育在教育教学工作系统中占有特殊的地位。它与个人与集体的精神生活的各个领域有着多方面的联系。在人的全面发展教育的总过程中，美育起着很大的决定作用"。从目的来看，"美育的最重要的任务，就是教会儿童从周围世界的美和人的关系中看出精神的高尚、善良和诚恳，并在此基础上在自己身上确定这种美"[1]。这段话"可视为苏霍姆林斯基美育思想的总纲"[2]，具有典型性和普遍意义，为我们加强中小学美育提供了理论支撑，引领我们走进美育的深处。

习近平总书记在全国教育大会上更深刻明确地指出："要全面加强和改进学校美育，坚持以美育人，以文化人，提高学生审美和人文素养。"根据习近平总书记讲话精神，中办国办印发了《关于全面加强和改进新时代学校美育工作的意见》(以下简称"意见")，进一步阐明了加强学校美育的重要性和迫切性，并提出了明确的要求。这是建设具有中国特色学校美育体系的总纲，是加强学校美育的根本依据和工作指南，对美育的本质、宗旨、规律和内涵

---

[1] 孙孔懿. 苏霍姆林斯基评传[M]. 人民教育出版社，2017:221

[2] 孙孔懿. 苏霍姆林斯基评传[M]. 人民教育出版社，2017:222

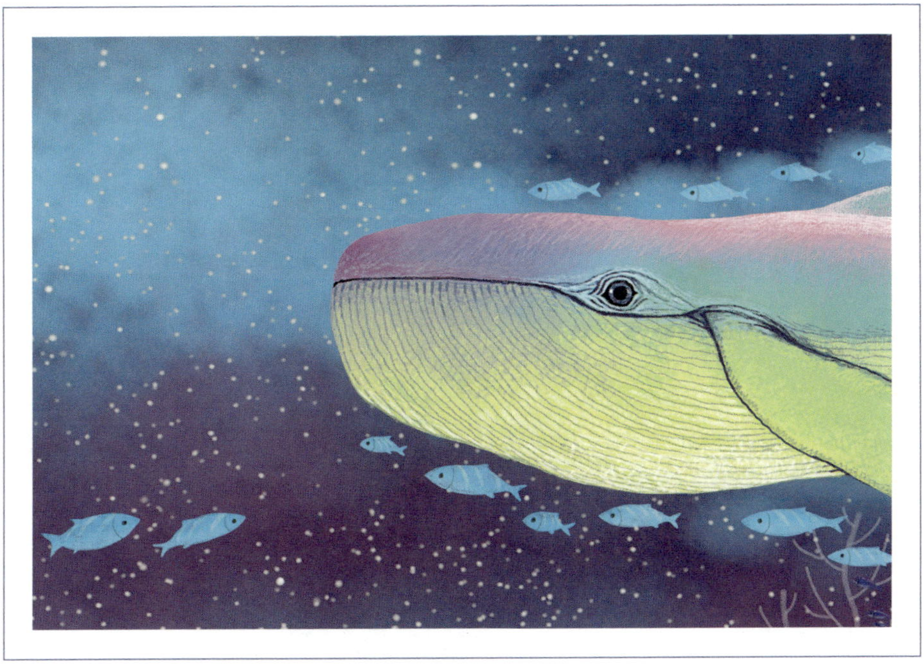

教育的未来、社会的未来都不是虚无缥缈的，它总要附着在课程、课堂上，课程、课堂也不是孤立和静止的，总是与世界和未来相联系、相链接。课堂与未来，在于三个关键词：观照、映射和准备。

一堂课往往映射出世界与未来，似一滴清水可以映出蓝天。

特征论述得更为全面、精确和鲜明。"意见"指出:"美是纯洁道德、丰富精神的重要源泉。美育是审美教育、情操教育、心灵教育,也是丰富想象力和培养创新意识的教育,能提升审美素养、陶冶情操、温润心灵、激发创新活力。"这段话既具有明确的方向性,又具有极强的专业性,体现了美育的本质与核心。据此,我们还应该做如下讨论,以加深认识,进一步澄明并提升学校美育的价值意义。

从全面贯彻党的教育方针看,美育是教育方针的重要组成部分,不可或缺,不可忽略,连轻慢都不可以。其一,要坚持五育并举,必须加强美育。五育并举,其根本意义是五育都重要,每一个"育"都有独特的育人价值,因此每个"育"都不能少。不言而喻,美育是教育方针的有机组成,缺少美育,教育方针就不完整,因而育人体系就不完整。全面贯彻落实党的教育方针,必须加强美育。其二,要坚持五育融合,必须发挥美育在融合中激发、融入和牵引的作用。五育不是割裂的,而是一个整体,互相依存、互相渗透、互相支撑、互相促进,其中,每一个"育"都可以带动其他几"育"的加强,美育尤其要加强。美是道德的象征,美可以生德;美让教与学有审美体验,美可以益智;美让体育更有温度,美可以健身;劳动最伟大最光荣,美育让劳动更加美丽。总之,美育可以激发人的情感,可以融入各育之中,可以牵引、推动其他各育的发展。一言以蔽之:美育的价值在于以美其身,促进学生的全面发展。其三,要促进学生全面发展,必须加强美育这一薄弱环节。长期以来,学校美育相对薄弱、窄化、异化,还有"悬空",妨碍了学生的全面发展,妨碍了教育价值意义的实现,这一"短板"必须补齐。加强美育才能保证学生发展是全面的,而且逐步走向审美境界,成为具有审美素养的人,成为具有想象力和创新精神的人。

从人的本质来看,人是依照美的规律来塑造的,人的发展离不开美育。

马克思指出"本质即根据"。美的本质是人的发展与提升，人是美存在的根据与目的。马克思又指出，"动物只是在直接的肉体需要的支配下生产，而人则摆脱肉体的需要进行生产，并且只在他摆脱了这种需要时才真正进行生产"[①]。对肉体需要的支配，还是对肉体需要的摆脱，这是人与动物的本质区别。正因为具有内在目的和根本尺度的人类实践主体，才能根据自然规律来生产，"于是人类能够依照客观世界本身的规律改造客观世界，以满足主观需求。这个改造的客观世界的存在形式便是美，是按照'美的规律来造型'"[②]。美、美育是离不开人的，人既是美的享用者，更是美的创造者，美育的根本目的在于塑造人，在于让人创造美。教育家苏霍姆林斯基指出，美育的旨归在于通过审美激发"成为人的美的需要"，要引导学生自我完善，"用美把邪恶现象挤跑"。他坚信，"人类的高峰，就在于我们千千万万个成员中的每一个人，形象地说，都能用自己内在的美闪着光亮"[③]。他坚定地将美育与人的精神丰盈、灵魂高尚，用美去塑造自己且创造世界紧密联系在一起。人须臾都不能离开美、离开美育，学校疏离美、离开美、抛弃美，就不是真正的学校，更不是理想的学校。我国美学家王朝闻通过对美的社会性的论述，阐明了美、美育与人的关系："美是一个感性具体的存在，它一方面是一个合规律的存在，体现着自然和社会发展的规律，一方面又是人的能动创造的结果。"[④] 学校是人诗意栖息的地方，是人精神发育的营养基地，是人发展的精神家园，美、美育在其中起着至关重要的作用。

从儿童的特性和当下生存发展的现状来看，儿童爱美、需要美，儿童具

---

①② 周清毅. 美的常识[M]. 人民美术出版社，2021:188

③ 孙孔懿. 苏霍姆林斯基评传[M]. 人民教育出版社，2017:244

④ 周清毅. 美的常识[M]. 人民美术出版社，2021:185

有创造美的能力，而且儿童本身就是美的。卢梭认为，关于人的知识是世界上最重要的知识，又是最不完备的知识。我以为在这方面关于儿童的知识尤甚。教育学是人学，张华进一步提出"教育学即儿童学"[①]。他还认为，在教育史上曾出现过"无儿童的教育学"[②]。我也深以为，读懂教育首先要读懂儿童，读懂儿童的教师才是好教师，读懂教师、读懂儿童，进而才能读懂学校和教育。丰子恺曾说，心中最为挚爱的是天底下的两样东西，一是艺术，一是儿童。言中之意无疑是儿童与艺术与美同等重要。丢失儿童，美便不存在，偏离儿童发展，即使存在美也丢失了应有的价值意义。于是，几乎所有的美术家、艺术家都说自己要回到儿童时代去，唯此，才能获得创造美、享受美的心灵。爱美是儿童的天性，创造美是儿童的生命潜能。加强美育，很大程度上，是让美育回归儿童，让教育回归儿童，让儿童有幸福、美好的童年。可是，当下的儿童生活并不美好，并不快乐。过度学习、过度竞争带来日益严重的"内卷"，学生处在焦虑之中，也处在美与丑分辨不清的价值困惑之中。审美观实质是价值观，审美观的变形甚至扭曲，带来学生价值观的迷乱。加强美育，是改变当下儿童生存状态的一个重要举措。"双减"政策下的学校生活，应当走向儿童的审美生活，愉悦身心，回到儿童健康快乐的成长上去，让他们用自身美的光成为美的发光体。美、美育不可能解决一切问题，但它会是一把打开儿童之门、打开未来之门的金钥匙。

以上是认识美与美育价值意义的三个基本维度，当然还有其他维度，比如现状反思的维度，审美向日常生活转向的维度，审美情感之于学生生命成长的维度……总之，从不同的角度来澄清并提升美育的价值意义，是加强学

[①] 张华，等.儿童学新论 [M].山东教育出版社出版，2018:4
[②] 张华，等.儿童学新论 [M].山东教育出版社出版，2018:2

校美育的前提和关键。

二 美的沉思：
加强学校美育要回到美的基本问题上去，确证美的本质与规律，进而以按照美的规律来重构学校生活为根本尺度

美育价值意义的澄清、提升，要基于关于美的沉思。因为美育的价值意义蕴藏于美的本质与规律之中，美的沉思深刻了，美育的价值意义也因此澄清与提升了。

1. 需要沉思美的本质与规律。

马克思主义关于美的本质与规律有精辟的论述，如前文所摘，马克思关于人的肉体需要的支配与肉体需要的摆脱，其深沉的意义在于按客观规律进行生产，一定要按着"美的规律来造型"。这既是马克思主义关于美的论述的基石，也是马克思主义美学的核心观点。如果做些简要分析的话，这一核心观点有以下要义。其一，人是美的实践主体。马克思主义论述美的本质，不是从意识、情趣出发，也不仅仅从艺术实践出发，而是从人对自然的社会性的生产活动角度来追索美的规律。说到底，美依存于人类社会实践，是一种实践中的客观存在。因此，美育不能脱离人类的社会实践，要在实践中发现美、欣赏美、创造美。其二，人是美的核心目的。作为实践主体的人类，依照客观规律来生产，这是人类创造美的内在目的、根本尺度。因此，美育必须遵循这一规律，不能偏离人类实践主体的这一根本要求。美育是为了达成内在目的与根本尺度，这是美育的核心目的所在。其三，美的目的在于按照美的规律来"造型"。人类根据客观世界本身的规律改造客观世界，满足主观需要，造生活美之型，造自己美之型。美育要坚守这一宗旨。学校通过美育，运用

美的规律来塑造更加美好的校园生活，学生在生活中塑造美好的自己。

2. 需要沉思美与美育的基本问题。

美与美育的基本问题与人的社会实践紧密相连，存活在文化中，体现在人们的生活中，关乎学生德智体美劳的全面发展。

美与道德。美本身不是善，美要追求善，美与善既相连、相通，又相融，呈现着丰富的关联性和融通性。一、美以善为前提。道德是审美的基石与方向，美归根结底应该最终符合并服从于善。因此，美育要引导学生对美进行价值判断，用道德来审视美，辨别美与丑，确立正确的审美观。二、美是道德的象征。美引导人们追求道德。学校美育要引导学生在道德学习中有美的体验，有审美的愉悦，让道德更加美好。三、美、美育是道德教育的津梁，是达至道德意义的途径，以美育德便是这一关系的生动呈现，因而构建道德教育的审美范式是立德树人中一个重要命题。四、从伦理学的角度看，美即是善，因此，美也意味着一种道德；从美学的角度看，善即是美，称之为德之美，道德是美的。苏霍姆林斯基对审美与德育的关系有独到的见解。他说，"长期在美的世界里熏陶，再碰上坏的、丑恶的东西突然会觉得不能容忍。教育规律之一，就是要用美把邪恶和丑恶现象挤跑"[①]。他还有两个比喻："美是照耀世界的明亮之光"[②]，借助这种光，看得见真相、真理和善良，在这种光照之下，可以体验到一种精神；"美是一面镜子"[③]，在这面镜子前能看见自己，也可以看见别人，并且懂得如何善待自己和他人。美与德的关系分析，自然生成了美育与德育的不可分离性，美育应与德育相通、相嵌、相融。这既是审美教育的境界，也是道德教育的境界。

---

① ② 孙孔懿.苏霍姆林斯基评传[M].人民教育出版社，2017:244

③ 孙孔懿.苏霍姆林斯基评传[M].人民教育出版社，2017:242

美与情感。美与情感是天然的一对双生子，谁也离不开谁。美学家鲍姆嘉登认为，审美是"情绪的沸腾"；思想家、哲学家、美学家李泽厚以"情本体"学说诠释了审美的核心，提出"道始于情""理由情生"，中国文化是乐感文化；朱小蔓提出情感教育，并且论述教师的情感素养、情感文明，都与审美教育联系在一起；李吉林的情境教育更是离不开情，认为以情为纽带，激发教育之美、教学之美……都将美与情自然交融在一起。"意见"对美育有明确定位，审美教育是情操教育，是其中一个重要定位。这一定位更是将审美直接指向情感。周清毅提出一个非常有意思的话题："三人游，不约而同"[①]。三人是席勒、孔子和庄子，他们不约而同地提出"游"的问题，亦即他们的美育思想都与"游"有关。"游"是一种审美之游，是满溢情感的学习之旅。席勒的美学思想重在游戏，只有当人充分是人的时候，他才游戏；只有当人游戏的时候，他才完全是人。这是席勒关于美育的一个著名论断。换个说法就是，只有当人充分是人的时候，他才懂得美，只有当他审美的时候，懂得美的时候，他才完全是人。席勒还提出"游戏冲动"，所谓"游戏冲动"其实是鲍姆嘉登所讲的"情绪的沸腾"。孔子的美学思想重在"游于艺"。长期以来，我们将"游于艺"理解为一种学习方式，在游戏中学，以游戏的方式来学，也可理解为在艺术领域里学习，游走于艺术之中。其实"游于艺"也是孔子的美学思想，并与"成于乐"相呼应，"游于艺"而后"成于乐"。孔子之"游于艺"正是他倡导审美教育要追求情感上的快乐、审美时无以言表的愉悦体验。庄子美学思想重在"逍遥游"。"抟扶摇而上者九万里"，"背负青天而莫之夭阏者"，唯此才能自由地翱翔，激情满怀，豪情飞扬。其中充溢着庄子倡导的"坐忘"和"坐驰"的品格，实际上就是忘掉一切耳目心意的感受，才能够与万物融

[①] 周清毅. 美的常识[M]. 人民美术出版社，2021:196-203

为一体，遨游天地之间，获得天乐、自乐、神乐，此时，志向与情感也融为一体。情感激发了审美，审美在情感的伴随下，获得创造的冲动；当情感在审美的脉管里流淌的时候，审美便获得了再次飞扬的动力，在两者融合中，学生的情操便得到了陶冶。

美与文化。美是文化的一种形态，是文化的一种载体，美是文化进步的标志和象征，也是文化进步的一种境界。文化是美的土壤，是美的源泉。美与美育说到底是文化建设问题，是文化进步问题。离开文化源泉和文化建设，美育是虚空的，很可能缺失方向，美的价值判断也可能发生偏差，美很可能成为学校的装饰，成为师生的一种打扮。同样，文化建设应当有一种境界，用恩格斯的论述来说，文化的每一次进步，都让我们向自由迈进一步。自由的境界应当是审美境界，是审美导向下创造的境界。余秋雨认为文化的最后一级台阶是人格的形成。我以为，这样的人格具有审美的两大特点：优美感与崇高感。这两大特点正是文化所要追求的境界。美育中尤要重视弘扬中华优秀传统文化，弘扬中华美学精神。周清毅将中华美学概括成四个特点："天人合一"的根本思想与最高境界；"仁礼相依"的和谐关系理念与表现；"中得心源"的真挚情感与内心体悟；"中和温厚"的处世之道与美好状态[1]。中华之美深蕴于中华优秀传统文化之中，万里长城、黄河长江、古老而不朽的汉字、唐诗宋词元曲明清小说、春节的鞭炮、端午的粽子、中秋的月亮……都是中华文化的生动载体与闪亮的符号。中华之美是在中华文化厚植中生成的，弘扬中华美学，就是从审美视角弘扬中华文化，彰显中华文化的品格与气派，酿就中华文化深沉和宏大的气象。

---

[1] 周清毅. 美的常识[M]. 人民美术出版社，2021:196-203

3. 需要沉思美育的宗旨。

前文已述美与美育的宗旨是按着美的规律塑造自己、重构生活。学生的生活领域集中而又广泛、丰富，学校已有许多规定，但有些规定还必须加以改善甚至再建构。一是以校园之美塑造生活之美。校园之美首先是自然之美，自然之美摒弃刻意的雕刻，更反对拙劣的伪饰。与此同时还要精心设计，让学生以自然的方式感受自然之美。其次，校园里的一切都应为学生发展服务。因此，一切设施设备场所都要向学生开放，不是禁足，而是让他们自由进入，欣赏、发现、体验。再次，让学生参与校园之美的建设之中去，放飞他们的想象，鼓励他们有创意、有创造。若此，校园之美，达至自然之美与文化之美的统一，进而达至天地有大美而不言的目的与境界。二是塑造学习生活之美。学生的主要任务是学习，学习领域涉及德智体美劳各个方面，学习的空间很多也很大，不仅有课堂里的学习，还有课堂课外的学习，还有校外的学习。在诸多学习中，有艺术的学习，有艺术综合性学习，还有通过艺术的学习。所谓通过艺术的学习，是用艺术去发现学科、发现学习、改造教学，优化学习，发现教育、发现美的生活。用美的规律塑造学生的学习之美，意在让学生的学习成为一次又一次美的历程，学生怀着愉悦的心情去学习，学习中又有审美愉悦的体验；旨在让学生在美的触动与激发下创造性学习、享受学习，培养创新精神、实践能力，塑造学生创造性人格。三是塑造交往生活之美。交往是生活的方式与手段，是生活的应有之义，要让学生在交往中培养学生交流、沟通、协商合作的能力，学会与不同的人群互动、对话，培塑交往素养。在交往的过程中发现知识之美、思想之美、文明之美、理解之美、友谊之美、生命之美……良好的师生关系、生生关系，会推动学校文明建设，促进良好生态的构建，引导学生从"内卷"走向合作，从焦虑走向快乐，从守纪走向创造。

按照美的规律重构学校生活，不是否定一切，也不是从零开始，重构的过程是改善的过程、提升的过程，改革的过程、创造的过程。美、美育不是推倒一切、摧垮一切，而是以美的方式建构师生以审美创造为核心的审美化行为模式，这一行为模式不是单数，而是复数；不是碎片化的，而是结构化的；不是强制性的，而是自觉的。审美化的行为模式是打开美好未来的又一把金钥匙。

三 | 美的沉思与美育价值意义的统一，最终让师生"在自己身上确定美"，"成为自己日常生活自己本人的艺术家"[①]，成为创造美的人

美、美育的一切的一切，都要归于学生，归于学生的发展。人是目的，也是美、美育的目的。离开人之美，美、美育的价值意义便不复存在。学校美育中的人之美重要的是学生之美，学生之美是美的沉思与美育价值意义澄明在学生身上的充分体现，是学校美育的归属与宗旨的完全实现。苏霍姆林斯基说，美育最终让学生"在自己身上确定美"，道出了人之美、学生之美评价的根本尺度。"在自己身上确定美"，与中华文化的以美其身思想是一致的，其主要含义是学生有美的闪光与满溢，这种美是确定的、稳定的，也是发展的，进入了学生的心灵，外显为美的行为。苏霍姆林斯基论述的成为"艺术家"，在这样的语境下，"艺术"是美的代名词，而且让美具体化；成为日常生活的艺术家，说的即是用美重构自己的生活；成为自己本人的艺术家，说的即是"在自己身上确定美"。这样的"艺术家"，是具有审美素养的人，是最终学会

---

① 孙孔懿.苏霍姆林斯基评传[M].人民教育出版社，2017：222

创造美，成为美的学生。

学校美育要让美的神奇在师生身上发生神奇的变化。对此，我有以下一些建议，姑作美的建言吧。

要塑造师生一颗美的心灵。美在润心，在塑造生命、塑造灵魂。美育是心灵教育。美在世界上到处存在，但必须有人照亮。美的心灵首先要有坚定的理想信念，有志向，有崇高的追求，要有情怀之美，有大爱大德大情怀，厚植爱国主义精神；要有情操之美，爱生活、爱他人、爱自己，有高尚的情趣；要有道德之美，明大德、守公德、严私德，有良好的行为习惯；要有劳动和奋斗精神，确立劳动最光荣、最崇高、最伟大、最美丽的观念，从小爱劳动，长大以后辛勤劳动、诚实劳动、创造性劳动。美的心灵归结起来是确立美的优美感和崇高感，确立审美价值观。

要擦亮师生一双发现美的眼睛。美的神奇是通过神奇的眼睛去发现的，神奇的眼睛是在神奇美的发现中铸就与擦亮的。发现美的眼睛是欣赏美的眼睛，是欣赏美的能力，欣赏美的能力是审美的起始，对美的欣赏要贯穿审美的全过程。发现美的眼睛是辨别美的眼睛，是辨别美丑、选择美的能力，辨别美的能力是审美的必备要素，也是审美的重要目的。发现美的眼睛是以探究为特征的思维能力，学生在探究中认知美、感受美、思考美。发现美的眼睛说到底是创造美的基础，用发现的眼睛为学生打开心灵的窗户，打开通往审美大世界的门户。儿童的眼睛原本就是发现美的眼睛，美育让这双眼睛睁得更大，擦得更明亮。

要为师生编织丰富的美的历程。审美是个过程，是学生认知美、感受美、欣赏美、创造美的过程，有美的伴随，这一过程就是美的历程。美的历程中，时间与空间相互融通，意义生成、叠加；享受与体验并存共生，心灵得以滋养；探究与发现相互促进，以情感引导，以思维为核心，美的历程最终走向学会创造美。美的历程克服审美教育中过程缺失而造成的无力感。美的历程本质是践行实践育人的理念与原则，克服审美教育中的浮躁与功利主义色彩，美的历程践行的目的就在过程中实现这一理念与境界；克服欣赏、体验、探究、发现、创造等因素割裂现象，美的历程践行的是美的融通与融合，彰显的是美的合力与多彩的魅力。美的历程不是教师给学生的，而是学生的权利，也是生成美必需的途径。但是教师有帮助的责任，要和学生共同编织这一历程。

要锻造师生创造美的能力。"意见"指出，美育是丰富想象力和培养意识的教育。这一定位既揭示了美与美育的本质，也回应了时代和未来的要求，而且让教育回归到儿童的生命潜能的开发和无限可能的实现。想象是创造的先导，想象是儿童的天性，而美让人有一种解放感。解放儿童，儿童才会张开想象翅膀，在"逍遥游"中获得创造的灵感。无解放就不自由，无自由便不想象，无想象便不创造，无想象最终"不儿童"，美、美育的价值意义也就荡然无存。儿童本身是美的，但缺失真正的美育，儿童之美也会萎缩以致消逝，只有将创造置顶于美、美育的重要位置，甚至置于"头条"才会有真正的美育，美的沉思与美育价值意义才能完美统一，目的最终才会实现。

给新教师的"青年教师成长手册"

一 | 成长手册的序言：
从连接符的左端开始

成长伴随人的一生。如果要回答"人是谁"这一古老的问题，那么我的回答是：成长。成长，让人不断地建构意义，并充分展开意义，因此，人是意义的创造者。从这个视角看，新教师（学术上称为"新手教师"）的成长是人创造意义的过程。

成长需要规划。但一些成功人士在回答提问时，常说"我以往没有规划"。于是，有两种发展理论摆在我们面前：连续性发展和非连续性发展。依我看，任何人的发展，是这两种发展理论的整合与融通。说有规划的，规划总在引导着人的前行——当然，规划也处在调整中；说没有规划的，其实，规划被隐藏了起来，或者已融化在发展过程中，是一种隐性的规划。说到底，新教师的成长，其实没有正儿八经的规划，真正的规划叫"努力"。

人的成长具有自然性、生成性，还需要自觉性。自然性，让人的成长摆脱刻意带来的功利，显现出真实性；生成性，让人去创造，让人生意义更充分；自觉性，让人不断地去努力，显现出主动性、积极性。自觉成为一种习惯时，也就自然了，这叫"成长自觉"。因此，新教师真正的成长规划应该叫作"不断努力，成长自觉"。

尽管成长来自个人的内部动力，但外部力量的帮助也很重要。这种外部动力我们往往叫作机遇。机遇有各种形态，比如"新教师成长手册"就是其中一种具有积极意义的形态。它是新教师的成长指南，为新教师成长铺展了一条前行的道路，提供了诸多帮助。这是新教师成长的机遇，新教师应当珍惜并抓住这一机遇，在青春中成长，也让青春成长。

成长手册好比是自撰的一部章回体小说，也是成长的路线图和阶梯，当然系着发展的自我预测与期盼。将来有一天，你再翻开这一成长手册时，就会发现自己走了这么一条路：大学生—大教师。这个连接符里有许多故事，青春在闪光。成长手册就是你的成长史、故事集。如今，从连接符的左端开始，做好自己的成长手册，努力吧。

二 | 成长手册的总纲：
做中国立德树人的好教师

如上所述，新教师的成长手册，好比自撰的一部章回体小说。如果你认同的话，那么，你在自我成长中可以实现自己的梦想和价值。同时，将自我融入社会、国家的大我之中，将"小我"融入"大我"中，进一步提升自己的青春价值，让生活更加美好。

立德树人，是教育改革发展的根本任务，是教育改革发展的核心价值追求，是对所有教师的共同要求。不仅老教师、骨干教师、大教师要成为立德树人的好教师，新教师从第一天起，也要立下这个意愿。立德树人好教师的内涵非常丰厚。建议新教师从以下几个方面学习、领悟、把握立德树人的要义。

要义之一：立德树人是从中华传统文化的土壤里生长起来的，是最具中国特色的教育思想，是我们的精神标识。中华文化传统中早就有立德与树人的思想精髓。立德，古人在关于人生"三不朽"中将其列为首位："太上首先有立德，其次有立功，其次有立言。"太上，指的是最根本、最高境界。立德、立功、立言都可以让人生不朽，但是最根本的、首要的是立德。立德是人生的最高境界，立德是我们人生的根本目的和永远追求。"一年之计莫如树谷，十年之计莫如树木，终身之计莫如树人。"《管子篇》里的这段话告诉我们，树人好比树谷、树木，但比树谷、树木更重要、更漫长、更复杂、更艰巨。立德与树人早就结合、统一在一起，立德是树人的动因和途径，更是树人的方向；树人是立德的目的和结果。立德与树人的融通成为中国教育的核心思想和核心目的。如今，两者进一步融通，携起手来走进了新时代，成为教育改革的根本任务，也成为所有教师的根本任务。

要义之二：立德树人的根本任务是要着力解决三个根本问题——培养什么样的人，怎样培养人，为谁培养人。培养什么样的人？要培养能担当民族复兴大任的时代新人。时代新人要有理想、有本领、有担当。怎样培养人？要五育并举，以德为先；要在坚定理想信念、厚植爱国主义精神、加强品德修养、增长知识见识、发扬奋斗精神、提高综合素质上下功夫；要确立健康第一的观念，改善和加强学校美育，加强劳动教育。为谁培养人？为社会主义培养建设者、接班人。为此，要增强国家认同、民族认同、政治认同、社会主义认同、中华文化认同。这三个根本问题环环相扣、紧密相连，揭示了教育的本质与核心，关涉民族的未来，直接影响着民族复兴、中国梦的实现。同时，也关涉风云激荡、世界百年未有之大变局——立德树人让中国的教育在世界百年未有之大变局中不迷乱。变局不是乱局，也不是迷局。相反，我们只要站在更高的历史方位，就能更自信地瞭望世界，走向更加美好的未来。

要义之三：落实立德树人的根本任务，必须构建德智体美劳全面发展的教育体系，构建更高水平的育人体系。 促进学生德智体美劳全面发展的教育体系以及更高水平的育人体系，这是宏观的、制度性的要求，主要是政府和有关科研部门的任务。但作为教师，即使是新教师也要关注、参与研究，让自己从一开始工作就站在教育的大格局上来观察、审视，让自己的视野开阔起来，培养宏观思维、整体思维、复杂性思维，学会从全局来看问题，学会以小见大。同时，教师对育人体系中的大问题要关注，要把握新精神、新要求。比如新时代的爱国主义教育，要让学生有真挚的爱国情、远大的强国志、切实的爱国行。习近平总书记指出，有些中国人，缺少中国情、中国味，没有中国心。如何让青少年挺起民族的脊梁，是每个教师神圣的使命与职责。再如新时代的劳动教育，要以弘扬劳动精神为核心目标，以体力劳动为主，出力出汗；还要手脑并用，上好劳动课，用好劳动周，加强日常生活中的劳动，培养劳动品质和习惯，长大后能辛勤劳动、诚实劳动、创造性劳动。将更高水平的劳动育人体系纳入更高水平的育人体系，教师人人有责，新教师从一开始就要参与其中。这样立德树人的根本任务才能落实到我们的工作中，才能落实到我们的成长中。

以上三个根本问题，可以引申出第四个根本问题：谁来培养人？答案是非常明确的：我们，我们学校，我们教师，我们每一个新教师。

三 | 成长手册的第一章：
首先是道德教师

当你做了教师后，一定会有人问你，你是教什么课的？你的回答一定会是：我教语文，是语文教师……这说明教师有具体身份和具体任务。请记住：一个连课都不会上、上不好的教师是不称职的,所谓"站稳讲台"就是这个意思。不过还要提醒大家的是:仅这样回答还不够,因为你不仅在教某一学科,抑或说,教某一学科、上一门课的深处意义可能更重要。"我是学科教师"里面还透射出教师的另一种身份:道德教师。

这一观点源自对教育与道德关系的思考。不少学者对此做了深入的考证。"教育作为一个肯定性评价词和规范词具有道德的含义,它指的是通过道德上可以接受的方式以有价值的内容影响学生的活动。""从逻辑上说,教育是一个道德概念;从事实上说,教育是一种道德实践。"这是国内学者黄向阳的论述。国外学者也持同样的观点。比如德国教育家赫尔巴特直截了当地指出:"我们可以将教育唯一的任务和全部的任务概括为这样一个概念:道德。"杜威还将道德教育作为学校的"最高目的"和"根本目的"。他说:"道德的目的应当普遍存在于一切教学之中,并在一切教学中居于主导地位——不论是什么问题的教学,如果不能做到这一点,一切教育的最终目的在于形成品德这句人尽皆知的话就成了伪善的托词。"再从中华传统文化来看,源远流长、博大精深的中华文化始终有个底色和亮色,那就是伦理道德。中国伦理道德体系的悠久历史铸就了中华民族的文化品格。中华文化的品格必然影响并规定着教育的内在品性。综上所述,教育的本质属性是道德,教育事业首先是道德事业。

教育的本质属性必然要求教师首先要做道德教师。人们也常说,不管你是不是愿意,每一位教师都是道德教师。道德教师具备两个基本特征。一是超学科性。道德教师不是指某一个学科的教师,不是专指上道德与政治课的教师,而是指所有学科教师都应该是、必须是道德教师。二是超越岗位性。道德教师不仅指负责德育工作、负责学生工作的教师,学校所有部门、所有岗位的教师都是道德教师。各位新教师,你在站稳课堂的同时,一定要站在道德的高地上,以道德的方式,教好你任教的学科,让你的课堂成为道德课堂,

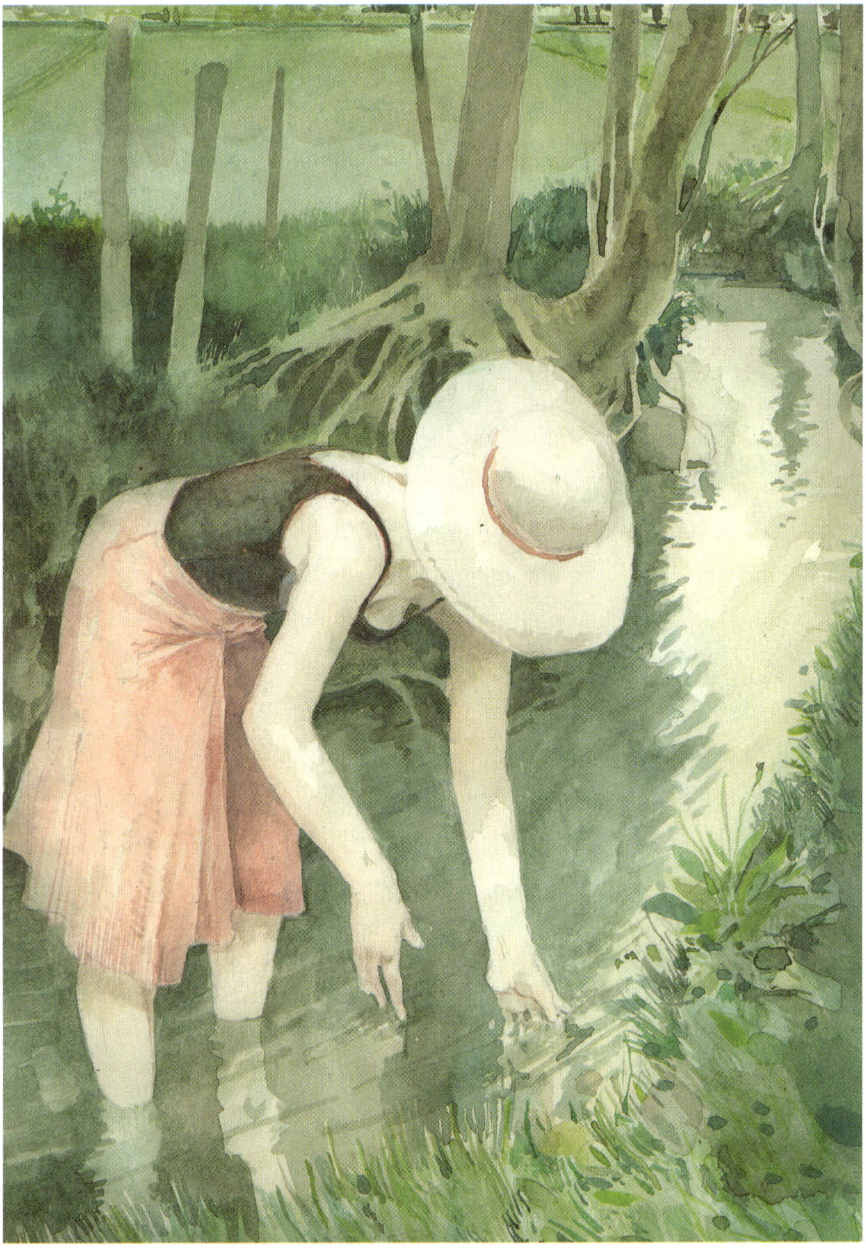

我想，中国美学不只在于传递学科知识，还在于培育和提升人的生命境界。我相信，中国美学精神会让课改更灿烂，会让我们看到别样的风景，因为中国教师身上满溢着中国美学精神！

将立德树人的根本任务落实在你的教育教学活动中。

道德教师从哪里做起？各有各的出发点，新教师一定要找寻到自己的路径、方式以及各自的重点、突破点。真诚希望年轻的教师们认真探索、积极实践，你一定能成为真正的道德教师。不过，我提一点建议：从尊重开始。尊重是人性的起点，是道德的起点，也是教育的起点。让我们从尊重学生、尊重教育规律开始出发吧。

四 | 成长手册的第二章：
为儿童研究儿童

"为儿童研究儿童"是中国情境教育创建人、儿童教育家李吉林老师常说的一句话。仅仅七个字，含义却非常丰富、深刻，愿与各位新教师做个讨论。

其一，教师要做儿童研究者。儿童是我们教育的对象，也是教育的主体。教语文，不只是研究语文怎么教，更重要的是要研究儿童是怎么学语文的。往深处说，我们是在研究儿童。同样的，教数学，教英语，教道德与法治，教艺术，教体育……其实都是在教学科的同时教人、育人。这就需要研究儿童。实践与理论都告诉我们，没有研究好儿童，书也教不好。研究儿童是语文等学科教学的前提，用学术一点的话来说，研究儿童就是为教语文等学科提供基本概念与基本规律。仿照古希腊大哲学家亚里士多德关于"第一哲学"的理念及其表述来说，儿童研究是教师的"第一专业"。

其二，要为了儿童研究儿童。儿童研究有个价值指向，那就是为了儿童的发展。这才是儿童研究的根本目的。这一根本目的不是所有人都清楚，更不是所有人都能自觉做到。有的或许是为了获得理论上的进步，有的或许是为了写出更有实证也更漂亮的论文，有的或许是为了形成自己的教学主张、教学风格……这些都没错，与促进儿童发展都有关系，但是还没有直接为儿童发展服务——有的甚至把儿童研究当作手段为自己服务，这显然与研究的主旨发生了偏差。苏霍姆林斯基说："把整个心灵献给儿童。"这就是心无旁骛，一心想着儿童。陈鹤琴先生晚年写下了六个字："一切为了儿童。"只有真正为了儿童所进行的研究，才会获得真正的进步。理论的、实践的研究，只有与儿童心灵相通，才会有蓬勃的生命力。

其三，研究儿童立场的完整性。教育有自己的立场。儿童立场包括主要目的、基本态度、出发点与归宿，简要地说，立场主要是为了谁而站在哪里。为儿童研究儿童，一切为儿童的发展，以儿童发展为中心，这就是教育的立场——儿童立场。以儿童为中心是"以人民为中心"在教育中的最初的又是具体的体现。儿童立场是基于儿童观建构起来的。儿童观主要解决如何看待儿童、对待儿童的问题。儿童是一个整体，基于儿童观建构起来的儿童立场也应具有完整性。一方面，要真诚地赞美儿童、信任儿童、依靠儿童，确信儿童有无限的可能性、儿童是未被承认的天才、儿童是人类伟大史诗的草稿……这些观念应该坚定地树立起来，坚信不疑，并认真付诸实践。另一方面，要看到儿童还在成长中，需要接受教育，需要克服成长中的问题，即使在后喻文化时代，儿童也需要价值澄清与价值引领。教师要帮助他们处理好规范与自由、快乐与刻苦、个人与他人等方面的关系。儿童立场的完整性彰显了教师的智慧。

其四，为儿童研究儿童，最终达成一个目的：学以成人。为儿童研究儿童，要教会学生学会学习。儿童为什么要学习？"古之学者为己，今之学者为人。"古训的意思是，学习是为了丰富自己的心智、滋养自己的心灵，让自己能做一个真正的人，而不是装点自己给别人看、炫耀自己。"学以成人"是中华文化的核心主张，是哲学的根本命题。当教师，要教儿童学知识、练本领，这些都是为了儿童成人，成为时代新人。先成人后成才，在成人中成才。儿童需要学以成人，教师也是终身学习者，也要不断地学以成人。学以成人，是新教师永远的追求、永恒的命题。

五 成长手册第三章：
教学改革的指南针
——学科育人、活动育人、管理育人

立德树人的根本任务是建构更高水平的育人体系。更高水平的课堂教学是更高水平育人体系中不可或缺的部分。课堂教学的根本目的在于育人。学科育人、教学育人是教学改革的指南针与方向盘。指南针不在手里而在心里；方向盘也不只是把握在手里，更重要的是永远定位在育人的大方向上。

我推荐年轻教师向几位大教师学习。

关注、学习于漪老师。她说："我站在课堂里，两个肩膀，一个肩膀挑着学生的现在，另一个肩膀挑着民族的未来。今天的教学质量，就是明天的国民素质。"关注、学习斯霞老师。她教"祖国"二字，家国情怀的培育像是"春种一粒粟，秋收万颗子"一样；她教《刘胡兰》，激起小朋友对敌人的痛恨、对共产党员的无限敬爱。

关注、学习窦桂梅老师。窦老师教新中国成立以来一直选编在语文教材中的《葡萄沟》已有几十年了。但是近年来她一直追问自己：现在教这篇课文究竟为了什么？她把整个过程包括每个环节都指向人：行为习惯、意志品质，爱家乡、爱祖国、学会学习、学会创造，等等。

关注、学习华应龙老师。他教中华人民共和国成立70周年阅兵式里的数学故事，透射出数字的温度与力量，透射出民族自信，透射出情感文明。

关注、学习南京师范大学附属中学的保志明老师。她教化学，一直思索理科育人的路径与方法。她有个核心理念——高考考得很少，未来考得很多。她用科学盒等方式，培养学生团队精神，做复杂的事，进行创造性学习。

如果说学科育人、教学育人就是教书育人，是让学生在知识学习中站起来，在能力培养中强起来，在思维发展中活起来……那么，校本课程开发、学科的综合学习、综合实践活动，更侧重在课程育人、综合育人。同样，班主任工作和少先队辅导员工作，都是在探索管理育人、活动育人的方式。总之，新教师要努力把握学科特质，将教学当作育人的过程；把握活动的本质，将育人贯穿活动始终；把握管理的奥秘，让学生生长起智慧。这样，大家都在探索中逐步形成育人方式，以至形成育人模式。这样，你就会从连接号的这头迈向那头：大学生总有一天会成为大先生。

六 | 成长手册 N 章：
唱响新教师的青春之歌

成长手册还有若干章，这些章节需要新教师自己去撰写、去丰富。现在到了手册的尾声：回到青春。

年轻人有自己美好的青春，但是，青春在奋斗中、在奉献中、在创造中才会更美丽。

最近有人说起现代年轻人晚熟的话题。到底是什么让"90后"不想长大？这是个真命题，还是个伪命题？年轻人可以各抒己见。我相信，各位新教师一定会有成长的愿望，当下也有让我们成长的平台与机遇。也相信学校会给年轻教师更多、更大的上升空间，让教师有更大、更好的发展。新教师在教书育人的岗位上唱响新时代教师的青春之歌，这首青春之歌的主旋律是，做立德树人的好教师。

第三辑
青春是个动词

　　理想总在年轻品格里闪耀,深情呼唤着现实的改变。教育在离地最近的天空飞翔,最终扎根大地。青春是个动词。我们是有理想、有能力、负责任的行动主义和长期主义者。用真才实学去把理想做出来,因为我们实干,是反思型的实践家。审美人生就是在理想中做出来的。

解放实践：人才培养的原则高度

培养拔尖创新人才需要理论指导，尤其要以马克思主义为指针。马克思主义及其中国化的理论是人才培养的根基性、统领性理论。

马克思指出："所有的社会生活，从本质上来说都是实践性的。"无疑，拔尖创新人才的培养是一种实践，是一种社会实践，因此决不能止于坐而论道，说大词、说空话是不能真正解决人才培养中的难题的。当下，我国拔尖创新人才培养在基础教育阶段还无实质性进展，甚至正处于困境中。原因很复杂，其中，与如何认识实践、如何对待实践有重要的关联。我关注到香港中文大学（深圳）当代教育研究所一份有关拔尖创新人才早期培养的述评——《超越争论，打通堵点，做负责任的行动主义者》(《中国基础教育》，2024 第 5 期)，其旨意就是人才早期培养一定要注重实践，强调理想信念推动下的实践，重在负责任的实践。

那么，我们需要什么样的实践呢？这是一个必然会被提出的、值得追问的问题。纵览当下，基础教育早期培养拔尖创新人才的各种实践都在积极展开，也确实取得了一些进展。但是仔细、深入观察，就会发现不少实践，包括冠之以"创新实践"的实践项目效果并不明显，更谈不上突破与超越。问题出在哪里呢？马克思指出，实践应当有原则。他具体的表述是"实现有原则高度的实践"。马克思尖锐地指出了问题的关键，击中了困境的实质：如果只有实践而无"原则高度"，如此的实践肯定不能从根本上解决问题。

自然，我们就有了第二个追问：实现"有原则高度的实践"中的"原则"究竟是什么呢？我们知道原则是标准，是思想单元，是指导思想的高度凝练。马克思对实践的"有原则高度"的理论是有特定阐释的，那就是他提出的"解放实践"。解放实践的实质是马克思的批判观，这样的批判观对当代的批判理论仍然有着重要的意义。解放实践这一批判观，批判的是一种认识形式，也批判与这种认识相一致的实践形式。学界认为解放实践有三个特点，其中第二个特点是，"它是实践的和追求解放的，这体现在它不仅致力于理解，而且致力于改变现有社会"。① 我们从中领悟到，解放实践的要义以追求解放为目的，解放实践的价值追求在于改变现有社会，改变当下的实践。

解放实践，四个字如有千钧之力，冲击了我们的认知，洗刷了对实践的肤浅理解。的确，我们已开始了拔尖创新人才早期培养的实践，但是之所以还无真正的实质性进展，是因为实践的"解放"要义远远没有引起重视，更没得到实现。我们针对一些现象应提出第三个追问：既往的实践究竟做得怎么样？答案并不令人满意。

比如，改变教育理念。长期以来，我们一直在努力发展素质教育，克服以应试为目的的教育，拒绝知识灌输、题海战术、以分数排队，让学生主动地生动活泼地发展……值得注意的是，这些理念和要求，并没有真正实行，更没有实现。究其根本原因，是没有让学生从知识和分数的牢笼中解放出来。素质教育要以解放学生为核心，否则教育将仍在规训学生、束缚学生、压制学生，与解放实践南辕北辙，越走越背离教育宗旨。没有解放实践就不可能

---

① 罗宾·塞利卡提斯.卡尔·马克思：作为解放实践的批评[J].高校马克思主义理论研究，2017，3

有真正的素质教育，当然不会有学生核心素养的培育与发展。

比如，改变学习方式。改变学习方式的核心是思维方式的改变，重点是突出实践，让学生在真实、丰富、复杂的情境中学，在做中学、用中学、创中学。这样，学习方式的变革才能促进育人方式的变革。可现实是，学生的学习方式并没有真正改变，学习状态让人担忧，"学习贫困"仍然存在。我们往深处真实地想想，这种状况说到底是因为学生仍然没有从书本世界走向生活世界，仍然囿于符号世界，认知狭隘，学习方式单一，学习生活与社会生活断裂以至对立，实践无解放可言。这样的实践越多越坏事，违背了学习逻辑，背离了学生身心发展规律，进而离弃了教育规律。

再比如，解放学生。陶行知早就提出了学生的六大解放，并呼唤教师、家长到孩子队伍里去："来！来！来！到孩子队伍里来，解放你的孩子。你不能教导你的孩子，除非解放你的孩子……"可事实上我们仍然在孩子队伍之外，"除非"的要求远没有达到。我们也一直呼吁要呵护孩子的好奇心、激发想象力、鼓励探求欲，但这些呼唤仍受到各种各样的限制，好奇心、想象力、探求欲的翅膀实际上是被折断了。我们还一直呼吁开展学生的社团活动。学生社团的本质是学生的自愿、自主、自由。可是在风生水起、热火朝天的社团活动中，我们看到学生仍然处于被训练、被"表演"的状态，毫无解放感、自由感可言，当然也不会有创新发生。

让解放实践回来吧，让有原则高度的实践回来！解放实践，其实是一种关怀理念下的伦理学。学生需要规范，但是规范应以解放为原则，否则，规范一定会异化为压抑、压制孩子的规训。解放实践，指向学生潜能的开发，指向学生心智的解放。解放实践，实践解放，正是对谬误的摆脱，最终是实践者的解放，既包括作为实践者的学生的解放，也包括作为实践的设计与指导的教师的解放。人在实践中解放，解放实践让人的解放得以实现。

批判理论的晚期耕耘者哈贝马斯曾把知识因人类旨趣而归成三类。其中一类是由"解放旨趣""所构成的反省与批判的知识领域"。[①] 看来,"实现有原则高度的实践",即解放实践,意在重构新的知识范畴,它为拔尖创新人才培养指明了一条光明之道。我们当勇往直前。

① 黄武雄. 童年与解放 [M]. 北京师范大学出版社,2011:121

用真才实学把理想做出来

说到年轻的品格，我自然会想到两个人，他们是一对师徒，都是体育教师。他们热爱体育教育，把健康第一牢记心中，而且化成一个又一个健体育人的行动。好多年前，徒弟金老师对师傅嵇老师说，工作很累、很忙、很苦。一次，金老师又说了，嵇老师认真地、严肃地对徒弟说："如果你再说累、忙、苦，那么肯定是两个原因，一是你身体不好，二是你能力不强。"言下之意是：你是这样的人吗？你愿意承认能力不强吗？从此以后，金老师再也没有说起过这样的话。

师徒两人的对话，我这儿还有一些记录："有些人年轻，可是由于不努力，他们内心却布满了老年斑秃；有些人虽然年龄老了，内心却红红火火。让我们共同去学习后者。""你虽然不懒惰，但还不特别勤奋。加油，抓紧大好时光和这么好的平台，练出本领，为我国中小学体育留下创造性成果！""把我这么多年带徒弟的感悟四句话与你共享：你主动，我热情。你积极，我真情。你认真，我严谨。你投入，我奉献。"看了，读了，我好不感动！什么是年轻的品格？年轻的品格又是怎么培养起来的？从他们师徒二人的对话中，我们可以找到答案，而且那么鲜活，那么有力量，那么催人奋进。

毛泽东主席寄语青年："青年好比早上八九点钟的太阳。"习近平总书记也寄语青年："青年是中华民族复兴的先锋力量。"八九点钟的太阳透照一天，方向鲜明，但需要能量的积蓄；民族复兴的先锋，红旗飘飘，永指前方，但需要开辟的力量。"有理想，有本领，有担当"，是课程改革的目标，我以为不只是对学生的，也同样是对教师的目标要求。年轻教师要有理想与信念，理想指引人生的方向，信念决定事业的成败；年轻教师需要有担当、爱国情怀和社会责任感，担当起责任与使命，荣耀与担当同在。我还想强调，年轻教师一定要有真才实学，一个没有真才实学的教师，没有本领的教师，是不会有坚定理想信念的，也不可能有真正的担当。唐江澎校长明确提出：把理想做出来。理想不是飘在空中的口号，我们要把理想做出来；担当也不是停留在口头的誓言，我们要让担当变成一个个实实在在的创新行动，而这一切都需要有本领、有真才实学。

值得注意的是，有些年轻人，本领的锤炼不够，真才实学的厚度不够；同时，当下的教师由于各种原因，忙于与教育教学无关的事还很多，有的无暇顾及自己的专业发展，专业的发展在逐渐淡化。要知道，教书育人是篇大文章，需要真功夫、硬功夫。以上两方面的情况，既需要行政部门做出科学的调整和安排，也需要自己珍惜美好时光，刻苦学习，陶冶情操，砥砺专业，成为有真才实学的人。我们要记住嵇老师的话：主动、积极、认真、投入，让内心红红火火，让自己的专业本领扎扎实实，不断强大。我们也要记住金老师的话：增强能力，让能力驱赶累与苦，否则在内心布满斑秃的同时，腹中空空，足下无力，没有办法、缺少能力，育人智慧在时间的流淌中消逝。一个没有真才实学的人不可能成为优秀的教师，没有本领也不会形塑出年轻的品格。还是贝聿铭说得好："我和我的建筑都像竹子，最大的风雨也只是弯弯腰而已。"因为，竹子有风骨，又有深植大地根的力量和迎击风雨的韧性品格。正如北京人艺的创作透出一个"戏比天大"的理念和"龙马风神，骆驼坦步"的精神。假若特级教师洪宗礼不能在语文教育中进行中外母语教材比较研究，不能编写教材，不能凝练"双引"的教学主张，专家们能在五步之外，驻足，向他鞠躬致礼吗？假如李吉林不"克服一个女人的弱点""做一个竞走运动员、又做一个跳高运动员"，能成为小学教师队伍里走出来的教育家吗？真才实学成就一个卓越的人，让人尊重的人。所以，只有真才实学才能把理想做出来。

有本领，对教师而言聚焦在四个字上："立德树人"。这是中华民族育人的初心，是时代的使命，也是一种大智慧、大学问，必须用真才实学去担当和实现。课程改革不断深入，新理念需要我们去学习，新概念需要我们去阐释，新要求需要我们去践行。就拿学科育人、教学育人来说，怎么以育人为指南针，如何处理好知识与育人的关系，如何设计好跨学科的主题学习活动，如何增强课程的综合化、实现课程内容的结构化，如何理解实践、实践育人，让在实践中育人的原则得以实现，等等，都需要我们下工夫去探索去创造。有本领，才能让学生在知识中站立起来，有真才实学，才能使教育教学生动活泼、循规律、讲科学，才会让孩子们的生活五彩缤纷起来。

增强本领一定要认真阅读。认识世界，一定要勤奋阅读，大量读书，在阅读中人获得思想的启蒙，才会真正站立起来。南京师范大学附属中学校长徐飞，是"苏教名家"培养对象，他说，现在害怕读书。一年来，他读了13本书。报些他读书的书名吧：《伟大教育家的学说》《意识的解释》《后真相时代》《认知觉醒：开启自我改变的原动力》……一个校长可以说日理万机，还要上课，哪有时间读书啊。但是他说："因为阅读，看到世界的广阔深邃，从而在更大的尺度下反思自己的生活，至少可以使自己不至于封闭在狭小的世界里而不知。"他又说，"也怕平庸，怕落后，更怕自己摸索的方向不对……往往因为这些害怕而拿起一本书。"因害怕而读书，这是一种敬畏之心，也是

109

一种境界。读书是一种习惯，阅读是一种能力，让人生长思想，让教师有广博的学问，有真才实学。

增强本领需要深入研究。被人称为"数学王子"的特级教师张齐华，在经过长期的"文化数学"研究以后，又思索：学生学习方式的背后是什么？他认识到，学生不是孤立的存在，而是一种社会关系，教学要与社会相联通，要在合作的学习中增强文化自信，提高学生数学素养和社会化的能力。在充分研究和论证后，他提出了"小学数学社会化学习"的主张，并不断推向深处。他把理想做在数学改革中，"数学王子"真才实学又迈了新步。

增强本领需要创新性实践。特级教师窦桂梅坚持进行语文主题学习，提出"用好教材，超越教材；基于课堂，超越课堂；尊重教师，超越教师"。主题教学让育人方向更坚定、育人内容更加结构化。她带领清华附小团队，探索了小学立德树人的机制，站到了小学教育的高地上，用"3+X"的课程，促进小学生核心素养的发展。清华附小的"成志教育"，将会照耀学生一生的成长。窦桂梅和她的团队，把理想做在小学教育的综合改革中，真才实学也让老师们站在更高的平台上与世界对话。

当然也想起巴蜀小学校长。她的主张是倡导"做的哲学"——努力去做，大家一起做，做出来，做得更好起来。正是"做的哲学"，巴蜀小学又走上了新的制高点。

是的，有本领，真才实学，是年轻品格的应有之义。我们应当用真才实学把理想做出来。我们，要努力。

把未来种在灵魂里

未来在哪里？这似乎是个假问题，因为未来一直随着时间的箭头永远向前。未来在时间的箭头上。

未来又时刻携着我们向前，召唤我们，鼓舞我们，从来都与我们在一起。未来在我们的心灵里。

未来在哪里，应该是个真问题，因为既在时间的箭头，而时间箭头又会返回人本身。所以它既在前方，又时时在眼前。我们对未来的认知是：把未来镌刻在心灵里，未来才会真正到来。

最近我再次看美国哈佛大学哈佛学院前院长哈瑞·刘易斯的著作：《失去灵魂的卓越》。刘易斯长期深入观察、判断，认为哈佛大学的学子都很优秀而且卓越。但是有一现象正在悄悄发生，因为学校忘记了教育的宗旨，所以学子们正在失去灵魂，失去方向，失去了社会责任感，失去了前进的动力，等等。失去灵魂就无卓越可言，也就无未来可言。

值得注意的是，在中文版序言里，刘易斯向中国同行提出了几个问题："中国大学应该培养学生的人文精神、人格和对自己的社会责任的理解力吗？中国大学应该解放学生的心灵以便让他们决定如何更好地为社会服务吗？如果中国大学课程强调了通识教育，大学生将变得更有创造性、更富想象力吗？"

然后，他自己作答，"所有这些问题的回答都是肯定的"。

读罢，思考了片刻，我的直觉与理性告诉我：刘易斯是坦诚的，充满了善意而且极富启发性，虽然是对大学提出来的，但同样应该用来追问中小学。中小学也都应该明确回答：教育如何塑造学生的灵魂？如何让卓越与灵魂一起走向未来？

我们常说，在急速行走的旅途中，我们停下脚步，让灵魂跟上来。现在回想起来，这其实说的是，急切地、毫无地平线感的前行，我们正在失去灵魂；不是让灵魂跟上来，而是我们要塑造灵魂，用灵魂来引领我们，有灵魂的优秀人才才可能有真正的卓越。于是，另一个问题随即向我们提出：把未来镌刻在灵魂里，应该塑造什么样的灵魂呢？

我还是想从刘易斯的著作中寻找出一些答案来。书中引用另一个学者的话说："建立文明社会的斗争不仅发生在战场上，也发生在讨论会、课堂、实验室、图书馆里……建设文明社会最关键的，是把青年培养成为能造福世界的人——他们不仅需要创造富庶的物质世界，更需要成为精神世界的楷模，需要通过教育让他们达到至真至善的境界。"这段话具有思想的穿透力，十分精彩，因为它直抵人的灵魂，引起阵阵震荡。

我们可以十分自信、自豪地说，中国，中国式现代化教育早就鲜明提出，教育要立德树人，塑造生命，塑造灵魂，塑造新人，而且要在六个方面下功夫：坚定的理想信念、大德大爱大情怀的爱国主义精神、道德品质修养、增长知识见识、发扬奋斗精神、增强综合素质。中国学生的灵魂，就是有志气、有骨气、有底气，在优秀的中国文化传统里站立起来，挺起民族的脊梁。同时，踮起脚，瞭望世界，中西融通，在多元文化的激荡中，让中国眼、民族魂熠熠闪光。这样的灵魂本身就是一种文化的进步、精神的召唤、思想的力量。怀着这样的灵魂，我们在讨论会上讲述中国故事、前瞻美好未来；怀着

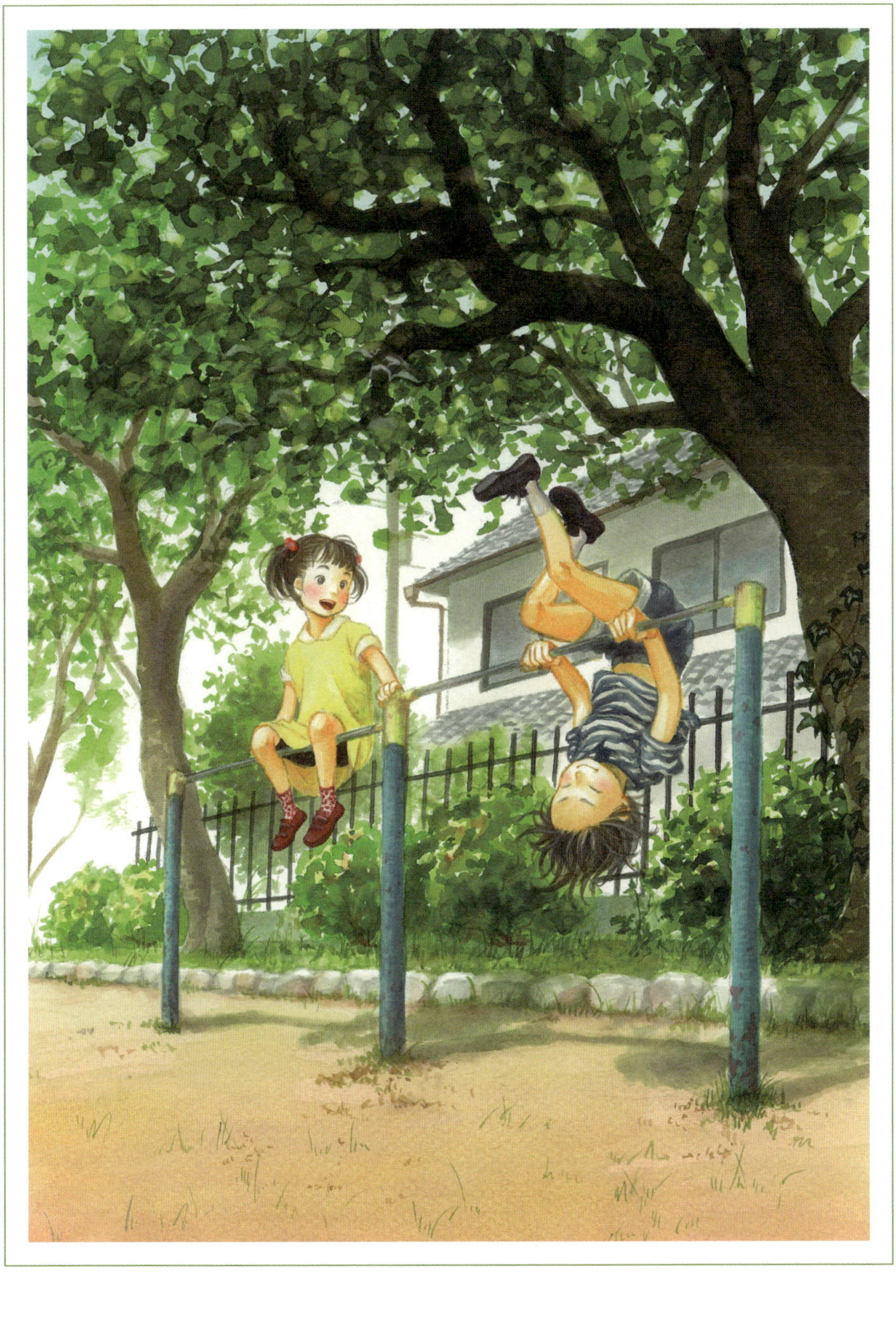

学校教育中还需要非正式学习吗？答案是肯定的。

学校给学生留下属于自己的一方小天地，哪怕是一个小角落，让学生自主学习，自己规划，自己寻觅，自己调控，兴趣所致，有所发现，构建属于自己的学习方式，这才是课程改革的应有之义，也是课改的最高境界。

这样的灵魂，我们在课堂里学习最有价值的知识，从知识里汲取创新的营养，培植自己为人类服务的理想；怀着这样的灵魂，我们在实验室里，用想象和实验创造新知识、搭建人类文明的阶梯；怀着这样的灵魂，我们在图书馆里，让人类一切文明成果丰富自己的头脑，让经典成为自己的心脏……中国学生在创造富庶物质世界的同时，正在创造精神世界。我们相信，卓越的灵魂正在创造未来。

灵魂的卓越是因为有伟大的创新精神和能力。我们还可以这么去理解，正是创新精神、能力让灵魂更丰富、更有力量，也更加闪光。担当民族复兴大任的时代新人，不仅有理想、有担当，而且有本领、有真才实学；不仅有爱国情怀、社会责任感，而且有创新精神和实践能力，能改变自己，进而改变世界，在改变世界中不断优化、提升自己。当创新精神、实践能力进入灵魂，灵魂才会伟大、人才定会卓越。把未来镌刻在灵魂深处，那是创新精神、实践能力得到了呵护和释放，并激发无限的想象力、创造力，在未来的召唤下，灵魂与聪明才智一起在新赛道上追跑。

塑造灵魂，课堂、教学是重要的场所。学科育人、教学育人已成为我们的使命，已成为教学的应有之义，当育人已镶嵌在教育教学过程中，塑造灵魂则更自然、更科学，更能成为教学的常态。对此，刘易斯教授他们是怎么看待和对待的？书中有段话引起我的注意："在我看来，提高教学质量的唯一途径是向学生教授他们应该掌握的知识，而不是由着教授的兴趣教学。"这段话几乎颠覆了我对美国教学的认知与经验判断，我们再次认定，教育教学是有目的、有计划的育人过程，不能以教师的兴趣为教学的目的和推动力。这是教学的真义与本质，我们必须坚守，让教育的初心回归心灵。但是再想想，既然提出："不是由着教授的兴趣教学"，说明这样的情况还是存在的，我们必须保持一颗警惕的心。

让未来走进课堂，在教学中塑造灵魂，灵魂与未来在对话中互动、互塑，未来把根深深扎下，未来种在灵魂中。这样，未来一定会在时间的箭头发出美妙的乐音，然后，把未来种在春风里，接着，我们与未来又一次出发。

在大脑深处准备未来

未来，总是那么神奇，令人神往，我们想象着，也深深地思索着。2021年底，联合国教科文组织第 41 届大会向全球发布了《共同重新构想我们的未来：一种新的教育社会契约》。这份国际教育报告再次将"未来"凸显在我们面前。"重新构想"，意味着我们要有新的视野、新的理解、新的创造。这份报告展望未来的 2050，启发我们思索三个问题：我们应该继续做什么？应该抛弃什么？需要创新什么？于是，关于未来的讨论，从来没有像今天这么急切、这么紧迫。

的确，未来既遥远又不遥远，我们时常听到"未来"向我们走来的脚步声，既撞击我们的心房，又叩问我们的心灵。是的，学生有什么样的明天，取决于我们现在的选择。反过来看，就是杜威早就指出的："假如用传统的方式教今天的学生，那么学生就只有过去，没有未来。"就像 2021 年在上海举办的"第四届世界顶尖科学家论坛"中科学家所言："未来的答案就在现在青少年的手上，今天英才学生的形象就是未来的模样。"我想，这是对"共同构想"的最佳构想，是对"投资教育未来"的最好回应。这样的回应又可凝练成 10 个字"为未知而教，为未来而学"。

值得注意的是，当下的教育中存在着"学习的贫困"。"学习的贫困"源自世界银行2019年发布的世界发展报告中所提出的"终结学习贫困"。学习的贫困内涵是多元的，比如教育上性别的歧视、处境不利的儿童学习权利的缺失等。其中肯定还有另外的"贫困"，那就是学生不会学习，也不会生存，不会共处，不会处事。"共同构想"的报告里明确指出，学习要解决五个问题：为什么学、学什么、怎么学、何时学、何地学。这五个问题不能得到真正解决，"学习的贫困"肯定不能得到缓解，而今天的学习贫困就是未来的贫困，贫困的未来实质就是没有未来。

需要追问的是，学习的贫困究竟是怎么产生的？答案肯定也是多元的。不过，对知识的曲解以及对学习要义把握不完整，应该是其中的关键性原因。2015年联合国教科文组织的另一份重要报告《反思教育：向"全球共同利益"的理念转变？》对何为知识、何为学习做了精准的阐释。何为知识？以往我们对知识的界定过于窄化也过于僵化，知识绝不是简单的概念、知识点、训练题。报告提出，要"将知识广泛地理解为通过学习获得的信息、理解、技能、价值观和态度"。正如杜威所指出的，知识不是固体，而是流动的液体。至于学习，报告也做了整体性的解释：学习既是目的又是手段，既是结果又是过程，既是个人的努力又是集体的事；学习是有计划、有意义、有目的、有组织的活动。认知上的偏差和浅薄定会导致"学习的贫困"，学习贫困的终结，要从改变认知开始，从转变理念开始。

杜威指出，学习就是要学会思维。我们的理解是，让学习真正发生，就是让思维真正发生；让学习看得见，就是让思维看得见；所谓深度学习，实质上是充满挑战性的高阶思维学习与发展的过程或活动。未来是我们创造出来的，而思维则是创造的基础和先导。在诸多的思维方式和品质中，我们尤要培养创造性思维，提升学生的综合素质；反言之，综合素质的提升应以创造性思维的发展为核心。而创造性思维离不开学生想象力的发展。想象需要特定情境的激发，这样的情境让学生产生惊奇感、陌生感，惊奇感、陌生感，又触发了求知欲与探究欲，想象力就在情境里生成，在情境上空飞扬起来，把学生带入一个无限的时空，去遐想、去幻想、去"乱想"、去狂想，创造就在其中发生了。所以，想象力是在内心和大脑里，在创造性思维里发生的。想象力又触发了创造性思维。

想象力具有不确定性，也显得十分脆弱，亟须呵护乃至保护，也亟须宽容与等待。这里用得上一个观点：不可能存在没有缺陷的优点，事物永远不可能十分完美，缺陷其实是优点的一部分。学生想象力的发展需要教育者拥有海洋般的胸怀。胸怀又和大脑自然联系在一起。大脑也是一个无垠的大海，想象正是那个在大海深处的"伟大的潜水者"。

让我们努力寻找开启大脑的钥匙，和学生一起走向"大海"深处；让孩子们在大脑的深处准备未来，把未来写在脚下这片无垠的大地上。

课堂里的未来

最近,郭华教授有个关于教学改革的视频报告,讲得非常精彩。她说:"课程是为育人的,是为未来育人的。"她还描绘了新课标下课堂的形态和内涵:"老师,应该想象着学生学完课程后未来的样子来上课;学生,应该能在课堂上感受到'我想要成为什么样的人',思考'我将来想到哪里去'。"

郭教授的描绘与提示我深以为然,也深受启发。的确,教育的未来、社会的未来都不是虚无缥缈的,它总要附着在课程、课堂上,课程、课堂也不是孤立和静止的,总要与世界和未来相联系、相链接。课改有许多变化,最具本质性和根本性的变化,是聚焦于育人,又将育人牢牢指向未来。课堂、教学与未来的关系,我概括了三个关键词:观照——用未来观照当下的课堂、教学;映射——课堂、教学要透射未来,看到未来;准备——在课堂里为创造未来做好准备。这样的课堂,教学才会可持续、才会充满活力和希望。

这也是世界性的话题。联合国教科文组织关于"教育的未来"的报告《一起重新构想我们的未来:为教育打造新的社会契约》,我们再打开看看,一段话跃入眼帘:"教育是我们贯穿一生的组织教学和学习的方式……为我们打开新的可能性,并增强我们开展对话和行动的能力",为此,"教育本身需要变革"。而"课程应注重生态、跨文化和跨学科学习……帮助学生获取和创造知识，同时培养其批判和应用知识的能力"，是这其中变革的一个重要建议。我们应该记取。

我们正在为此而努力，新一轮的课程改革又一次激活了我们改革的理想，想通过变革让未来在课堂里得以回应，而这一切正是在我前面所概括的三个关键词。

一堂课往往映射出世界与未来，似一滴清水可以映出蓝天。年前，我听了一堂小学语文课，是南京市玄武区一所办在老旧小区里小学的普通教师上的，教的是五年级教材中的《两小儿辩日》。课文选自《列子·汤问》，说的是孔子东游，见两小儿望着天上的太阳，有时大有时小，这是为什么呢？看来，古老的中华民族后代早就有这样质疑、追问的习惯和品格。他们观察着，而且发生了争论，由于观察时的角度、站位、感受不同，因而判断是完全相反的，同样的太阳竟然有大小之分。争辩是激烈的，各执己见，于是两小儿向孔子请教，由他断论，但孔子竟然"不能决"。于是两小儿得出了一个结论："孰为汝多知乎？"这是结论，也是批评，够大胆有勇气的，也够值得钦佩的。

课文并没有给出最终的答案，这是历史上一桩"悬案"。这篇课文究竟该怎么教，主旨如何设定？学习方式怎样设计？又该用什么样的思路引导学生学习？我们不妨将这堂课"复盘"，定格分析、研究一下。从教学设计看，教师首先营造了一个仿真的情境：课堂在蓝天下，天上一轮太阳，地上站着两小儿。此时，学生就成了"两小儿"，他们置身于情境之中，这时的"两小儿"与学生之间已无差别，历史与现实的差距已不复存在。其次，让"两小儿"讨论，从小孩的观察角度和内容维度发表自己的意见，最终形成一张表，日出时与日中时，如车盖与如盘盂、沧沧凉凉与如探汤，在表上一目了然，文章的脉络、观点的迥异清清楚楚。这是引导学生通过工具用梳理、概括的方式学习，培养学生提取、整理信息的能力，培养逻辑思维。再次，请"两小儿"从表格上的内容谈深层次的原因，涉及地理学、物理学知识，涉及时间与空间的比较，还涉及学生的视觉、触觉的学习，以身体之并用心悟之。第四，设计了三个思考讨论题。第一题：你怎么看待"两小儿"？如果我是孔子，如果我是当时在场的小孩，如果我是距他们2000年后的现代小孩，会对"两小儿"说什么呢？第二题：你怎么看待"孔子不能决"？结合熟知的孔子名言（比如"三人行必有我师""学而不思则罔"等）谈一谈。第三题：最后一段，即"两小儿笑曰：'孰为汝多知乎？'"如果删去，好不好？为什么？题目还是颇有深度的。

做了以上"复盘"，我们想问的是，这堂课与未来发生联系了吗？往深处看，答案是肯定的。其一，2000多年前的故事、文章，我们还在学习，看来教材有历史的，也有现在的，还有未来的。教材存在的价值不是由时间确定，而是由教材所反映的思想性、科学性和育人的功效决定的，教材的价值即是育人的价值。从未来对课堂的观照来看，教材、教学要指向未来，生成未来的意义，生成走向未来的能力；从课堂对未来的映射来看，教与学有没有反映、体现、落实未来所需要的核心素养；从课堂对未来的准备来看，当下的课堂为学生成为未来人奠定了哪些基础。显而易见，这堂课基本上做到了，比如，呵护并发展了学生的观察力、想象力、求知欲和问题意识，这是走向未来的新动能，也是"通行证"。比如，激发学生的思维能力，尤其是批判性思维能力，以及与此相联系的胆量勇气、对权威不盲从，敢于质疑，敢于挑战。比如，紧紧围绕智慧，进行跨学科的思考，开阔视野，打开了新的可能性，帮助学生获取、运用和创造知识，等等。未来像自由飞翔的鹏鸟，总是要落脚在课堂里，落实在学习方式上，未来已刻写在课堂里了。

联合国教科文组织总干事奥德蕾·阿祖莱在发布报告时说："我们感受到当前的脆弱性和未来的不确定性。"的确，我们也感受到了，但是，当下的课程改革、教学改革又让我们透视了未来，看见了未来，触摸到了未来。朝向未来，可以克服现实的脆弱性，又可以寻找新的确定性。换个角度看，我们讨论课堂、教学、学习与未来的关系，其实是让课堂睁开眼睛看未来，而这种联系往往在关于未来的提问与回答中。提问未来，让一个历史的、现实的"悬案"，请未来去审视，也许在"悬案"里孕伏的正是未来课堂的特质与特征。

让好课燎原

2022年岁末，寒潮时时来袭，花草树木不断凋零。可是当我们走进课堂，看到的却是另一番景象：热气腾腾，生机蓬勃，孩子们像花儿一样绽放。这样的情景让我们有种特别的温暖和感动——课堂里有着永远的春天。

年前，我听了好几堂课，有中学的，也有小学的；有语文，也有数学。我还专门访谈了十多位特级教师，请他们谈谈对课堂教学改革的看法。他们各抒己见，对课程改革、教学改革充满信心和期待。这使我愈发坚定了一个理念：课改必须改课。课改，指的是课程改革；改课，指的是课堂教学改革。课改一定要落实在课堂教学改革中，最终要将先进的理念、改革的要求转化为真实丰富的教学实践，否则课程改革的目标和愿景就难以有效达成。

前段时间，我又听了顾明远先生的三次讲话。每次讲话，他都强调："上好每一堂课，教好每一个孩子。"这是顾先生发自内心的呼唤，也是殷殷嘱托。每听一次，我的心里总是翻起一股热浪：对呀，上好每一堂课才是真功夫、硬功夫；上好每一堂课，才能深入实施课程改革，才能保证课程方案、课程标准真正落实。

其实，把课上好是一个老问题。大师、大家们历来十分重视上课。国学大师钱穆先生在台湾的家里给学生上了最后一堂课，结束前，他合上书本凝视远方，像是对学生又似乎是对自己说："不要忘记，我们是中国人啊！"文史学家程千帆先生曾说过："如果明天上课，今天晚上绝对不会去应酬。"我记忆中还有另一位哲学大家，上课前一定要换上整洁的衣服，把皮鞋擦亮……这些细节固然体现了上课的仪式感，但我想更深层的原因是，课堂是神圣的，教学担负着育人的使命。

一天晚上，我读到诗人徐刚怀念艾青的一篇文章。他说，第一次见到艾青的名字，是在小学五年级的语文课本上，当时上面有一首艾青的诗——《春姑娘》。诗的大意是，春姑娘来了，在她挽着的柳筐里，装了很多东西，有红的花、绿的草……课上，老师带着学生朗读，然后讲解。徐刚举手说："春姑娘的柳筐里少了一种花——崇明的油菜花。老师，您能不能给艾青提个建议？"同学们哄堂大笑，老师则走到他的座位旁，轻轻摸了一下他的头，对徐刚同时又是对全班同学说："没有思考，没有想象力，就不会有这种想法，这是了不起的！但是我找不到艾青。徐刚，你还小，以后或许有机会遇见艾青，当面告诉他。"教室里一片肃静……读到这儿，我心里微微一颤，一股激情涌上心头。后来，徐刚真的遇到了艾青，再后来，徐刚也成为诗人。这堂课和学生的"后来"有着多么重要的关联啊！课堂既是为了学生的当下，也要为了学生的"后来"。

上好每一堂课又是一个新问题。对于课堂教学改革，我们还不能过于乐观，还要冷静客观地审视。尽管课程改革极大地推动了教学改革，使课堂教学发生了很大变化，涌现出一大批好课、一大批好教师。但从整体上看，课堂教学还没有发生根本性改变，以学生为主体、以学习为中心的理念还没有真正落实；探究性学习，学生主动提出问题、研究问题、解决问题还没有形成气候；学科育人、教学育人、综合育人、实践育人还没有取得突破性进展……总之，从学习方式走向育人方式的变革，还有很长的路要走。

关于什么是好课有许多标准，我想最根本的标准依据是课程方案和课程标准。再往深层次看，好课之好，在于为拔尖创新人才的早期培养打好基础。党的二十大报告已经发出强烈号召，全面提高人才自主培养质量，着力造就拔尖创新人才。这一时代使命也应体现在课堂教学之中，课堂应当成为人才培养的摇篮。郭华教授说，"在课堂里看见未来"。未来需要拔尖创新人才，拔尖创新人才从课堂里走向未来。这是好课的样子，也是好课的最高标准，徐刚记忆中的那堂课不正验证了这一理念和愿景吗？

好课开在春风里。春风里的好课，像是一粒粒种子，撒遍田野；又像一颗颗火种燃遍大地。近几年，北京明远教育书院推出教师公益研修项目"好课燎原"，旨在通过教改实践引领教师上好课。是啊，当好课燎原时，才是课改成功的标志；当好课燎原时，才会有高质量的学习和高质量的教育；当好课燎原时，拔尖创新人才的幼苗才会春风吹又生。

让好课燎原！

课程思政的智慧

于漪老师曾经讲过一个故事。大概是小学三四年级时,老师教他们描红,练习写毛笔字,大家一笔一画认真写着。突然,老师叫大家搁下笔,说今天的阳光特别灿烂,让大家把描红的纸拿着,走出教室,放在太阳光下看。于老师举着纸,阳光下描红的字显得那么亮,那么美。她一下子领悟到了:中国字最美!当年写的是什么字,于老师已经记不清,但这并不重要,重要的是她有了一次刻骨铭心的体验,并凝结成了"中国字最美"这五个字。

这个教学片段可以给它取一个名字——课程思政。为什么要强调课程思政?什么是课程思政?课程思政该怎么开展?这三个基本问题我们必须厘清,否则就不能自觉去实践,更不能落实,其结果是课程思政止于口头和文件。

于老师讲述的这个故事,让我想起了教育家赫尔巴特的一个理论判断:"不存在'无教学的教育'这个概念,正如反过来,我不承认有任何'无教育的教学'一样。"诚然,任何教育都应该有教学支撑,否则,是空洞的;同样,任何教学都有教育性,都应该进行德育,实行课程思政。课程不仅是知识的载体,也是道德的载体,包括理想、信念、情感等,都在课程里。归根结底,课程是育人的载体,课程思政是教学的应有之义,这是对教学完整意义的回归,是对教学本质的再次凸显。所以我们应该以自觉的、积极的态度对待课程思政。

课程思政自有它的特点，它往往是内隐的。一般的学科教学不以思政教育为主线，而是将思政教育孕伏在知识教学之中，伴随着整个教学过程。教师的智慧，就是在教学中将思政教育元素开发出来，彰显不同学科独特的育人价值。而这种开发、彰显常常是不声不响地随着学科教学进程逐渐显现出来的。上面讲的那堂写字课，练习描红是教学任务，但在阳光照耀下，让中国字变得透亮，显然是悄悄进行的，但却重重地撞击了孩子的心灵，这叫上有灵魂的课。需要说明的是，课程思政不完全是隐性的，也应让其凸显出来，透亮起来，显性教育同样重要。

课程思政的关键是教师。那位老师的教育智慧就在于充分利用"今天阳光特别灿烂"这一情境特点，又运用关联性思维，让学生把描红纸放在阳光下观看。其实，这里正是因为教师有思政育人的敏感性，又有生活经验的铺垫，才有了这一教学片段。教师没有育人意识不行，没有敏感性不行，没有关联性思维也不行。总之，这需要教育智慧。智慧是悄悄的，不张扬，有时可以不道破，而是让学生去经历、体验、领悟。看来，教师在设置教学目标时，在设计教学活动时，在教学过程中，创设思政育人情境，是课程思政的关键。

课程思政，是必需的、必然的，而不是可有可无的；是有难度的，却不是深不可测、高不可攀的。它需要一种大智慧，它离不开策略、方法等技术，但又要超越技术。上有灵魂的课吧，老师们！

课程是为了儿童的自我实现

在课程改革中，我始终记住一句话："没有东西能够从无中发展出来，从粗糙的东西发展出来的只能是粗糙的东西。"这是杜威在他的名著《儿童与课程》里说的。我一直记着，也一直琢磨着，越咀嚼越有味道。

与《民主主义与教育》相比，《儿童与课程》只是一篇教育论文，译成中文不过万余字。但是，教育瑰宝从来不是以篇幅的长短来评论的。《儿童与课程》中的观点是杜威教育思想体系的重要组成部分，对于现代课程理论与实践具有举足轻重的影响。我深以为，《儿童与课程》是现代课程理论宝库中的瑰宝，至今都在闪烁着独特的光彩，未来也会如此，经典都会是"未来时"。

"从粗糙的东西只能发展出粗糙的东西"，平白、直白，并不难理解，我们都认同。但它又是学术话语，其含义又非常深刻，对课程实践的指导力十分强大。我们一定要在《儿童与课程》的语境下来作整体性思考。如果我们的认识只停留在表面，那么我们就会止于肤浅，这样的认识本身是粗糙的，毫无疑问，从粗糙里发展出来的东西必定是粗糙的。

其深义究竟在何处呢？主要聚焦在对课程目标、对课改宗旨的学术规定上。课程是育人的载体、育人的蓝图。育人，是世界上最神圣的事业、最伟大的工程，要讲精细、讲精致、讲精心，来不得半点马虎与粗糙。杜威对课程目标用一句话作了概括:"课程是为了儿童的自我实现。"这一目标凸显了儿童这一课程建设的主体。课程的一切是为了儿童,儿童在课程学习中成长、实现自我。儿童好似玫瑰花上的露珠,美丽却异常脆弱,我们必须小心翼翼、谨小慎微,一点点粗心、粗糙就可能造成伤害,被伤害的儿童很难自我实现。尽管苏霍姆林斯基还将儿童比作人类史诗的草稿,儿童的草稿可以粗糙,但我们对待草稿的态度与行为却不可以粗糙。中国基础教育课程改革,目的是培养有理想、有本领、有担当的时代新人,担起民族复兴的大任,怎能容忍粗糙呢?培养目标的崇高性、纯洁性,要求课程方案、课程标准必须精心研制、精巧实施,推动"儿童的自我实现"这一缜密的工程的精心实施。

"儿童的自我实现"涉及一个基本理论问题,那就是儿童与课程的关系。这一关系往往集中反映在一个问题上,即学科知识在育人中的作用。有一派理论认为,课程是中心,儿童是知识的接受者,课程的任务是精心选择学科知识,按照学科的逻辑和难易程度排列组合。但是杜威的观点与此截然相反。他认为,"在儿童与课程的关系上,儿童是起点,是中心,是目的,是课程选择的依据和标准。学科知识处于从属地位,是儿童生长的工具",学科知识的价值只有作用于儿童、促进儿童生长时才能实现。值得注意的是,以课程为中心的理论主张,知识的传授或传递也是在"精心"地选择与编制课程,但是因为基本关系完全被颠覆了,导致方向发生了严重的偏误,这样的"精心"仍是错误、有害的,越"精心"越有问题。所以,基本关系、基本规定性和基本方向是正确的,才是不粗糙的,否则从根子上就"粗糙"了,后果可想而知。

从我们国家义务课程方案、课程标准来看,课改正在改变以学科知识为中心的课程逻辑,构建学生的学习逻辑,将学科知识学习融入生活之中,以生活为主语,学科逻辑与生活逻辑相整合,促进学生学习过程的展开和学习方式的改变。"儿童的成长的自我实现"通过学习逻辑的构建得以落实,促使

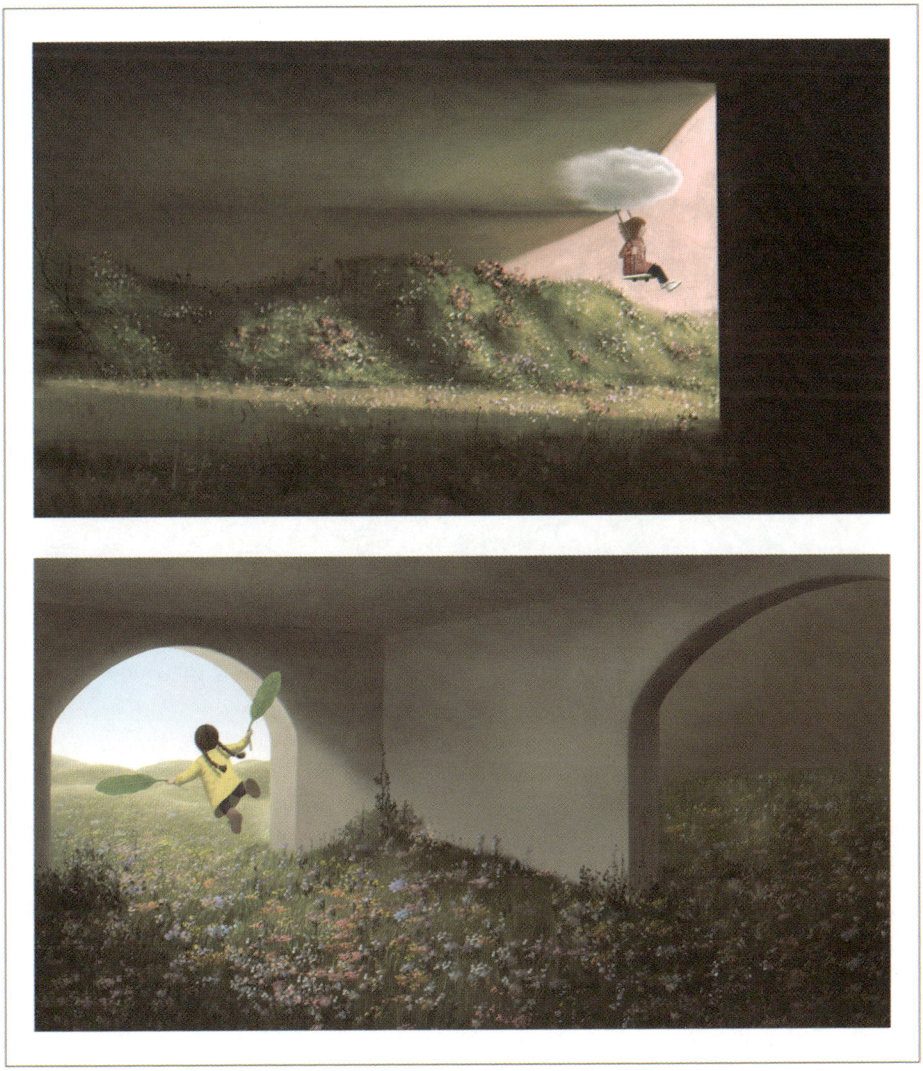

教师不是战略科学家,却像战略科学家那样深刻思考、长远谋划学校或班级的发展,为学生发展构造"理想国";他们不是科学家、发明家,却像科技领军人才那样设计各种跨界的主题学习活动,带领学生奔赴那闪着异彩的目的地;他们也不是卓越工程师,不是大国工匠,却像工程师、大国工匠那样刻苦钻研、深入探索、悉心研究,无微不至,默默奉献,像绣花一样让蓓蕾绽放……真的,教师是人才。

儿童成为课程的学习者、探究者、创造者。从学习逻辑出发，发展出来的东西肯定不是粗糙的，而是优质的。

"儿童的自我实现"是一个持续、提升的成长过程，生动体现了成长性。这一过程又十分复杂，而且充满不确定性。这一过程需要儿童真正进入，在经历中体悟，在磨炼中成长。这一过程也离不开教师的指导帮助，教师的指导帮助需要讲科学、循规律，在一些"点"上着力，不能有任何的随意和粗心。比如，杜威认为"儿童在真实丰富复杂的情境中学习必须解释事实"，所谓解释事实，是让学生从感受走向思考，从感性走向理性，进行概括与提炼。究竟怎么进行事实的解释呢？必须在"有活力的运动中去看它，在与生长的关系中去看它"。这是教师进行指导的基础。杜威又进一步指出，"指导不是外部的强迫，它把生活过程解放出来，以使它最充分地实现自己"。"把生活过程解放出来"，多重要的阐释。解决这一命题需要理论指导，需要实践探索，不得粗枝大叶、笼而统之、含糊不清。

比如，"儿童的自我实现"需要激发儿童自我实现的原动力。原动力在哪？如何激发？杜威着重儿童学习兴趣的研究。他对兴趣、对兴趣与教育等关系做过深入、全面的探讨，形成了科学的态度。他认为，"一个冲动和习惯，假如能够让人产生某个目的，并为实现目的而努力，那么这个冲动和习惯就会成为兴趣"。这样的解释超越了把浅表的愉悦当作兴趣的现象。他还进一步指出，"真正的兴趣是对自我从事于、忙于、着手于、关心于、倾心于、迷醉于客观教材的程度的证明"。这样的证明正是对事实和过程、对教材进行解释。这几个"于"正是儿童兴趣的特点，我们理解了、把握了吗？倘若不做这样深入的探讨，我们难免会制造出"粗糙的东西"来，最终"粗糙"地影响学生成长。

比如，儿童学习离不开教材。实施并推进教育的高质量发展，必须高质量用好教材，尤其是国家课程的教材。杜威从儿童学习特点出发，他认为要厘清经验的逻辑方面和心理方面二者之间的关系，并提出了教材心理化问题。他作了一个探险家的活动类比。一个探险家在一个陌生的地方寻找道路，以求新的发现，不停地做笔记。当他勘察了整个地区，他绘制了一张地图。他说，笔记好比经验的心理方面，而地图则是经验的逻辑方面。至于教材心理化，杜威说，作为教师要考虑几个如何："如何把科目变成经验的一部分；在儿童已有经验中，哪些是与之相关的、有用的；如何利用这些因素；如何用自己的学科知识来帮助解释儿童的需要和行动……""而当教师这样做的时候，他就是在将教材心理化了"。"如何"是对教材使用的考量，要把教材当作经验发展过程中的一环，而"这样做的时候"，是要坚持在实践中实现。"心理化"过程的适宜性、转化性、内化、调整是要讲科学的。讲科学、讲规律一定不会制造出"粗糙的东西"，恰恰会是儿童喜欢并能接受的好东西。

我们是该认真地、仔细地、深入地思考思考，课程改革，围绕"儿童的自我实现"，我们究竟做得怎么样啊？实事求是地说，我们是有重要进步的，但"粗糙"问题仍然是存在的，有的还比较多。比如，教学设计，我们如何以课程方案与课程标准为依据，从儿童成长这一总目标出发；能否把握得准；如何让课有目标、有任务、有情境、有实践、有评价？再有，提倡教学过程中的生成，我们的生成还很不够，但如何让生成作为儿童发展的一部分，而不是为生成而生成，更不能只追求教学的精彩而去刻意生成。另外，校本课程开发中，经不起推敲的地方还比较多，甚至有的是"粗制"，我们必须改进……是的，"儿童的自我实现"，需要教育的精心。一定要记住"从粗糙的东西只能发展出粗糙的东西"，并且努力践行之。这样的课改才会诞生真正的精彩，"儿童的自我实现"才可能真正实现。

非正式学习：走向开阔地

一 思考之一：
非正式学习的提出是学习完整意义的回归

在教育史上，以至在人类文明的进化史上，总有一些词语是不朽的，表达着对人类的核心关切，比如学习。学习像一道不朽的光照亮人们的心灵，照耀着前行的航程。的确，从古至今，学习一直镶嵌在我们的生命之中，丰盈着心智，激发着无限的创造力。爱学习、会学习是世界教育改革永恒的主题，对学习的研究我们始终抱有敬畏之心，锲而不舍，学而不厌，常研常新，在学习中不断创新，这就是学习的不朽价值意蕴。

谈论学习，就不能不谈正式学习和非正式学习。非正式学习与正式学习结合在一起，才构成了完整的学习活动。长期以来，我们只有正式学习的概念，准确地说，谈到学习，必定是正式学习。其实，从一开始，非正式学习就在学习之中，只是我们没有非正式学习的意识，非正式学习被正式学习所掩盖、所遮蔽。因此，非正式学习概念的提出，是学习完整意义的回归，是对学习认知的一大进步。

非正式学习概念出现的时间并不长，即从学习概念中分离出来，是随着联合国教科文组织于 20 世纪 40 年代"非正式教育"的提出而衍生出来的。后来，1970 年联合国在国际教育报告《学会生存——教育世界的今天和明天》中再次阐明："从现在起，所有这些途径，不论是正规的还是非正规的，不论是制度化的还是非制度化的，原则上，我们认为它们是同样有效的。"其中，"所有途径""非制度化的"就包括和指向非正式学习；"它们同样是有效的"，是对非正式学习价值功能的承认。这样，非正式学习开始进入教育领域，成为教育大厦一个支撑的元素。事物的价值从来不是以时间来衡量的。非正式学习虽然提出的时间相对较晚，却一直默默地发挥着重要的作用。而"正式"提出非正式学习，它发挥着越来越重要的作用，也刷新了人们对学习的认知。今天，有必要重新认识它、发现它，并在践行中实现它。

中国教育进入高质量发展阶段。构建中国高质量教育体系的实质是构建更高水平的育人体系，教育高质量的实质是育人的高质量。毋庸置疑，育人的高质量离不开高质量的学习。高质量的学习应该是完整意义上的学习，离不开多样化的学习途径和多元的学习方式，当然也离不开非正式学习。否则，学习会有缺失，人的发展也会受到限制。而非正式学习恰好弥补了正式学习的不足，以高质量学习推动教育高质量发展，其深层意义之一，即以完整学习推动教育质量的发展。用高质量教育发展的视角来审视非正式学习，我们的站位才会更高，认识才会更深刻，行动才会更自觉、更积极。

再从历史发展的逻辑看，党的二十大提出了培养拔尖创新人才的时代命题，引导我们更加深刻地反思教育和学习。习近平总书记反复强调人才是第一资源，创新驱动实质是人才驱动，人才强国战略成为推进中国式现代化发展的三大战略之一。伟大的时代需要拔尖创新人才。从学习的视角看，有理想、有本领、有担当的时代新人首先是个优秀的学习者，拔尖创新人才首先是个创造性的学习者，也是学习的享受者。创新精神、创新能力来自学习，既来自正式学习，又往往来自非正式学习。一个值得关注的事实是，灵感的涌现、思维的激扬、创想的生成，往往是因为闲暇生活中那些不经意中的某种触发，这正是非正式学习的典型情境和优势，显现了非正式学习不可低估的价值。在世界顶尖级科学家论坛上，诺贝尔奖得主、卓越科学家们一直在强调，我们要点燃孩子们的爱好，让他们在"随意"中有新的想象、新的创意，重要的不是学习的计划，而是随意地学习，即非正式学习，让他们打开心扉，领悟到一种思想方式。站在拔尖创新人才培养的高度，今天我们对非正式学习应当有更强的意识和更强的责任感、使命感。今天，我们要以非正式学习促进儿童青少年创造性成长。

二 思考之二：
学校教育中开发非正式学习独特价值需回答好四个问题

关于非正式学习的界定，学界已基本形成了共识：非正式学习是相对正规学校教育或继续教育而言的，指在生活、工作、社交等非正式学习时间和地点接受新知识的学习形式。非正式学习更体现以学习者为中心，自我发起、自我调控、自我负责；更体现情境性，不受时间空间的限制，学习无处不在、无时不在；更追求知识的更新与迭代，学以致用，重视问题的发现与解决。这些特点显然与正式学习既有联系又有区别，也与新课程改革的理念与要求相契合。当下，我们要在准确把握非正式学习要义与特点的基础上，进一步厘清有关问题，深度开发非正式学习的独特价值，在完整的学习中培塑完整的知识结构，进而培养完整的人。

回答的第一个问题：学校教育中还需要非正式学习吗？回答是肯定的。尽管非正式学习常常发生于课外与校外，但是，校园内的教育既没有必要也不可能把所有空间和时间都填满，也更没有可能和必要把所有的活动都课程化。学校应给学生留下属于自己的一方小天地，哪怕是一个小角落，让学生自主学习，自己规划，自己寻觅，自己调控，兴趣所致，有新发现、新进展，建构属于自己的学习方式，这才是课程改革的应有之义。我们常说：儿童是学习的主人，以学习者为中心。那么，我们何不尝试把这方小天地、小角落还给儿童，让他们自由地去合作畅想，让他们大胆地去创造实践？或许，也恰恰是这方小天地、小角落，发生着真正的自主学习，激发着他们的求知欲、想象力，让那些生动的经验、个性的思维、创造的能力在这里面"长"出来。学校应该主动为学生打开通往社会体验、未来生活的"窗户"，让他们兴致勃勃、充满期待和热忱地奔赴新的追寻与探索，开启非正式学习的"旅程"。[1]换个角度去讨论，"双减"政策下实施的课后服务，又为非正式学习打开了一扇新的门窗，提供了非正式学习的契机。与此同时，非正式学习为"双减"的深入实施做出了新的探索和贡献，假若能安排一些非正式学习，很有可能让"双减"走向优质，对此，我们应提倡尝试。

回答的第二个问题：儿童需要非正式学习吗？回答是肯定的。学习对任何人只有阶段性而无完成性，非正式学习既能满足成人学习新知识的需求，也更适应儿童自由的天性。我们应牢牢确立儿童是终身学习者的理念，而且于儿童而言，可在非正式学习中释放生命的活力，开阔视野、增长见识，生成实践智慧。永远的过程性再次确认了，在学校中，在学校学习中，非正式学习对孩子创造性成长恰似一个更广阔、更自由的发展天地。儿童可以在非正式学习的过程中不受时空限制地，以多元、创新的认知方式引导整个学习活动过程中的行为。这种"新"体现在理念和模式的双重创新中给儿童带来

---

[1] 本刊编辑部. 正式学习与非正式学习的合流 [J]. 上海教育，2022 (14) : 1

的全新学习体验,其学习活动的双向交互性在根本上改变了传统学习方式。我们可以做一个简单的回忆:孩子一生下来,他就开始了自己的学习。他会在父母的引导下自己探索,开始自言自语式的学习。随着成长,他们开始摆脱父母和其他成人的管束,东张西望,四处寻找,任何一样事物都可能会吸引他们的注意力,此时他们的学习已经发生了,学习已看得见了,这样的学习是一种非正式学习。而孩子的这种渴望学习的天性一直在延续,延续到幼儿园、小学以至中学,遗憾的是,这种非正式学习的欲望与热情常常被正式学习所挤压、所伤害。如今我们提出儿童同样需要而且更需要非正式学习,是对孩子学习渴望的保护和开辟的渠道。

回答的第三个问题:非正式学习如何与现代技术相结合? 学习离不开工具,同样,使用工具也是一种学习。工具的进化史告诉我们,尽管工具的形态不断变化,功能不断改进、提升,但工具永远存在,工具永远伴随着学习、支撑着学习。进入新的时代,现代技术越来越发达,随着移动互联网、云计算、大数据、人工智能等现代科技的发展与应用,互联网与教育的融合渗透不断深入,对环境、课程、教学、学习、评价、管理、教师发展、学校组织等教育活动产生系统性的变革影响,教育教学系统的结构和形态正在发生变革与转型,线上线下相融的混合学习形态必将成为新常态。[1] 技术支撑下的非正式学习有了更大空间、更大可能,非正式学习与技术融合势在必行、不可逆转。在此背景下,常州市武进清英外国语学校把研究的视角定位为"互联网+"视域下的非正式学习,力图以理论为指导,并通过一系列的校本化实践为小学创造经验。值得关注的是,他们在非正式学习与现代技术融合时,一

---

[1] 苏君阳,王珊,阚维. 非正式教育制度与正式教育制度的冲突:基于我国当前教育改革实践的思考[J]. 北京师范大学学报(社会科学版)2015:42-50

直坚持让工具退到后面去，让人站到前面来，学生永远是学习的主人，技术、工具永远是为人的学习服务的。在这样的非正式学习中，孩子们像长了翅膀。当然，他们也探索了非正式学习与正式学习，同样与现代技术融合、支撑，所呈现的不同样态与特点，这是难能可贵的。非正式学习与现代技术相结合，是符合未来儿童非正式学习的发展方向的，也回应了联合国召开的教育变革峰会发出的"用数字化学习和转型推动教育变革"的呼唤。

回答的第四个问题：非正式学习如何与正式学习相整合？ 这是个亟待研究、解决的问题。要弄清这个问题，我们首先要对正式学习与非正式学习的关系有所了解。人本主义的代表学者卡尔·罗杰斯倡导"有意义的自由学习"，即强调了学习者学习的主观能动性。[①] 其中，"自由学习"包含了多少儿童的学习期待与成长梦想。"有意义的自由学习"包括了正式学习，也包括了非正式学习。值得注意的是，当下我们更关注课堂里的正式学习，而且正式学习也发生了显著的变化，儿童拥有了更多选择的机会，更多体验和展示的平台，比如项目可以自己选、规则可以自己定、活动可以自己搞等。孩子们在学习自主管理、自主决策、自我监督、自我评价，创造自己的学习方式。但是我们对非正式学习的关注和研究是很不够的，因而正式学习与非正式学习同向同构还没有提上议事日程，这是一大缺憾。如何结合有许多方式，但比方式更重要的是理论积淀和持续性地行动积累。我认为，两者的结合应该聚焦于以下三个方面。一是"教是为了不教"。从某种意义看，"教"主导下的学习更多的是正式学习，而这里的"不教"更多的是非正式学习，"不教之教"可以将两者融为一体。二是变革规则、制度的理念。非正式学习看似是无制度无规则的，但其实学生内心已构建了适应自己的学习制度、规则，所以两者

---

① 化得福. 论罗杰斯的人本主义教育思想 [J]. 兰州大学学报（社会科学版），2014:152-155

的结合，可以在创新学习制度上下功夫，用创新的制度和规则将两者串联起来。三是鼓励教师自己去创造。教师们可以从实际出发，创造多样的结合方式。

非正式学习不仅是学习方式，也是育人的理念。说到底，非正式学习的价值与活力在于推动育人方式的深刻变革。对此，我们将积极探索，将育人方式全面地落实在学习方式之中。

教是为了不教：
从昆体良到叶圣陶到我们

在教学论中，有一概念，解释空间很大、解释力极强，充满思想的张力。这个概念就是"教学"。

关于教与学的关系及其解释，大概有以下几种。第一种是并列式的，教学就是教和学。的确，教学是一个完整的结构，是由教与学共同构成的，只有教而无学，不是完整的教学，反之亦然。第二种是从核心的角度：教是为了学生的学，学生的学是教学的中心或核心，不以学习为中心或核心的，不是真正意义上的教学。第三种是从目的与境界的角度：教是为了不教，教不是目的，教的最终目的达到不教，即让学生自己学、主动地学、创造性地学。

以上三种解释，渐次走向教学的内核与深层。三种解释有一个共同点，即教学不能忽略教，但是只止于教，是很不够的、不到位的，还没有触及教学的本质与核心目的。三种解释恰是为教学搭建了三个阶梯，形成了对教学性质、功能认识的迭代更新，是教学改革的进阶路线图，最终达至"教为了不教"的最高境界。"教是为了不教"，概括得如此精准又如此传神。这是一种大智慧。

说到"教是为了不教"，首先想到叶圣陶。的确，用六个字明确地概括了教学本质："教是为了不教"。他首先强调，教学的根本目的在于教是为了不教。他说："凡为教，目的在达到不需要教。"他又再次强调，"教任何功课，最终目的都在于达到不需要教"。他还举例说，"语文课的最终目的为，'自能读书，不待老师讲；自能作文，不待老师改'"，若此，"乃教学之成功"。其次，他解释了"教是为了不教"的多维度的原因解释。一是从学生学习自主性解释："随时宜注意减轻学生之依赖性"。二是从知识的广度解释："知识那么多，哪里教得尽？"三是从学生的心理机制解释："让学生'碰壁'，其时，学生心头的苦闷那么厉害，要解决的欲望那么迫切"，"在这种情况下受老师的教，其好比久旱逢甘雨，庄稼就会蓬蓬勃勃地生长"。最为重要的原因是，"学习是学生自己的事，不调动他们的积极性，不让他们自己学，是无论如何学不好的"。再次，叶圣陶还解释了"教是为了不教"，"不教"的含义："不在全盘授予，而在相机诱导"。这样，"必令学生运其才智，勤其练习，领悟之源广开，纯熟之功弥深，乃为善教也"。叶圣陶还给出了"教是为了不教"的策略："随时准备少指点，少讲说，最后做到不指点，不讲话"，"这好比牵着孩子的手教他学走路，却随时准备放手"。

从以上的简要梳理不难看出，叶圣陶所提出的"教是为了不教"不是一句口号，更不只是一种理念，而是一种教学体系，有理念、有形态、有策略，其中也包括了对概念的定义。将这一体系运用于课程改革、教学改革，必定会达成预设的目的，构建高质量的教学育人体系。

最近读到一篇文章：《昆体良：教是为了不教》。惊喜之余，马上翻阅昆体良这位教育家的资料。《昆体良教育论著选》的"译序"里一开始就说："马库斯·法比尤斯·昆体良是公元1世纪罗马最有成就的教育家"，"昆体良是古代希腊、罗马教育思想和教育经验之集大成者，是夸美纽斯以前西方最杰出的教学法学者"，他的许多教育见解和经验"直到今天仍然富有教益"。翻阅他的著作《雄辩术原理》，被他的思想、论述及话语方式所吸引，似乎在听一位教育家关于教与学的"雄辩"。

昆体良为什么雄辩呢？他在为教师怎么教、学生怎么学而雄辩，其核心思想是"教是为了不教"。他受苏格拉底"产婆术"的影响，在公元1世纪就提出了"教是为了不教"的观点。他说："雄辩术教师不仅要亲自给学生讲授这些功课，还要经常向学生提问，以测验学生的鉴别能力。"他直截了当地指出："除了使我们的学生不需要总是有人教，我们的教学还能有什么别的目的呢？"他还用精彩的比喻来说明问题："教师的声音不像宴会上的食物而像太阳，分享食物的人愈多，每一个得到的份额就愈少，而太阳的光辉却给予所有的人以同等份额的光和热。""最有学问的人的教学往往比别人的教学更加容易懂，更加明白"，他"懂得俯就学生的能力"，不能吹嘘自己、抬高自己，"就像矮子踮起脚充长子"。他生动地举例："我们可以向空中的飞鸟学习"。"当小雏长大以后，父母就在它们面前飞翔，教它们走出鸟巢，在附近学飞，然后，当它们证明力量已经足够的时候，就让它们自由地飞向天空"……

啊，公元1世纪，20个世纪过去了，2000多年过去了，一位远古时代的老人关于"教是为了不教"的论述仍然那么清晰、嘹亮地响在耳畔。2000年前的昆体良、2000年后的叶圣陶发出了同样的声音，同频共振，这意味着什么？人类智慧是共通的，用中国文论的话来说，是会通的。一个在西方，一个在东方；一个在遥远的历史深处，一个在现当代。同样的话语，同样的思想。思想与日月同辉，光辉的思想永存！

到了我们。我们该怎么想？该怎么做？踩在古贤、大师们的肩膀上了吗？如果还不清楚巨人的肩膀上已扛着什么，我们该有多大的愧疚？！

教是为了不教，让我们永远践行。

完成的真实性：作业改革的"第一原则"

作业，原本就是教学的一个有机组成部分，是学生学习的一种重要方式。这种学习方式更具有自主性与相对独立性。就这样，作业陪伴我们走过了一年又一年，平静也略显平淡，似乎正在等待一个什么样的契机，可以爆发一场什么改革。

改革终于到了。"双减"一下子将作业改革提升到一个极高、极重要的位置，作业定位、作业设计、作业形式、作业评价，作业成了减负增效的一个重要方面；作业的导向性、丰富性、选择性、实践性、跨界性、灵活性，作业的组织方式、呈现方式、完成方式等也成了一个个热词。这是很有道理的，我们应当把作业改革当作课改、教改的重要切入口和突破点，使其成为撬动"双减"深入实施的一个支点。然而，讨论某一个问题，我们的目光既要向上也要向下；既要在理论上探寻原因、摸清规律，也要在问题的症结处把握关键、对症下药。没有向下，可能会目空；没有在症结上下功夫，放矢可能会无"的"，作业改革也正是这样。

清明节期间，我在月牙湖畔的丛林间游玩，看到一对父子忙忙碌碌在寻找着什么。一打听，原来他们正忙着完成学校布置给孩子的一项作业：养蚕。当时父子俩就是在给蚕宝宝找桑叶。我对孩子的父亲说："你儿子真努力，对作业态度认真、负责；你也不错，陪伴孩子一起完成作业。"孩子父亲显得一脸无奈："没办法，学校布置的作业总得要家长签字。这还在其次，最麻烦的是，有些作业没有家长帮助孩子根本完成不了，家长只能代替孩子完成。"我问父亲："哪些作业是孩子完成不了的？"父亲说："比如制作小报、制作视频、完成一个设计作品，名目还真不少。"这时我的眼前突然出现了一些镜头：在研讨会上、在学校开放日的活动中，那些精美的展示作品，难道不全是孩子完成的？我把问题抛给那位略显疲惫的父亲，他回答："十有六七吧。"说完这些，这位父亲带着孩子离开了，因为所采的桑叶喂蚕宝宝还远远不够，他们又要去另一个地方寻觅。要知道，现在在城市里找到一棵桑树已经很困难了。

望着这对父子远去的背影，我有好多话要说，又不知道从何说起。后来，冷静下来，我最想说的是：作业改革最需要关注的是什么？是作业完成的真实性。真实性，就是保证作业让学生自己完成，就是让作业的效用真正发生。没有真实性，那些丰富性、跨界性、创新性等有什么意义，又价值几何呢？没有真实性，就不能达至作业的目的，就不能让学生在真实的情境与过程中得到真切的锻炼，作业育人便是一句空话。

也许我遇到的那位家长只是个例，但假若我们深入调查，当下学生作业缺失真实性的现象不在少数。当然不能说所有学校、所有学科都这样，如果作这样的判断不仅武断、不切合实际，而且也是对教师精心设计和安排作业、培养学生实践能力的漠视和不尊重。我们的教师还是执着改革、努力创新的。但作业完成是不是很真实，确实是个不容忽视的问题。究其原因，可以先归结为一点：作业设计缺失适宜性。所谓适宜性，就是作业的内容、形式要符合儿童的年龄特点，要符合所有条件与基础，不能强求。否则，结果有二：或是小组中最优秀的学生能完成，其他学生坐等结果；或是学生不能完成，由家长代替。事实上，第二种情况居多。所谓适宜性，就是作业设计还要符合地方的资源实际，否则就会面临那对父子遇到的情况，城市里的桑树越来越少，要养活蚕宝宝还真不容易。

和适宜性相联系的还有作业的统筹性。翻看道德与法治、语文、科学等教材，还有综合实践活动手册，要做调查访问的作业比较多。做调查访问前要研制计划、设计提纲，过程中要做记录、拍照，结束后要完成报告……如果每个学科每学期有一次这样的作业，加起来就是五六次。这不是加重学生负担、迫使学生把作业转移给家长吗？对此，加强学科和活动作业的整合，用统筹的方式来设计作业就显得特别重要。同时，教师在作业评价过程中，要将作业完成的真实性作为重要的评价内容：一方面，对于实践性作业的评价不能流于形式；另一方面，不能仅从最终作品的质量进行评定，而应该增加对于学生参与作业全过程的监督与评价。

如果再往深处想一想，一定会有这样的结论：作业完成的真实性，关涉作业育人的目的性。学生不能自己完成作业，由家长代替，学习主体地位的回归又怎能实现？说到底，任何改革都要从育人宗旨出发，要克服功利、浮夸、浮华之气，尊重儿童学习的本来面目。真实的才是可贵的。坚持作业完成的真实性，坚决摒弃家长替代性作业（包括替代性劳动），这应当作为作业改革的"第一原则"。

从"上课须知"走向教学成熟与自由

启功先生是著名的文史大家，也是有极大影响力的书画家。如果在北京师范大学的校园里走一遍，你会看到他写的字成了一道亮丽的风景线，尤其是那"学高为师，身正为范"八个字熠熠闪光，照亮了校园。

启功常常想起他的恩师陈垣。陈垣，这位教育家常常对学生谆谆教诲，大到怎么为学、为人，小到怎么上好每一堂课。后来，启功回忆整理了陈垣关于上课的具体要求，取名为"上课须知"。"须知"实际上是上课的规定，而且具有强制性，比"应知应会"要求更严格。"上课须知"好像有九条，我印象中有这么两条，一条是在黑板上写字，写完后不要马上转过身来，一定要把板书的字再仔细检查一遍，确定无误后再面向学生。另一条是教师站在教室里的位置，要选一个合适的，要能把班上所有学生尽收眼底，要稳稳地站在那里，身子不要晃动，要在学生的课桌间自在地走动，两只眼睛要环顾左右。这些要求都非常具体。

一个教育家竟然这么严格要求教师，连细节都规定得清清楚楚，毫不含糊，这是我们没想到的。一个文史、书画大家竟然把这些略显"琐碎"的要求整理成一篇文章，郑重其事地发表，这也是我们想不到的。从中我们感受到上课、上好课的庄重感，也感受到每一条要求沉甸甸的分量。真的，上课

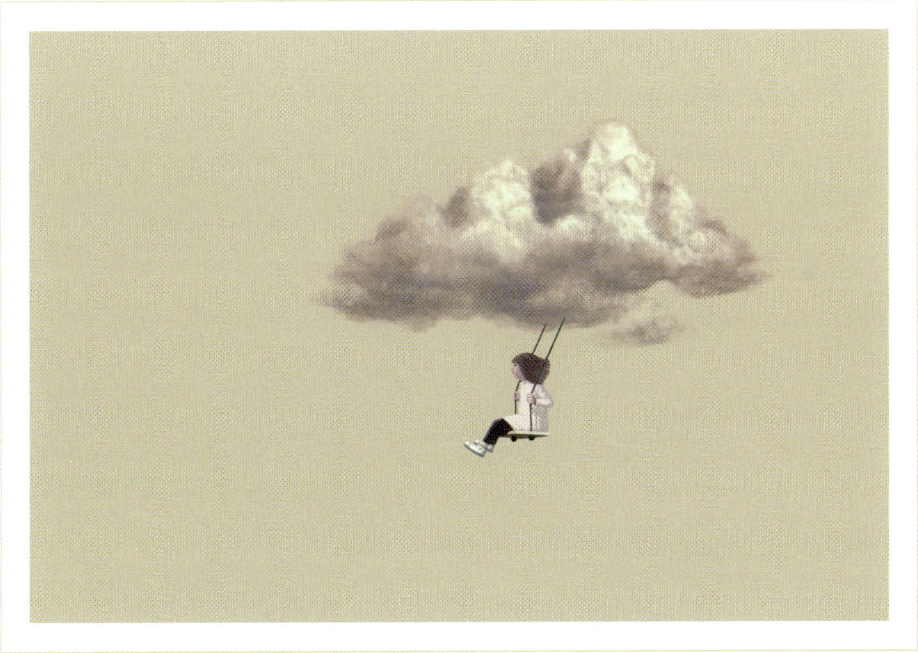

创造力从根本上说就是儿童品性在成年时期的延续。天才只不过是借助意志的行动而被重新发现的童年。伟大的词人之所以能够写出伟大的作品，是因为他们拥有童心。教师爱儿童，就要珍爱儿童的童心，珍爱童心就是珍爱人的创造性。

应当有"须知","上课须知"必须牢牢记住,必须一条一条做到。

回忆这一故事,我们想说的是,上课应当有规矩,更应守规矩。这些规矩其实是课堂教学的常规,只有遵守这些常规才能把课上好,提高课堂教学质量才会有保证。年轻的老师们,你们还记得第一次进课堂的情景吗?站在教室里,你做的第一件事是什么?是用你严肃而又温和的眼光把教室扫视一遍吗?当上课铃声响起来的时候,你是在停了几秒钟后,响亮而亲切地宣布"上课"吗?然后又停了几秒钟说"同学们",才开始你的讲课吗……我想,这些你都经历过,而且会发生一些故事。也许一些年轻教师正是在这些细节上卡了壳,影响了一堂课的进程和质量,可见教学常规是多么重要,年轻教师要在遵守教学常规上多下功夫,这可不是什么小事啊。

教学常规具有恒定性,又具有发展性。所谓恒定性是指不变的,也是不能变的;所谓发展性是指可变的,要生成新的教学常规,正是在变与不变中,教学常规充满了生命的活力。课堂教学改革带来许多新理念、新要求,这些新理念、新要求必然构建新的教学常规。从这个角度看,教学常规是教育理念的具体化,先进的教育理念要转化为教学常规并落实在常规教学上。不难理解,遵守教学常规要从转变教学理念入手。

举个例子吧。教学的核心要义是学生学会学习,让学走在教的前头,让发展走在教学的前头。这是理念,也可以是教学的一条原则。这样"上课须知"里就必须增加一条:引导并帮助学生自学、互学。这条"须知"要求教师不能挤压学生自己学习的时间,更不能代替学生学习。在教育教学改革中,这一理念原则逐步成为一条"铁律",成为教学的一个律令。年轻老师,你们认同吗?能做到吗?

与此同时又带来另一些问题:学生该怎么自学,又该怎么互学?教师该做些什么?这些问题产生了新的要求,让学生有规矩可循,有方法可依,教师有标准可检测、可评价。在这样的常规下，课堂是规范的，又是自由的。规范而有自由的课堂，学生才能学得投入、专注，又学得有效、快乐，而且能创造性地学习。我们是不是能在这样的常规中寻找到一种张力，生成教与学的魅力呢？

　　由此看来，教学常规不只是要严格执行的问题，还应当有智慧。因此，教学常规既具有严肃性、公平性，又具有道德性、人文性。"上课须知"真好，学问真大、真深。其实，教师的一辈子都是在教学常规中形成了教学经验，凝练了教学理念，收获了成长。

　　老师们，让我们每个人的心里都有个"上课须知"，就从这样的"小事"做起，定会走向成熟，也定会走向成功。

小题大做：专业精神品格的叙事

我每天都读报。我把读报和读经典著作看得同样重要。实在要感谢发明报纸的人，在我面前打开了另一扇窗，既看到过去，又透视未来；既看到世界风云，又看到内心的涟漪。

最近读到关于叶圣陶的一个故事。说的是为了语言规范化，叶圣陶要求文章入选课文前，需经北京语文老师朗读，以查验语句是否通顺，音节是否优美。一次，一位老师读文章，读得较快，叶圣陶打断他，指着课本上的语句问："这句话到底是读'东西掉到井里了'，还是'东西掉井里了'？"这位老师说："我想这两种读法都一样。"为了找到准确答案，叶圣陶决定召开一个主题讨论会，确定一下"到"字的应用。对这决定，大家议论纷纷，有人甚至说："这是高射炮打蚊子——小题大做！"见此情境，叶圣陶微笑着向大家解释："大家有想法是可以理解的，但大家都静下来想想，我们做编辑的尚且拿不准的句子，怎么能印刷出来交给学生呢？这虽然只是一个字的小事情，但关乎几百万中小学生，就应该作为大事情来对待。"听了叶圣陶的解释，编辑们纷纷点头称赞，分头寻找资料，落实"到"字的准确用法。后来讨论会开得很成功，与会者踊跃发言，大家详细介绍了"到"字在句子中，"到"有到达的意思。大家一致认为"到"字在这句话中有一定含义，不可随意删去（摘自人民政协报，张雨：题目《叶圣陶的"小题大做"》）。

为了一个看似无关紧要的"到"字召开一次主题讨论会，这"小题大做"彰显了叶圣陶精益求精、恪守职责、严谨自律的敬业精神，令人钦佩不已。看完后，立即查找这故事的出处，重点翻阅了《叶圣陶教育演讲》，没有找到，但是，我相信这故事是真实的，因为演讲录中还有不少此类的事例。再举一例，关于课文注释的，比如，"烟雨莽苍苍，龟蛇锁大江"，有人把"锁大江"注作"长江比较狭窄的地方"。叶圣陶说："这就注得不好，'锁'字很重要，是'扼守'的意思，没有注出来，说的是龟山蛇山夹江的对峙，形势险要。"他又紧接着说，"有的地方单注个别的字不行，要整句注。比如，单注'锁'字，不注'龟蛇锁大江'，意思就讲不明白了。"这何止是在谈编写教材时的注释，分明又是在指引我们的教学：只讲"锁"，而不从整句上理解不行，对课文的意思理解不深，意味不能领会，进不了那个特定的情境中去。编写教材，不只是为了一丝不苟，或者说正是这一丝不苟，让教材与教学融通起来考虑，发挥教材对教学的牵引作用。做任何事，只要认真，只要精益求精，都会有新发现，还会有意想不到的效果。我想，教学的价值意义不就在其中吗?

再举一个例子。叶圣陶说："我们还要要求自己，无论何时不乱用一个连词，不多用或者少用一个助词。说一句话，一定要在应当'然而'的地方才'然而'，应当'那么'的地方才'那么'，需要'吗'的地方不缺少'吗'，不需要'了'的地方不无谓地'了'。"他指出，"这样锻炼好像很浅近、很可笑，实在是基本的、不可少的。"是啊，请听一听，现在不少年轻的影视演员、文艺明星，也包括一些年轻教师，似乎没有"然后"就说不下去，几乎所有的语境都用"然后"来过渡、串联，还有，不断地用"所以"来过渡。叶圣陶好像料到了几十年以后的今天会出现的问题。也许，这还算是"小题大做"，不过，这样的"小题"并不"小"，该"大做"还是要"大做"。

想起了上海教育出版社出版的《小学语文教师》杂志，小学语文教师都喜欢读。杂志每期都有个固定的栏目："问讯处"。问题都来自教师教学中碰到的问题，词典里也不定能给出准确答案，于是都来问编辑老师，于是刊物成了教师的另一种"词典"、另一位能答疑解难的老师。问题都很小很具体，比如，"这儿是逗号还是冒号""'各'的部首是'口'还是'夂'"，等等。又比如："统编教材五年级上册第15课《小岛》中说：'将军知道这儿有鱼不稀奇，也就没说什么，坐下来拿起筷子。'其中的'稀奇'说成'稀罕'是否更好？"编辑在用其他句子比较后，认真地回答老师："用'稀罕'更好些。"显然这位老师在备课时想到了这一用词，他动了脑筋，联系上下文做了比较，并联系当地的地理、物产等情况做了具体研究，或许上课时有学生提出了这一问题。不管哪种情况，师生都在推敲、钻研，体现了一种专业精神。尽管这一用词和整篇课文的教学比起来还是"小"的，但从小处着手，以此切入，可以丰富整篇课文教学，在用词造句的讲究中感受意蕴，体悟祖国语言文字的魅力。同时，正是这一细节的设计与实施，很可能成为这堂课的亮点。"小题"还是值得"深做"，而"深做"意义就大起来了。

想到语文特级教师斯霞在教一年级语文时，《雷雨》课文最后一句话："凉风迎面吹来，好不舒畅啊！"一个学生举手说："这句话说错了，怎么又是'好'，又是'不'呢？多了个'不'字。应该说'凉风迎面吹来，好舒畅啊！'才对。"斯老师告诉孩子，"好""不"连在一起，就是"很""真""多"的意思，"好不舒畅"就是"很舒畅""真舒畅""多舒畅"。去掉了"不"也可以，但是"好舒畅"没有"好不舒畅"来得更舒畅，语气和感情也没有更强烈。几天以后，一个闷热的下午活动，忽然吹来一阵凉风，有个学生脱口而出："凉风吹来，好不舒畅！"

谈了这么多具体的案例，不禁为叶圣陶、斯霞两位教育家和刊物编辑的品格所感动，也一次一次地联想到课程改革，宏大的主旨、崇高的立意、先进的理念、前瞻的设计，怎么能真正落地，而不是"飘"在空中？也一次又一次地想到教师专业发展，有多少要求去努力达到啊，但是专业发展究竟在哪里，又究竟要落在哪里？还一次又一次地想到学生核心素养的培育与发展，不是空洞的、缥缈的，而是具体的、实在的，怎么让素养通过什么去进入学生的心灵，形成文化心理结构呢？

  以上这些联想与提问，大概可以用一句话来概括与回应吧：有的"小题"还得"大做"。

老师，请关注课程方案

《义务教育课程方案》和《课程标准（2022年版）》颁布已近半年了。我所到之处，都会看到校长在组织老师们认真学习，以做好新学期课改的准备。一次，我走进一所学校，只见四五百名老师坐满报告厅，人手一本带有蓝色封皮的"课程标准"。当老师们全体起立时，全场立即变成一片蓝色的海洋；当他们举起蓝色封面的"课程标准"挥手致意时，全场又闪耀着一片蓝色之光，亮丽、沉静而又热烈！好一派课程改革的生动场景！我被感动了，被鼓舞了，也融入蓝色之中，仿佛也投身改革的潮流中，到中流击水，浪遏飞舟。

如果仔细看看，那么你会发现老师们捧着的都是自己任教学科的课程标准，却很少看到有人拿着课程方案。这很正常，如果老师们不关心课标，不了解课标中规定的课程目标、课程核心素养，不知道课标发生的变化以及基本要求，那么怎能把握改革要点并落实在教学中？又怎能教好课、站稳讲台？学科教师，包括劳动、综合实践活动课程的教师，永远是教师的基本身份。课程改革改的是学科课程形态和教学方式，是要重新构建学生的学习逻辑；学科知识尤其是学科的思想方法，将会在学生的素养形成和终身学习中发挥不可低估的作用。值得注意的是，这些要求正具体体现在课标中，因此只有深入领会课标，课改才能把握准、落实好。以往老师们更关注教材、研究教材，而当下能够关注、学习课标，这无疑是一个显著的进步。

最近一段时间，不少地方和学校进行课改培训，邀请我与老师们分享时大多要求讲课标，只有两所学校希望我能讲讲课程方案，尤其要讲讲课改的基本原则。其中一位校长明确地说："教师需要从宏观上把握课改精神，教师的思维方式应当发生变化。"另一位校长更加直截了当地说："给我们讲讲课改的基本原则，教师不能'陷'在课标里。"我听了深以为然，从关注教材到关注课标，是一次进步与提升；而从关注课标到关注课程方案，又是更重要的一次进步与提升。我们应该促进这样的变化发生。

从课程方案和课程标准的关系来看，课程方案是课改的总纲、总设计，它对课标做了总的规定，对课标起着统领作用。假若从这个角度看，教师应当在课改中成为大智者，一如庄子所言："大知闲闲，小知间间；大言炎炎，小言詹詹。"（出自《庄子·齐物论》）闲者，空也，空者，无限大也；间者，正相反，隔也，小也。况且，课改要求进行跨学科主题学习探索，加强课程综合，注重课程关联，这需要教师敞开胸怀、开阔视野、增长见识。因此无论从哪个角度看，引导教师关注、学习课程方案都是正确选择。后来，我以《基本原则：课程改革的风向标》为主题，与老师们分享了我的学习心得。没想到，老师们听得挺认真，也都挺有收获。他们说，课程方案为他们打开了一扇更大的门，使他们看到了课标修订的依据，课标因此变得更宏大、更明亮、更通透了。

老师们的确是大智者，不过应当对他们有引导，让他们在学习和实践中有磨炼，这样才会有新的进步。就拿基本原则来说，它是课程方案中新增加的板块，可见其价值之重大。我们不妨对基本原则的内涵与特点做些分析。基本原则是指导思想的高度凝练，学习它就能准确把握课改的指导思想；基本原则是思想框架，学习它能帮助我们从整体上把握课改的基本思想和核心要义；基本原则是规定的水平标准、要求和规则，学习它能促使我们遵守课改规则、达到规定要求。

一次讲座结束后，一位特级教师拉着我说：您讲的我懂了，遵守基本原则，就是要坚持促进学生全面发展，将以人为本深化为育人为本；就是要坚持面向全体学生，构建更高水平的因材施教体系；就是要聚焦核心素养，面向未来，为创新人才早期培养奠定基础；就是要创新课程改革机制，加强课程综合，注重课程关联，让课改走向常态化；就是要突出实践，践行"知行合一"理念，变革育人方式。他最后概括成一句话：基本原则是课改的风向标，帮助我搭建了一个完整的思想框架。我拍拍他的肩膀，竖起了大拇指。

校长们，还是相信老师吧！他们在课改的引导下会改变自己的，而学会改变自己才能深入推动课程改革。我想象着，憧憬着，仿佛看见在蔚蓝色的大海里，船已开启新的航程，那风向标正指向未来的彼岸。

教师要执行三张课表

一 | 课表是课程育人价值的具体凝练：
我们要增强"课表意识"

20世纪90年代，我被借到教育部参与课程改革工作。一次讨论，有位专家对我们讲了一句话："课改课改，最重要的是研制出一张课表来。"这句话我记忆犹新，虽还可以再斟酌，但至今回想起来仍然觉得一语中的，其中的深意值得回味。

课表，对学校而言，是对课程和课时的具体安排，是教育教学活动的基本依据，保证了学校教育教学活动的有序实施，规定了教师的工作生活轨道。从本质上看，课表是全面贯彻党的教育方针的具体落实和体现，是促进学生全面发展的基本保障，具有鲜明的导向性、严格的规定性。所以，"最重要的那张课表"无论从哪个层面去看，都值得我们重视和认真思考，即需要我们有"课表意识"。

"课表意识"首先体现在对课表结构化的认识上。课表是有层次的。有三张（类）课表我们一定要记住。第一张是国家的，即由教育部研制和颁布的课程类别与科目设置表。各省根据国家这张"大课程表"对课程作具体设置，并对课时作具体安排，也形成一张课表。但这两张课表应归为一类，因为都属于教育行政部门制定的，是上位的。第二张是学校课表，即根据上级教育行政部门的课表规定，将课程开设与实施落实到每个班级和每一位教师身上。教师最在乎这张课表，往往贴在教室最醒目的地方，也贴在自己办公桌的某个地方。这张课表规定了教师一周生活的路线，透射了生活规律。以上两张课表都是显性的，还有一张隐性的，那就是在每个教师心里的课表。那是教师真正实施的，也是自己认为理想的课表。三张课表自上而下，从宏观到中观到微观，从外到内，形成一个层级化的结构，三者紧密关联，是统领与执行的关系。即使是第三张课表，教师内心还是要有根准绳——遵守上级行政部门和学校的规定。

其次，"课表意识"体现在严格执行上。课表属于课程管理的范畴，具有规范性和严肃性，其本质是学校课程管理制度，是学校的"课程法规"，必须执行。因此，"课表意识"的实质是"课程法规意识"。这并不难理解——只有严格执行，才能让课程方案落地，才能让课程标准真正达成；也只有严格执行，学校这部大机器才能正常运转，五育并举、五育融合才能真正落实，产生教育的正能量。值得注意的是，课表除了严格的规定性，还留下了一定的空间，鼓励学校、教师去创造性实施。所以，从学校层面看，全国绝不是一张课表统天下，而是规定性和一定弹性的统一与结合。如此，学校课程改革才会彰显创造的活力和鲜明的特色。

再次，"课表意识"最终体现在育人意识上。这是更为深层的"课表意识"，也是最具目的性的价值追求。关于课程，有一些精彩的比喻。比如，课程原意就是跑道，课程学习是人生的一段旅程，在经历中发现、体验与丰富心灵；又如，课程好比凸透镜，汇聚了人类千百万年来的文明、文化知识，从中选择最具价值的知识传授给学生；再如，课程好比一座桥梁，一头搭建在校园，一头搭建在社会，桥面之宽、长度之长、桥墩之实都关乎学生怎么走向自己的人生与未来。无论何种比喻，课程都指向人这个主体，目的是促进学生全面而有个性地成长，本质是育人方案。当然，课程的这些喻义都会凝聚在课表上，因此，课表是学生成长的坐标体系，是跑道上的一个个驿站，为学生竖起一个个前行的路标。一张课表影响着学生的生活，甚至影响了学生的一生。将课表落实好，才能实现育人的宗旨。

二 国家的意志与要求：
　　我们要理解与把握国家的"大课表"

历数国家颁行的课程设置方案，我们会发现课表总是必不可少。以《义务教育课程方案（2022年版）》（以下简称2022年版课程方案）为例，其在"课程设置"部分列了两张表："课程类别与科目设置""各科目安排及占九年总课时比例"。这两张"大课表"蕴藏着以下重要信息，我们要认真领会和把握。

一是完整认识与把握基础教育课程体系。 基础教育课程体系由三部分组成：国家课程、地方课程、校本课程。这一体系已完整体现在上述两张"大课表"里。在这一体系中，国家课程为主体，地方课程、校本课程是对国家课程的必要拓展和有益补充。我们要充分发挥国家课程的主导作用，同时加强地方课程建设与管理，既不能把课程的重点只放在校本课程建设上，而忽略国家课程的高质量实施，又不能轻忽地方课程、校本课程。否则，就可能对基础教育课程体系产生认知偏差。

二是完整认识与把握国家课程。 国家课程由两部分构成：学科课程与劳动、综合实践活动。学科课程以分科与综合性课程来呈现；而劳动、综合实践活动是活动性课程，更具实践性、综合性和开放性。这两类都属于国家课程，教育部分别研制了各科课程标准和劳动课程标准、综合实践活动课程指导纲要。在执行课表时，有两点我们需进一步明晰：其一，不能只重视学科课程而轻慢劳动与综合实践活动。劳动与综合实践活动有独特的育人价值。其二，劳动课程与综合实践活动，国家规定不编写教材，纳入地方课程开发与管理，但地方也不编教材，鼓励学校发挥创造性、综合实施，体现了因地制宜的理念与原则。劳动和综合实践活动的课程开发以学校为主，但这绝不意味这两类课程的国家课程性质的改变，我们不应降低它们应有的地位。

三是准确理解和把握各类课程的课时安排。课时关乎课程目标的实现和学业标准的达成。对此，国家整体设计、统筹开发，具有科学性和合理性。看懂并执行这张课表，有几点必须准确把握并安排好。其一，义务教育阶段总课时为9522节，这是"置顶设计"，是底线，不能突破。其二，各类科目都有具体课时比例分配，课时有一定幅度，由各省做出具体安排。课时比例不同，有的高达20%~22%，有的安排为3%~4%，最低的为1%~3%。这是由课程内容决定的，但绝不存在"主科""副科"之分。这样的课表充分体现、落实了五育并举的要求。正因如此，我们绝不允许出现占用课时比例较低科目的课时的情况，相反，要让它们从边缘地带走到课程结构中应有的地位来。

四是准确理解和把握综合性课程的课时使用。国家的"大课表"体现了课程综合性的要求。增强课程的综合性，有三种形态。其一是综合性课程，主要有道德与法治、体育与健康、艺术、劳动、综合实践活动。这类综合课程要在实施中充分发挥综合育人的功能。其二是课程综合化实施，如小学一至二年级道德与法治、劳动、综合实践活动，以及班队活动、地方课程与校本课程等相关内容可以整合实施。这需要学校建立相关小组加强统筹安排，让理念成为现实。其三是跨学科主题学习。2022年版课程方案规定，原则上各门课程用不少于10%的课时设计跨学科主题学习。学校要计算出每学期的具体课时数，对跨学科主题学习做出总体规划。

三 苟日新，日日新，又日新：
我们要尊重、严格执行并努力创造性实施学校课表

学校这张课表与我们息息相关，我们与它最贴近也最亲近。这张课表决定着我们学校生活的内容与方式，日复一日甚至年复一年，形成生活的节律。我们必须遵从它，根据它的安排来行动。这样的遵从是有道理的。

要理解课表的科学性。设计和安排课表是一门学问，是教育学、心理学、生理学、时间学等诸多知识的综合运用，体现了学生学习生活的节奏，折射着学生生命运动的节律。课表犹如一个有机体，是学校的一种文化装置，其合理性、适宜性、规律性是可以认知、发现的。说尊重课表，就是尊重规律，对课表怀有敬畏心并不为过。

要遵从课表的稳定性。稳定性源自它的科学性。执行时，要做到"三不"。第一，不随意调课。这门课之所以安放在一定的位置自有它的道理，随意调课定会破坏它的合理性。第二，不能任意停课。课的安排是根据课程设置方案、课程标准和教材来确定的，每一课、每一科目自有它的独特价值，都是达成学业标准的必要的"规定动作"，停课必然会使课程结构、课表结构产生缺陷，"缺胳膊缺腿"的课程不利于学生的全面发展。第三，不允许被占用、被挪用。占用、挪用不仅破坏了课表的平衡性，而且破坏了学生发展的全面性，这是严重的违规行为。只有课表的稳定性得到了保证，才能确保学生的生活处在良好的生态中。

要充分发挥课时价值。我们可以从以下几个方面去着力。其一，着力于课时分散使用与集中使用的协调性。2022年版课程方案里有一条实施意见，

即劳动、综合实践活动、班团队活动、地方课程和校本课程课时可以分散安排，也可以集中安排。比如，综合实践活动课程可把分散的时间集中起来，让学生走出学校，走向田野、社会、实践基地，在相对集中的时间里持续递进地学习。如江苏省南京市拉萨路小学创生的"学程周"，就是每学期将综合实践活动课时、校本课程课时、学科课程课时整合起来，统筹安排，系列化设计，让学习与生活相结合，让学生在现场学习，增强综合素质。其二，着力于长课时与短课时的协调性。小学、中学常规课时分别安排40分钟、45分钟，长于常规课时的课时安排一般称作长课时。而所谓"短课时"，则是短于常规课时的课时安排，如35分钟、30分钟甚至20分钟。学校可在注重学段特征的基础上，考虑课程内容、单元学习、项目学习、综合学习的需要，对常规课时做适当调整，将长短课时结合起来使用。这样的调整对课表设计难度很大，必须在开学前就整体规划好，同时，加强教师之间的协调。其三，着力于跨学科主题学习10%课时的设计与使用。这部分课时的使用建议采用两种方式：一种是按着本学科每一节课的课时进行，即专门安排一节课或两节课进行；第二种是集中多个课时进行安排，这必然涉及有关学科的课时调整与安排。以上三个方面的着力，实际上带来的是一场"课时革命"或"课表创新"，难度虽大，却可以大胆尝试。

四 | 把课程"做"出来：
内心那张课表的坚守与创造

教师心里往往有张自己的课表，我们不妨将它称作"我的课表"。"我的课表"有两种情况值得注意。一是"我的课表"即"我的课程"。一些教师想将"我的课程"放大，放在课表的突出位置，安排在最佳时间，甚至希望多增加一些课时。这样的想法体现了教师高度的责任心，也体现了教师不怕吃苦的精神。但是，这样的想法反映了其还缺少课程的结构意识和育人的整体意识，在充分彰显"我的课程"价值的同时，很容易破坏课程的均衡性，不利于课程育人合力的形成。二是也有教师提出大胆设想，把"我的课程"集中一段时间教完，以比较一下集中教和分散教的优和劣。作为一项试验不是不可以，但关乎学生发展的试验或实验有别于自然科学实验，应当慎之又慎。假若不考虑教育实验的特点，做这样的考虑一定会忽略学生课程学习的节律性和科学性，造成学习内容的单一，损害课程分布的正态性，影响学生身心的全面发展。无疑，这种"我的课表"也是要不得的。这里提出一个教师专业发展值得关注的问题，要实现转型：从学科走向课程，从学科教师走向具有课程意识的教师，亦即从"我的课表"走向"我们的课表"。

"我的课表"抑或"我的课程"也表达了教师改革、创造的愿望。这样的愿望至少表现为教师对理想的追求。这种理想表现在两个方面。一是追求更能体现改革、创新理想的课表。教育家苏霍姆林斯基曾有过关于"两种教学大纲"以及"上午上课下午活动"的课表论述及实践。教师的内心也会有这样的想法，对这样的设想我们应当给予肯定与支持。不过，这样的"大动作"难度较大，涉及学校改革整体设计的事。二是"我的课表"不妨从学科间的打通与融合着手，即主动打开学科边界，主动伸出友谊、合作之手，进行跨学科主题学习的研究。这样的改革当然也应有张课表，虽然很难一时就能呈现在课表里，但教师的心里一定要有这样的一张课表。我很想给这张课表取个名字，比如"交界上的对话者"。这样的课表和课程，或许会永留学生心里，成为难忘的课程。

再往深处去思考，"我的课表"意味着教师心里应当有三种图谱。这三种图谱是理想课程在课表里的凝练。第一种是时间图谱。课时是课表、学程的

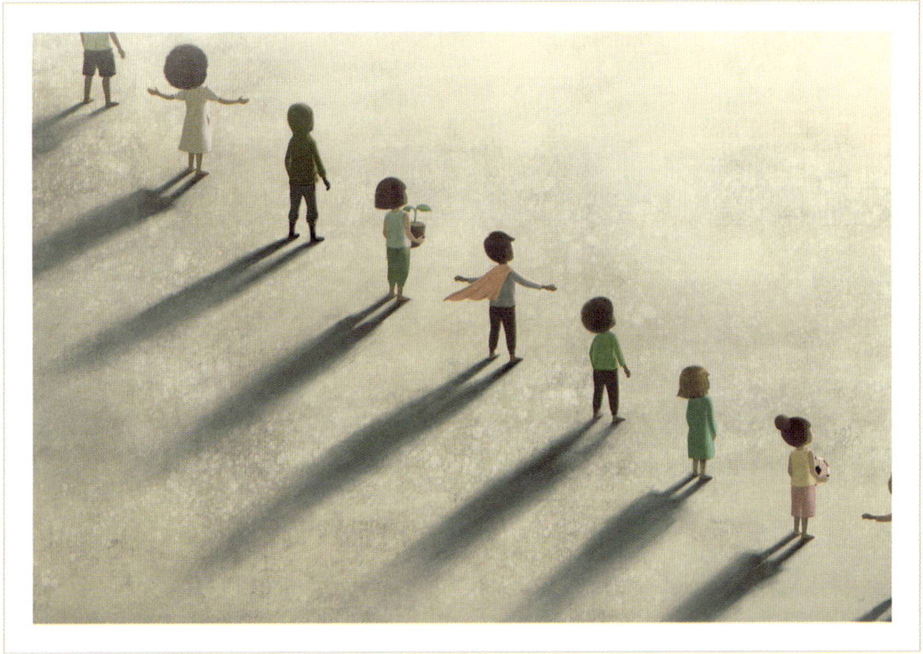

教师伟大吗？用《教育的勇气》中的观点来看，伟大是指"求知者永远聚焦其周围的主体"。教师正是永远的求知者，他们在求知与教育的过程中，培育着自己丰富的精神，而具有丰富精神的主体一定是伟大的。

一个极为重要的变量，时间进入课堂这一空间，空间才会有意义的产生与流动。我们应当从课表安排的讨论，开始建立起一门学问：时间管理学。课表里充满着时间管理的知识与理念，一个会研制课表、遵从课表、创造"我的课表"的教师会成为时间的主人。第二种是生活图谱。课表规训了师生的生活，充溢着生活的意蕴，是师生的"生活方案"。从某种意义说，我们在课表里教与学，就是在课表里生活着。这样的生活既是有规范的，又是丰富多彩的。第三种是文化图谱。课程是文化的载体，承载着文化传承与发展的任务，其本身就是一种文化形态。课表是对课程文化理念的体现，透过课表我们感受文化，文化在课表里流光溢彩，照耀着课程，赋予时间以意义，让我们内心明亮起来——原来课表有着如此深刻的意蕴。

劳动礼赞

我们赞美劳动。我们歌颂劳动教育。

劳动是座灯塔，照亮了人类古老的历史，也照亮了人类更加美好的未来，当然也照亮了人们隐秘的心灵。劳动教育好比播撒种子，播撒的是道德的种子，是文化的种子，是奋斗、奉献、创造精神的种子。一颗颗种子将会萌芽，长成好大一棵树，长成好大一片壮阔的森林。

我们赞美劳动，因为劳动最伟大。但是，我们不是因为伟大才去劳动，恰恰是因为平凡才热爱劳动。平凡生出伟大，这才是对劳动价值的深刻认知。赞美劳动，赞美的是劳动的价值。那么，劳动的价值在哪里呢？劳动的价值就在劳动本身。但是，只有劳动着才会让劳动真正有价值，因为劳动着，劳动的价值才会"活"起来，才会凸显出来，我们才会获得并内化为自身的价值。不言而喻，实现劳动价值需要开展劳动教育。劳动教育的目的在于引导中小学生热爱劳动，"使学生能够理解和形成马克思主义劳动观"，牢固树立正确的劳动价值观念。显然，劳动教育的核心应当是价值体认。

我们要礼赞马克思主义劳动观的价值意蕴

马克思主义认为，劳动是人类社会独有的、自觉的对象化实践。正是劳动创造了世界，创造了财富，创造了生活，创造了幸福，同时也创造了人。马克思指出，人通过劳动改变身外的自然，还同时改变他自身的自然，"使他自身的自然中沉睡着的潜力发挥出来"。恩格斯认为，"生产劳动给每一个人提供全面发展和表现自己全部的体力和脑力的能力的机会"。正是在这个基础上，人类创造了教育，并创立了教育与生产劳动相组合的原则，也创立了人全面发展的教育原理。综上，我认为，马克思主义劳动观的价值意蕴就在创造世界与发展人这两个方面。

同时，马克思主义劳动观的价值意蕴还体现在指明了劳动的价值方向，以及由此带来的劳动的宗旨——"追求公平"。为谁劳动，为谁辛苦，为谁奉献，劳动目的观透射了劳动的价值方向，"为了工人，为了所有人生活的美好与幸福，才会有永恒的价值"。这一切，都应当让学生在劳动中感受、体认并认真践行。

我们要礼赞马克思主义劳动价值观中国表达的价值意蕴

劳动创造是中华民族的美德。无论是"锄禾日当午，汗滴禾下土""春种一粒粟，秋收万颗子"的古典诗词，还是"太阳光金亮亮，雄鸡唱三唱，花儿醒来了，鸟儿忙梳妆，小喜鹊造新房，小蜜蜂采蜜忙。幸福的生活从哪里来，要靠劳动来创造"的当代童谣；无论是古代补天的女娲、移山的愚公，还是当代的钻井工人王进喜、"杂交水稻之父"袁隆平等，都让我们真切触摸到劳动这一中华民族优秀的传统，都让我们深切感悟刻苦、勤劳、节俭、奉献、创造这些中华民族的崇高品质。正是深植中华大地的劳动实践，中国特色的劳动价值观才得以形成。

那么，中国特色的劳动价值观是什么呢？在2018年全国教育大会上，习近平总书记关于加强劳动教育有这样的阐述："要在学生中弘扬劳动精神，教育引导学生崇尚劳动、尊重劳动，懂得劳动最光荣、劳动最崇高、劳动最伟大、劳动最美丽的道理，长大后能够辛勤劳动、诚实劳动、创造性劳动。"这段话是对中国特色劳动观、劳动教育价值观的深刻揭示和精辟概括，是马克思主义劳动观、劳动教育价值观的中国表达，是马克思主义劳动观、劳动教育价值观中国化的成果。

我认为，中国特色的劳动观、劳动价值观的核心是弘扬劳动精神，所以我们要帮助学生确立这样的共识：劳动精神是民族精神与时代精神的集中体现，其关键是确立劳动观念，即树立劳动最光荣、最崇高、最伟大、最美丽的观念；其重点是养成劳动品质，即崇尚劳动、尊重劳动；其目标要求是长大后能辛勤劳动、诚实劳动、创造性劳动。这些都需要引导学生在劳动中深刻体认，并转化为行动。

我们要礼赞劳动促进更高水平育人体系建构的价值意蕴

中国的发展要求构建高质量的教育体系，而高质量的教育体系说到底就是高水平的育人体系。高质量教育体系和高水平育人体系需要从不同维度构建。其中，劳动教育将在其中发挥不可或缺、不可替代的重要作用。

"五育"并举，劳动教育要加强。劳动教育的加强，推动了"教育与生产劳动相结合"这一现代教育基本原则的建立和实施。"'教育与生产劳动相结合'的实践，就绝不可以将劳动教育与科学文化的学习看成是彼此排斥而非相互促进的关系"[①]，恰恰相反，为了让教育更完整，育人体系要在更完整的基础上迈向更高水平，从而培育"社会主义合格建设者和可靠接班人"。

"五育"融合，劳动教育要发挥激活与增强的作用。劳动教育具有树德、增智、强体、育美的综合育人价值。把劳动教育纳入人才培养的全过程，与德育、智育、体育、美育相融合，紧密结合经济社会的发展变化和学生生活，全面探索育人规律，在"五育"融合中促进学生核心素养的培育与发展，促进学生创造性人格的塑造，在创造性劳动中破解一些"卡脖子"问题。这一价值不可低估，应当高扬。

劳动教育应当成为落实立德树人根本任务的一个重要切入口和生长点。时代新人要有理想、有本领、有担当。毋庸置疑，辛勤劳动、诚实劳动、创造性劳动正是培养"三有"时代新人的应有内涵，也是培养"三有"时代新人的重要途径。立德树人可以有不同的切入口，有不同的实现方式。显然，从劳动教育切入，可以有新的突破，并由此逐步构建不同的实现范式，促进育人体系的完整和育人水平的提升。

---

① 檀传宝. 何谓"教育与生产劳动相结合"——经典论述的时代诠释[J]. 课程·教材·教法，2020，40（1）：8

让劳动真正发生

价值体认是一个价值经历、价值澄清与价值引领的过程，这一过程应当在实践中完成。没有真真切切的劳动实践，学生就不可能有实实在在的价值经历，也不可能有明明白白的价值澄清，当然，价值引领也将成为一句空话。

厘清劳动教育中有关问题，推动劳动实践，让劳动教育真正发生。

关系一：劳动与劳动教育。有人提出过这样的命题："劳动就是劳动教育的最佳方式。"[1] 这句话强调劳动教育必须有劳动，劳动教育必须在劳动中进行，补上劳动教育短板，不能离开劳动。但是，如果不能全面阐释，这一命题很可能会陷入一个误区，也自然产生另一个命题：有劳动就一定有劳动教育吗？答案是否定的。劳动教育是教育方针的重要组成部分，具有鲜明的育人功能。教育是价值学习的过程，劳动教育的核心是价值体认，缺失价值经历和价值体认，劳动的育人功能便会消失；教育是有目的、有计划的活动，通过课程内容与途径方式去实现，倘若劳动教育缺失这些元素，便称不上是教育。因此，加强劳动教育，必须加强劳动，同时必须让劳动有教育的规定性，进行充分的文化意义建构，以彰显其独特的育人功能。

---

[1] 王珺.劳动就是劳动教育的最佳方式［N］.中国教育报，2020-05-21（11）

关系二：劳动与体力劳动。 众所周知，劳动包括体力劳动和脑力劳动，这两种劳动都必须加强。但是不争的事实是：学生的脑力劳动过度，并且已经发生了扭曲，甚至被异化；学生的体力劳动被边缘化，几乎被从劳动范畴中赶出来。当下，学生劳动是不完整的劳动状况必须改变，所以中央的文件和教育部的纲要都强调劳动教育要以"体力劳动"为主。假若，我们的劳动教育仍然坚持认为，在以体力劳动为主的同时，不可忽略脑力劳动，不可忽略文化知识的学习。这在理论上虽然是说得通的，但是有可能影响以体力劳动为主这一决策，体力劳动的短板始终将得不到改变。当然，以体力劳动为主，并不意味着不要脑力劳动，所以中央意见明确提出，要手脑并用，"劳思"结合，劳动教育要与文化知识学习相融通。

关系三：传统劳动与现代技术支持下的劳动。 教育部的指导纲要指出，中小学要以使用传统工具、传统手艺的劳动为主。这一要求的意义十分深刻：传统劳动中有着深厚的文化积淀、深沉的精神追求、良好的态度和品质，这是我们共同的文化记忆，这样的文化记忆将会成为一种力量，推动技术创新、培植创新精神。随着技术的发展、时代的进步，劳动的形态，包括技术、工具和方式也会随之发生变化。但是，劳动价值不能变，劳动精神不能变。传统劳动所积淀的文化是人类宝贵的文化财富，将带着我们创造新技术、新工具、新样态，并从中发现传统劳动的文化印记。

关系四：个体劳动与集体劳动。 大凡劳动，一定有个体劳动和集体劳动两种类型。个体劳动具有自主性、独立性，并由此诞生慎独的品质；集体劳动具有合作性、分享性，并由此诞生沟通、协作的品质。个体劳动是集体劳动的前提与基础，一个不会进行个体劳动的人，是很难在集体劳动中获得存在感、自豪感的，而集体劳动是个体劳动的升华。两种劳动都具有智慧性和创造性，所以两种类型的劳动学生都应经历、都应接受锤炼，从而在两种劳动中认识完整的劳动世界，建立完整的劳动图景。

　　劳动实践中存在着一些不良的，甚至是错误的现象，扭曲了劳动的原形，妨害了劳动育人宗旨的实现，必须坚决克服和扭转。

　　首先，要努力克服"替代性劳动"。劳动是无法替代的，替代性劳动削减了劳动的本义、异化了劳动的目的。我们常常会发现这样的现象：家庭里应由孩子承担的家务劳动，全部由父母、祖辈或阿姨承担，孩子缺乏基本的自理能力；学校里应由学生承担的班级卫生劳动，全部由教师和家长代劳；校外的劳动实践被父母包办，学生只需拿着劳动报告单交给学校。这种替代性劳动有百害而无一益，养成了学生不劳而获、坐享其成的恶习。让学生学会劳动，养成劳动习惯，从禁止替代性劳动开始。

　　其次，要努力克服惩罚性劳动。习近平总书记指出："劳动是财富的源泉，也是幸福的源泉。人世间的美好梦想，只有通过诚实劳动才能实现；发展中的各种难题，只有通过诚实劳动才能破解；生命里的一切辉煌，只有通过诚实劳动才能铸就。"实现自我人生价值目标而产生的幸福感和愉悦感，会进一步激发劳动者的创造激情。这一道理非常深刻。但在实践中，劳动常常被教师当作惩罚学生的手段和工具，少做作业、考试成绩不理想、犯错、逃课……都用劳动来补偿。这种惩罚性劳动，学生哪有幸福感、愉悦感？哪能养成诚实劳动的态度和品质？不仅不能，往往还适得其反。惩罚性劳动异化了劳动的本质，必须坚决摒弃。

　　再次，要努力克服"装饰性劳动"。劳动是人类最美的姿态、最美丽的风景，这样的姿态和风景是真实的、自然的，是在矛盾过程中透射出来的。劳动是一种自觉行为，没有展示，更没有表演的功能，一旦展示、表演，劳动就会变形，也会变味。值得注意的是，有些学校为了显示劳动教育的成效，让学生表演劳动、"秀劳动"，这同样与劳动的本义相悖，不利于培养学生的劳动精神、品质和习惯，应当警惕、摒弃。

最后，要努力克服无工具的劳动。 恩格斯指出："真正的劳动……是从制造工具开始的。"正是工具将人与动物区别开来，与动物揖别。工具是劳动的象征，工具意味着创造。学生劳动时应该手中有工具，并从学会使用工具开始。对工具的珍惜是对劳动的尊重，是对创造的尊重和追求。假若，学生手中无工具，就失去了劳动的对象，让劳动成为一种"坐而论道"的空谈。让工具体认伴随着劳动，发出异样的光彩来。

教师托起课改的未来

我们仿佛站在历史的门槛。时代风云际会，我们绝不会停留在过去沉湎怀旧，而是透过风云看未来。我们坚信，只要足够努力，未来不会让我们失望。生活不会欺骗我们，是因为未来不会欺骗生活。

瞭望2023年的基础教育课程改革，瞭望总是希冀有一个明确的答案。课程改革的未来在哪里？答案肯定不止一个，而且会多种多样。因为不同的视域可以形成共识重叠。但所有答案应当有个核心，如果要我回答，我会毫不迟疑地说，课改的未来在教师手里，教师是课改未来的创造者。

道理并不复杂。

党的二十大提出将"人才作为第一资源"，"人才强国战略"将人才抬升到强国战略地位。在这样的战略格局下，我们对教师应当有新的定义：教师是教育改革发展的生力军、主力军，他们既要培养拔尖创新人才，自己又是正在成长中的拔尖创新人才。

2022年，教育部印发《义务教育课程方案和课程标准（2022年版）》，既充满对现实的关切又满溢着对未来的观照。新课标明确指出要以深化教学改革为突破，强化学科实践，推进育人方式变革。这一系列变革落地的最终落脚点还在教师。不难理解，教师是课程改革的实施者，更是课程改革的创造者。课改以来的一切都生动而有力地诠释和印证着改革的逻辑：有什么样的教师就会有什么样的课程，有什么样的教师就会有什么样的教学。

课改的一切究竟有没有真正发生？如果发生了，变化到了什么程度？究竟怎样让课改深化，朝着预期目标迈进？我坚信一句话，走进课堂去看一看。课堂是一块聚集地，所有课程都在课堂上集合；课堂又是一块高地，贯通、融合在课堂里生成。课堂是真课改、假课改的分水岭，是以核心素养为导向的试金石，是学生成长的主阵地。

今天的课堂与过去大不一样，如果我们将所有的精力都投放在课改的设计上，而有意或无意忽略了课堂，那么课改就很有可能收不到预期的效果，甚至适得其反。所以，课改的未来很大程度上是在课堂。

论及课堂非谈教师不可，始于2001年的第八次基础教育课程改革确立了课堂教学改革的根本尺度——教是为了教会学生学会学，教学应该以学习为中心，教是为了不教。学生的"学"一下子站到了教学的潮头。但这并不妨碍教师的"教"，只有"学"而无"教"不是真正意义上的教学，教是为了不教是从本质上体现教的最高和最终价值。所以，课改的未来在课堂，归根到底在教师。

可扪心自问，我们对当下教师究竟怎样度过日复一日的课堂了解多少？他们有困难、纠结、可能处于困境之中吗？他们曾经想到过什么，又在想什么？等等。不能说我们对此一无所知，但也不能说我们知道得很清楚，用若明若暗描述可能比较准确。倘若我们对教师的课改若明若暗，我们该怎样和他们一起共克难关？

于是我有个想法，在岁末年首讨论课改的未来，能不能站在教师的立场为他们解决课改中遇到的问题提供方法策略，给予他们多一点理解和支持。

我以为，当下教师推进课改处在几个难题中：其一是学科育人、教学育人如何科学有效地落实在教育教学全过程？教师都清楚，课堂教学要发生根本改变必须从以知识为中心转向以核心素养为导向，通过核心素养的培育与发展落实育人根本问题。

这里要与教师商量几个基本问题，形成一些规则：一是从总的方向上把握好。学科育人、教学育人必须基于学科特质，充分开发学科独特的育人价值，而不是远离学科另搞一套。二是学科育人、教学育人首先是加强学科"育德"，要帮助教师明确学科育德是一道必答题而非选答题，也不是一道附加题。三是学科育人、教学育人重在处理好知识学习与育人的关系，知识包含着充分的育人元素。课改不是排除知识，相反，作为人类认识成果的结晶，知识是理性、智慧、逻辑以及隐秘情感的载体与化身。知识本身蕴含着育人价值。问题是如何让知识"活"起来，"活"在研究问题、解决问题的过程中。四是学科育人、教学育人是一个完整的概念和过程，它以整体性、结构性的力量培育人，不仅是思政、道德教育，还包括细致、认真、专注的态度，理性思考的能力，与他人合作的精神，等等。这是教师碰到的一个难题，我们应帮助他们在学科教学改革中走向育人深处。

教师碰到的第二个难题是几个方面的挑战汇聚在一起，有时候可能会造成多方"夹击"的状态。一是"双减"政策的深入实施。无疑"双减"让教育回归育人主体、回归教育生态、回归教育规律，我们已经在这些本质与核心问题上取得了重大进展。但我们是现实主义者，以客观、理性的态度实事求是地分析，发现伴随着"双减"的深入随之也产生了一些新问题。如学生在校时间过长，教师几乎所有时间都被填满，很少有时间和精力研究课改问题。这些问题教师该怎样妥善处理？二是疫情。我们即将步入"后疫情时代"，这三年学生几乎是在疫情中度过的，学习志趣、态度、情感、方式以及意志品质、价值观都悄然发生了变化，并"悄悄地"却又"重重地"潜伏下来，沉淀在文化心理结构中，总有一天会慢慢地、逐次地甚至一下子暴露出来。一个严峻的事实是，我们从现在起如何时刻准备应对这些问题的出现。三是新课标中规定了有关学习方式、学习活动的内容，这些要求是必需的。但问题在于怎样通过研究落实？诸如此类，我们都得去迎接、研究、落实到位。问题还不止于此，还在于三个问题的叠加，相互影响、互相碰撞、相互激荡。

这些难题不妥善解决，课改还能深化吗？课改的未来不在回避这些问题，恰恰是在解决问题的过程中。对此，我们想到了吗，想通了吗，有对策了吗？这一切都将由教师去面对和解决。

课改的未来在教师，课改的未来在解放教师。现实中教师承担了许多事务性工作。在一次聊天时一位校长告诉我，很长一段时间教师只是把课改当作"顺便"的事儿，他们的精力已不在课堂教学上了。这多么可怕！不能不引起我们足够的重视。

当然，我们可以拯救自己。不久前的一天晚上，我读美学家宗白华先生的作品，联想到那位在艺术广场悠然散步的老人是那么令人神往。当晚，我在似睡非睡中仿佛看见，宗白华与写《断章》的卞之琳先生相遇，且相谈甚欢。我曾在卞之琳母校江苏省海门中学刻有《断章》的图书馆前驻足凝视许久。我想，中国美学不只在于传递学科知识，还在于培育和提升人的生命境界。我相信，中国美学精神会让课改更灿烂，会让我们看到别样的风景，因为中国教师身上满溢着中国美学精神！

第四辑
用方法创作自己

方法是人创造的，更要把自己当作方法。"把自己当作方法"凸显了人的主体性、能动性和创造性。解决问题的过程，同时也是改变自己、创作自己的过程，只有把自己当作方法，用方法创作自己，才能让人去创造一切。这是构造审美人生的方法论。

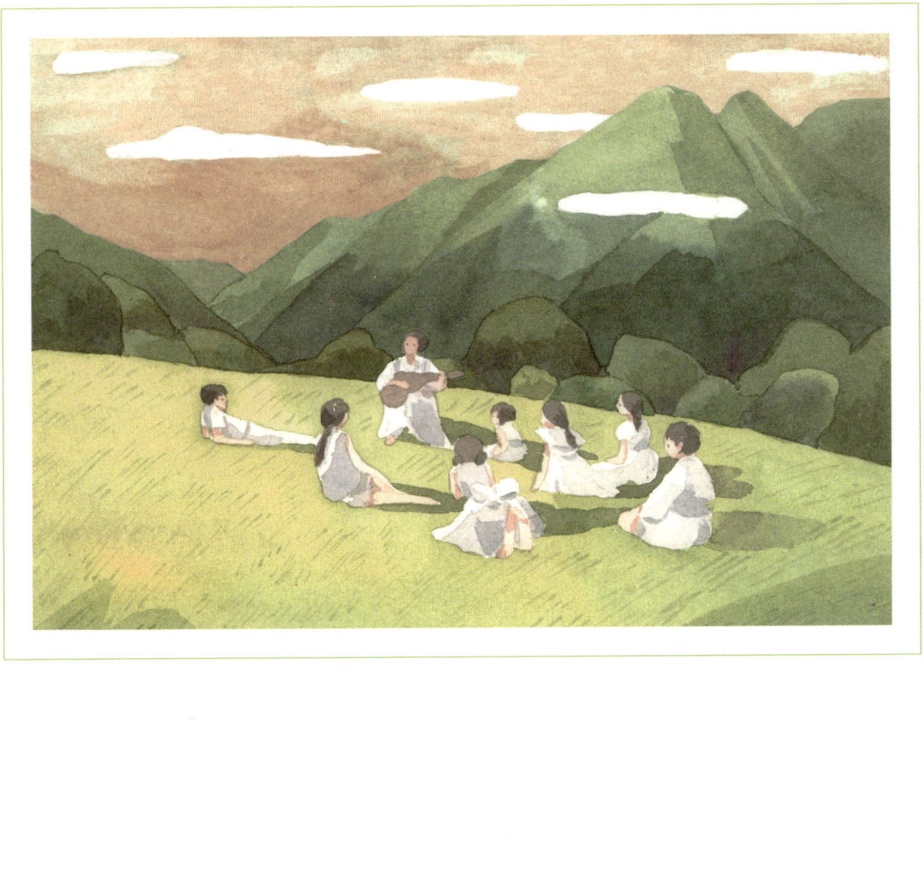

杜威说："兴趣是通过具体的活动满足我们的冲动，并反思这种冲动的价值。"我理解，所谓"冲动"是一种情感冲动。这种冲动可以用"游戏冲动"来解释。"游戏冲动"可以带来创意、带来创造，人是需要"冲动"的。

教师颂：教师—人才

常常默诵一首散文诗《体育颂》：啊，体育，你就是美丽；你就是正义；你就是勇气；你就是和平……

默诵时自然还会发出声音，那声音在内心回响。每次吟诵都会想，我们还应写"教师颂"。事实是，已有不少人写了多姿多彩的"教师颂"，但是，总觉得还不够味，还没有像"体育颂"那样直击人的心灵，飞扬在蓝天之上，并为各行各业的人所传诵。

不过"教师颂"怎么写还真的无所谓，写什么才是最本质最核心的。我以为"教师颂"最本质最核心的是：教师——最为宝贵的特殊人才。因此，"教师颂"应当是"人才颂"，是新时代的"英才颂"。

这是党的二十大对我们的召唤，是时代赋予教师的使命。"教师颂"在新时代的浪潮中已经响起，我们呼应之，回应这伟大的时代。党的二十大报告指出："人才是第一资源"，中华民族伟大复兴要实施"科教兴国、人才强国、创新发展"三大战略，"教育、科技、人才工作"一体化布局。习近平总书记在全国人才工作会议上还指出，创新驱动发展，本质上是人才驱动，因此，在各类资源中"人才是第一资源"。无论是历史，还是现在，抑或是未来，谁占领了人才高地，谁才能真正成为世界创新中心，引领国家和世界的发展。

中华民族正处在一个特殊的伟大变革时代，中华民族伟大复兴的中国式现代化建设、世界百年未有之大变局，对人才的渴求从来没有像今天这么强烈、这么急切，这么具有战略性和挑战性。人才强国战略的确定，让我们从新的、更高的视角来重新审视人才，甚至可以重新定义人才。"天将降大任于斯人也"，让我再次感受到以天下为己任、做胸怀国之大者的强烈震撼。我的领悟是，如今我们需要重塑人才观、教师观，唯此，才能真正为人才强国战略的落实提供可靠的基础性保证，才能为中华民族伟大复兴提供战略支撑。

我们早就形成了教师观，从古至今，对教师的价值有多种的认识与界定。这些都有道理，都对，我们都应坚守，但是，今天我们完全有必要换个角度更深入地思考。人才强国需要各级各类人才，"360行"是个具有覆盖性的概括。但是，我搜索过，似乎至今还没有真正将教师纳入人才的范畴，认为其只是个培养人才的人，而自身则不一定是人才。人才观这座远航灯塔之光当然还应照亮教师，在浩浩荡荡的现代化建设的大军中，教师是其中闪烁着独特光彩的一支。我们应当有这样的使命觉醒：教师应当是人才，是各级各类人才中不可或缺的人才。无疑，将教师纳入人才范畴，让我们从人才的视域来沉思与界定"教师——人才"的意义，是教师观的重大进步，是对教师事业价值和使命的再审视、再认定、再提升。

教师是具有独特性的人才。其独特性在于以下几个方面。其一，作为人才的教师是培养人才的人。教师的立德树人、教书育人为的是培养人，提高人才培养质量。人才需要培养，从学生到人才是一个教师教育之下人的成长过程。这一过程具有不可替代性，即若缺失这一过程，学生的特质虽仍然还在，但不可能产生从学生到人才的超越。人的超越性是通过教师的教育实现的。将今天的学生培养成人才，这是无可辩驳的事实与共识，如果将培养人才的教师自觉不自觉地排除在人才之外，显然是认识上的误区。可以说，世上再也没有比把培养人才的教师作为人才更伟大更急迫的事了。这并非言过其实，而是因为长期以来我们对此熟视无睹。"教师——人才"，我们应在人才观中赶快觉醒起来。其二，作为人才的教师工作是创造性工作。尽管国家规定的课程、教材充满规定性、确定性，但实施的过程却充满着诸多的不确定性，教师正是要通过教育教学让不确定性逐步确定下来，再从确定走向新的不确定。这不只是个技术与方法的问题，更是一个创新创造的过程。教师的教书育人永远充满着想象力，时刻飞扬着新的思维和新的思想。换个角度思考，人才的完整含义是德才兼备，其特质则是拔尖、创新。教师工作的性质、任务、特点彰显出来的既是德才兼备的共性要求，又彰显了创新的品格、能力。教师的创造性、创新性显然与科学家、科技领军人才以及卓越工程师表现的方式和呈现的形态不同，但却是真真切切地存在着的特殊人才。其三，作为人才的教师更多的是指教师这整个群体。这正是作为人才的教师的鲜明特点，但这绝不意味着作为人才的教师个体不能成为人才。姑且不谈那些教育家、教育名家，即使是优秀教师以至普通的教师中，孕育并"隐藏"着多少人才啊！他们不是战略科学家，却像战略科学家那样深刻思考、长远谋划学校或班级的发展，为学生发展构造"理想国"；他们不是科学家、发明家，却像科技领军人才那样设计各种跨界的主题学习活动，带领学生奔赴那闪着异彩的目的地；他们也不是卓越工程师，不是大国工匠，却像工程师、大国工匠那样刻苦钻研、深入探索、悉心研究，无微不至，默默奉献，像绣花一样让蓓蕾绽放……真的，教师是人才。

人才强国战略，让我们把立德树人工作与人才培养紧密联系起来，让"教师——人才"观念建立起来、增强起来。这不是自封的，而是时代赋予的，我们应当有这样的自信；这不是空洞的，而是实实在在地存活在教育教学活动中；这不是标签，而是使命，也是价值的自我超越与跃升。所谓的"教师颂"

倒不在文字上，不在朗诵中，而是在专业成长和人才培养工程中写就并唱响。只有把自己当作人才，或者说让自己的专业发展过程成为人才成长的过程，才能为国家培养出栋梁之材。

"教师颂"响彻在教师的灵魂深处，也将飞扬在群星闪烁的天宇！

"把自己当作方法"

前段时间，直至现在，学界有句话很流行："把自己当作方法。"直觉告诉我，这见解独特，含义丰富深刻。当时我就想：有道理，完全可以用在教育研究与教师专业发展上。但是，其价值指向与内涵还不清楚，如果只是凭感觉和想象来迁移不行。通过搜集有关资料，终于有了一些理解。

《把自己当作方法》，原来这是一本书的名字，是项飙先生的新作，他是人类学者、社会学者。他用"新的眼光"——杜威就是常常以这样的眼光来审视、解释教育的——看待社会，不少人，尤其是年轻人盲目向"中心城市"聚拢，几乎成了一股潮流。在这股潮流冲击下，乡土都被"边缘化"了，在地文化很有可能不断被稀释以至消逝。面对这一现实我们该怎么办？于是他形成了这一观点，并界定为这是一种方法论。其要义是，如果这种现象不研究不改变，人们的文化心理趋向和价值取向会发生扭曲，会给社会文明和地域发展带来许多困境；解决问题的关键在自己，正确认识自己，面对现实，持守一种实然的态度；不仅如此，还要相信自己，依靠自己，通过自己来改变自己，并强调主体间性的力量，若此，任何地域都可以成为"中心"，这是一种心理逻辑和认知的自洽，能形成自己内心真实的主体叙事。这种方法论可以解放自己，可以创造新的世界。

"把自己当作方法"这观点我很认同，而且如果将这一理论迁移到自己的专业发展上来，不仅是可行的，而且对带来新思路肯定也是有效的。科学间的互通互融为我们开启了另一扇窗，开辟了另一个通道。一如黑格尔说，"每个个体，凡是在实质上成了比较高级的精神的，走过'人类精神发生'这样一段历史道路的"，这是一种理性，其"本质上原来就具有的一种遗产，确切点说，乃是一种工作的成果"。从这个角度看，"把自己当作方法"是人类文化的"遗产"，是我们共同享受的成果，它具有人类学、社会学意义，也具有教育学意义。值得注意的是，在迁移过程中定会生成新的意义。

　　首先，我认为"把自己当作方法"这一方法论有个理论前设：人是主体。但不是在任何情况下人都可以成为主体的，只有当人成为活动的发出者、参与者的时候才可能成为主体。"发出""参与"的过程是确认自己、发现自己、创造自己的过程。不难理解，"把自己当作方法"，核心是把自己当作主体，开发自己的内在动力。亚里士多德曾经把能为其他哲学提供基本概念和基本规律的哲学叫作"第一哲学"，俞吾金还提出人生"第一动机"——追求真理，我想，把内生动力叫作人生发展的"第一动力"是完全可以的。只有"把自己当作方法"，才能开发"第一动力"，进而在"第一动力"的驱动下，才能用自己的力量，即通过自己来解决问题。以此我们可以反思一个问题："把自己当作目的"对吗？哲学家们都说人是目的，人是社会发展的根本尺度，但"人是目的"并不意味"我就是目的"，如果"把自己当作目的"，那么就让自己发展走进怪圈，而把国家、民族之"大我"丢在一边。我坚定地认为，"把自己当作方法"是对"我就是目的"的反思与改进。

　　其次，"把自己当作方法"是一种思想方法，而不是一般的方法。这一思想方法的本质是如何正确地看待这个世界、当下的社会以及眼前的现实。思想方法的核心是正确的价值观。价值观是建立在观价值基础之上的。价值观决定着人生的意义和格局，也决定着人们认识事物的方向，并对事物进行价值判断，由此逐步确立自己的理想信念。其次，反思自己，是"把自己当作方法"的基本方法。反思自己，可以反身抽离，客观地审视自己，让自己更开放，也更理性，因而也才能客观地认识世界，探索未知，在把握现实的基础上创造生活的意义。

第三，"把自己当作方法"让自己在主体间性中学会沟通、协商、对话，视同解决问题。思想方法超越了技术性的方法，实质是一种思想武器。有的教师的专业发展之所以发生停滞，没有进展，正是因为缺失这样的思想方法。

"把自己当作方法"促进并帮助构建起一种哲学——做的哲学。方法的实质便是做，便是实践，坐而论道的方法是不可取的，知行合一才是行事的原则。英国哲学家加里·考克斯在《做哲学》的导语部分非常明确地指出，在什么是哲学的问题上充斥着大量争论，如同一张布满不同观点的巨型之网，"然而，我的观点是，做哲学或成为一名哲学家，你甚至无须知道其中的任何一个争论……哲学，与其说是一个知识体系不如说是一种行动"。他还比喻，"在某种程度上，你只要拿起一个网球拍，打几个球过网，甚至是下网，你就是在打网球了"。显而易见，"把自己当作一种方法"就是做的方法，让自己行动起来，球能过网固然好，但下网也没关系，因为你在打网球——你在做，你在行动，你在改变自己。

囿于篇幅，我无法在这篇小文里展开谈教师专业发展和教育研究中的"把自己当作方法"，但没关系，以后我们有机会。

"把眼睛当作手"

去年去苏州大学附属吴江学校参加张学青老师领衔的名师工作室启动仪式。张学青是在全国有着重要影响的小学语文特级教师。记得一位资深媒体人，曾经是《中国教育报》课程周刊的主编，在听了张学青的一堂语文课后，对我说："这是我至今为止听到的最好的一堂阅读课，好在典型和理念的落实。"我相信这位主编的评价是真诚的，我也很认同。这次去，学青老师赠我她关于语文教学的新作，属典雅精品。书中引用了画家吴冠中先生的一句话："把眼睛当作手。"这句话让我眼睛一亮，学青老师还向我做了解释。我一直记着，也一直思索着这句话的含义。

"把眼睛当作手"，是吴冠中散文中的一句话，收录在他的集子《画眼》中。画有画眼，文章有"题眼"，报纸有"报眼"，学科也有眼睛，教育社会学家吴康宁先生称其为"学科之眼"。总之，眼睛非常重要。它的功能无法代替，它的价值不能低估，把眼睛擦亮，我们才能看到、看清一切，观察整个世界，而且把万象装在心里。这样，视野广了，格局大了，才会是个眼明心亮的人。对这些意思我们多多少少还能理解，但是，究竟怎么理解"把眼睛当作手"呢？其深意需要阐释。

吴冠中说这句话的含义是比较丰富的。首先，他是在匡正一种观念。在传统理念中，总认为艺为上，而技为下。对技的轻视、忽视，是不对的。"眼高"，"手"不应低，也未必低，"眼高手低"不应是贬义词。同时，艺离不开技，艺与技也不能分离，更不能分割。其次，他是在批评，他批评有些画家，"眼高"，想得高，想得美，设计得好，但"手"的能力跟不上。这种"眼高手低"的现象要克服，这样的画家要不得。第三，他也是在宣传一种新理念。眼也是一种工具，要把眼睛这一工具与手这一工具联系起来，统一起来，做个既"眼高"又"手高"的人。这样的理念和观念既丰富又是相当深刻的。

由此，我们不妨再拓开一点，以深刻我们的认知，转变理念，创新实践，开出新理念之花。

其一，要坚持眼睛的工具性，实行眼与手的一致性。眼睛本质上是一种工具。达·芬奇说过，眼睛是人的"第一工具"。我是读报时读到这句话的，后来也没有去寻找文献。谁说的，这并不重要，重要的是揭示了眼睛的本质属性。而手更是一种工具，我们有一双勤劳的手，可以开辟新领域、新赛道，可以创造世界，因此，"把眼睛当作手"，这是眼的功能的回归，是将两种工具联系起来、联合起来，这样可以创造一切。在学习和工作时，眼要到，手也要到，眼快手快、眼到手到，就会手到擒来。眼与手分离的现象要不得。

其二，要坚持眼睛的独特的价值，用眼睛指导手。达·芬奇说眼是"第一工具"，自有他的深意，深就深在，眼睛可以引导手，给手以明确的方向感。眼睛可以让手的劳动有更高的立意，让手的价值得到进一步提升。从这个角度看，眼睛是手的老师，名师出高徒，眼高手也应高。反过来说，手对眼也有促进作用，"眼高"的东西只有手才能做出来。从这个角度看，我们应该补充一句：用手把眼睛发现的东西做出来，手是真的高，不低的。"把眼睛当作手"也有"手脑并用"的意思，手脑并用的人会把眼睛当作手。这样的人，才是完整的人，才可能成为"创新人"。

其三，要坚持做"眼高"、用手锻造"眼高"的人。"眼高"，意味着有理想，有远见，有见识，有愿景，有更大的追求。"眼高"还意味着我们的心胸更开阔、更开放，有多元文化意识和全球意识。教育的高质量发展，科教兴国、人才强国、创新驱动发展三大战略，需要艺术和教育向四面八方打开，否则只能闭锁自己。"眼高"的人往往有志向，有抱负，也能不断反思自己，在反思中调整、改进、提升。"眼高"的人善于比较、生出新的想法，创新、创造，有独到的见解，常常想高人一筹，别出心裁。正是从这一意义上讲，我们需要"眼高"的人，而不是让狭隘、守陈阻碍自己的进步，让"眼高"创出新的方案。当然，"眼高"也要警惕和摒弃盲目自信、孤芳自赏、恃才傲物。对这样的"眼高"只有用"手"才能检验它、教训它、矫正它。"把眼睛当作手"能够锻造真正"眼高"之人。

其四，要积极推进具身学习，在身体哲学指引下深度学习。眼睛与手是人身上的器官，是学习的工具、创造的工具。应当调动各种器官参与到学习活动中去，加强具身学习，在真实、丰富、复杂的情境中探究、体验，用眼指挥手，用手实现"眼"的创意。这其实具有身体哲学的意义。中国哲学有根深蒂固的"身体性"，"表明了一直被目为形下之物的人的身体，并非障道之面墙也非渎神之'原罪'，其同样也可以'下学而上达'"，进而实现人的"内在超越"（张再林著，《作为身体哲学的中国古代哲学》）。严格说来，学习的革命其中一个重要含义是在身体哲学指引下实现的。

回到张学青老师的语文教学改革和名师工作室建设上，她正是在"把眼睛当作手"的理念下来推动的。语文之眼、阅读之眼，都要在活动中，在使用中，在实践中，实现眼睛的高瞻性和手的完成性，用双手去推高教师专业发展、推深语文教学改革。可以说，只有"把眼睛当作手"的人才会创造出艺术之美、教育之美、育人之美。

教师的伟大

教师节自然想起教师的伟大。

教师伟大吗？用《教学勇气》中的观点来看，伟大是指"求知者永远聚焦其周围的主体"。教师正是永远的求知者，他们在求知——在教育的过程中，培育着自己丰富的精神，具有丰富精神的主体一定是伟大的。

的确，当下的教师是很忙、很累的，但一个精神丰富的教师却透过忙和累看到了另外的东西，生成了一个生成意义的世界。

看看远去的先生们吧。杨绛先生常说："我是一滴清水，不是一滴肥皂水。"清水，微小，但并不渺小，它可以折射出阳光，照亮周围的世界；肥皂水，膨大，却瞬间消逝，五颜六色，却浮夸、浮华。杨绛很忙，但她总是从容地走到人生边上，她和谁都不争，和谁争都不屑。因为她内心充盈，精神丰富，一切云淡风轻。

周小燕先生常说："我是一个足球运动员，刚踢完了上半场，还要踢下半场，下半场还想再进两个球。"说这话时，她已经90岁了。这难道只是一种生活的情趣吗？当然是，又不只是，那是生活情趣里的精神光彩。

童庆炳先生常常感叹最后一课。他牢牢记住恩师黄药眠的最后一课："这最后一课，是他带着牺牲的精神，带着豁出命的精神，来给我们讲课的。"他也常常想象自己的最后一课："我正在讲课，讲得神采飞扬，讲得出神入化，而这时，我不行了，我像卡西尔、华罗庚一样倒在讲台旁或学生温暖的怀抱里。我不知道有没有这种福分。"这分明是一种神圣的"殉道"精神。

先生们一个个远去了，给我们留下的是一个个背影，而这些背影恰恰是精神的正面。他们何止是精神丰富，而是精神灿烂啊！

精神丰富和灿烂，从哲学上看，阐释的是人生的意义。人生的意义不是别人赋予我们的，而是自己创造的。因此，人既可以是人生意义的创造者，又可以是人生意义的破坏者。创造人生的意义，定会创造教育的意义，在创造学生当下和未来意义的同时，又培育了自己的人格，让自己的精神灿烂起来。从伦理学看，精神丰富和灿烂阐释的是教育的道德意义。教育是科学，要求真；教育是艺术，要求美；教育是事业，要求奉献和创造。这背后深蕴着一个重要判断：教育首先是道德事业，教师首先是道德教师。道德之光，让教师精神丰富起来，灿烂起来。从心理学看，精神丰富和灿烂阐释了青春的新内涵：青春绝不只是人生道路上的一个年龄阶段，更为重要的是人的心理状态、精神状态。精神灿烂，让教师永远青春美好。

值得注意的是，教师的精神、思想、理想、情怀正面临着严峻挑战。我们处在消费时代，享受和娱乐是绕不开的问题。如果，我们一味追求物质享受，那必定淡化精神的发育；如果，我们追求娱乐化生存，那必定渐失思想的力量；如果，我们对幸福的认知发生偏差，那必定淡忘价值的澄清和引领；如果，我们的专业发展被"专业"所限，那必定忘却教育的尊严和境界的超越。如果想让这些"如果"不会发生，那只有让我们的精神站立起来，让自己的精神灿烂起来。

教师，应当是个精神丰富的人，精神灿烂的人。

奥林匹克格言中的"一更团结"

这是中国大地上难忘的时刻，这是全世界运动员和人民共同赞颂的情景：寅虎之年，立春之时，乘着一朵雪花，北京冬奥温暖启程；元宵过后，伴着绚烂的雪花灯，奥运会会旗缓缓降落。此时，所有的灯光聚集在四个字上："天下一家"。灯光照耀下，"更快、更高、更强—更团结"的奥林匹克格言响彻夜空，引导我们一起奔向未来。

是的，所有的精彩，所有的伟大，都因为"更快、更高、更强—更团结"而发生，都由"更快、更高、更强—更团结"来体现。这格言，我们既熟悉，又有一些陌生。对于"更快、更高、更强"，我们非常熟悉；对于"更团结"，更多的则是由此产生的新鲜感。那连接符"—"，引起我们多少丰富的想象，又催生我们多少美好的憧憬！那连接符"—"，让"更快、更高、更强"与"更团结"紧密联系在一起，连接在一起，融合在一起，犹如一根轴线伸向远方，又犹如从春天大地里冒出的蓬勃向上的一枝春芽，花朵开在枝头，更绽放在每个人的心头。

从三个"更"到四个"更"，这体现着时代巨大的进步。2021年7月20日在日本召开的国际奥林匹克委员会第138次全会，将"together"（中文译为"更团结"）纳入奥林匹克格言中，奥林匹克格言从此变为"更快、更高、更强—更团结"。这连接符是种区隔与联系，意味着延伸，更意味着发展。

"更快、更高、更强"是现代奥林匹克之父顾拜旦的好友亨利·马丁·迪东提出，1913年国际奥委会正式批准，写进《奥林匹克宪章》，此后奥林匹克格言就未曾改变过。2020年起全世界受到新冠肺炎疫情的猛烈冲击，在第137次全会上，国际奥委会主席巴赫提出："当前，我们更加需要团结一致，这不仅是为了应对新冠肺炎疫情，更是为了应对我们面临的巨大挑战。当今世界彼此依靠，单靠个体已经无法解决这些挑战。因此，我发起提议，为了实现更快、更高、更强，我们需要在一起共同应对，我们需要更团结。"这一提议得到广泛支持。随着这一提议被正式通过，奥林匹克格言时隔108年迎来了首次更新。

顾拜旦在《体育颂》中歌颂的"啊，体育，你就是美丽……啊，体育，你就是进步……体育啊，你就是和平……"，在格言里得到全面、充分的体现。

我们关注"更团结"，我们追求"更团结"，我们努力实现"更团结"。当雪板飞向天空，当冰刀划过冰面，速度之快、高度之高、力量之强、姿态之美，让我们看到竞技体育最动人心魄的样子。体育，尤其是竞技体育，永远不能忽略、更不能丢弃"更快、更高、更强"，因为这体现了人类的能量，体现了拼搏奋斗的精神。当下，我们的体育拼搏精神还很不够，一个强大的民族，怎么能没有强壮的体魄呢？"野蛮其体魄"，对中国学生而言是个永远的要求。

不过，请别忘了"文明其精神"，别忘了那连接符及所连接的"更团结"。我们没有忘记，当人们意识到更快、更高、更强的目标只有在多元主体参与下，才不会有损它的公平竞争时，也才会冲破偏见，打破限制，走到一起来，"使城邦土壤孕育的种子，在现代文明雨露的浇灌下，开出世界性的花朵"。我们没有忘记，"一个好汉三个帮"，在运动员成长的过程中，需要团队成员结成共生共荣的共同体，彼此成全，共同拼搏，共享荣耀。我们也没有忘记，"友谊第一",中国冰壶混双选手凌智和范苏圆在失利后,与来自美国的对手交换徽章;比赛前一天手部骨折的日本单板运动员岩渊丽乐在女子大跳台的最后一跳以失误告终时,所有运动员重返场内向她送出温暖的拥抱……

奥运格言同样体现在奥运教育上。在开幕式上,当全部来自太行山革命老区河北保定阜平县五所乡村小学的"马兰花合唱团"44名孩子,用希腊语演绎《奥林匹克圣歌》时,我们心里涌起的是:机会公平将照亮乡村孩子的未来之路。由数百名孩子手持和平鸽模型表演《雪花》,有一只掉队的"小鸽子"没有融入过来,一位同伴跑过去拉起他的手一起跑回队伍,此时,我们心头涌起温暖,想到的是:不让一个孩子掉队……这些都是什么?都叫"更团结"吧!

"更快、更高、更强"是教育的核心关切,同样,"更团结"亦是教育的核心关切,因为四个"更"是一个整体,互相渗透、互相支撑、互相促进。不过当下,教育是不是要更关注那个连接符以及它所连接的"更团结"呢?

让心安静下来

新的学期开始了。"双减"在给学生和家长带来新的机会和改变的同时，也给学校和教师带来了新的机遇和挑战。如何整体考虑学生的校内外生活，如何合理布置课内外作业，如何引导家长理性选择等现实问题，都第一时间摆在学校尤其是教师面前。

新的旅程在面前铺展，新的谋划在脑海里跳跃，新的设计不时地撞击自己的心灵，新的想象和新的期待也以各种方式跳跃着跑出来。面对这些新的一切，很多学校和教师都不免紧张和期盼。于是我们会去倾听，会去倾诉。

新的教师节又要来临了。在这个特殊的节日里，我很想和老师们说几句心里话，替老师说几句心里话。

我想说，我们都很平常、很普通。日复一日，年复一年，从家到学校，从办公室到教室，从图书馆到操场……几乎不变的轨道，周而复始，但不变中又有新的变化，不变是一种规律，变是一种创新。

我想说，我们虽普通，但在创造另一种崇高，因而可亲可爱可敬，我们要向老师们致敬。

借着这个特殊的日子，我最想说的心里话是，让教师静下心来吧。

现在教师太忙了，过于忙碌了，心静不下来啊！心静不下来，怎么去上

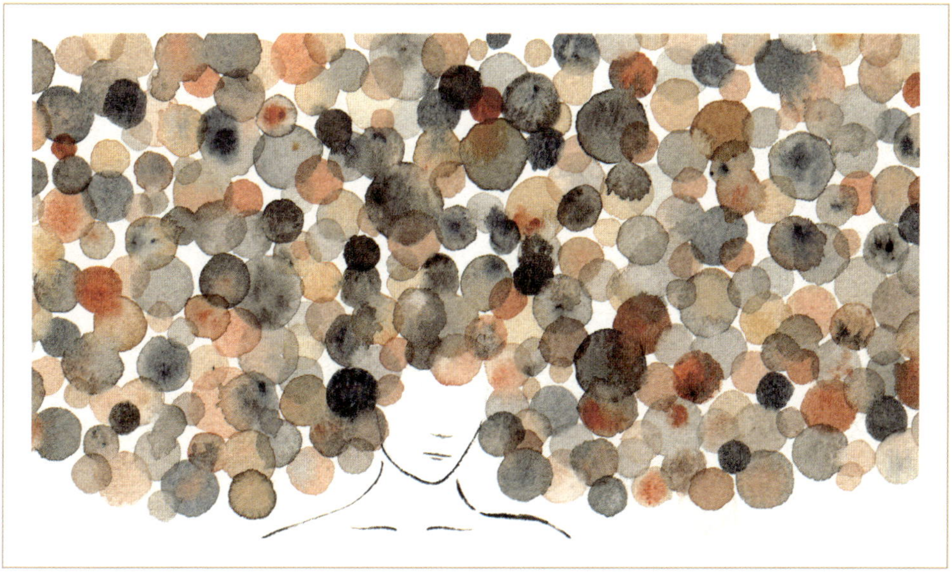

作家、学者将写作看作是"心灵文本",比如历史学家宁宗一。他善于反思,他如易卜生所说,"坐下来重新审视自己",然后"希望自己重新上路"。他还说,写作是"努力给历史留份底稿"。

他是作家,是学者,不过我们教师的每次写作,其实也都是在"坐下来审视自己",所写的东西不管大小,是不是也给自己的教书育人历史留了一份底稿呢?我想,应该是的。

好课、教好孩子，又怎么谈得上什么改革和研究啊！当下，安静，几乎成了教师的一种奢望。

不是吗？教师背负了过多过高的要求，教师发展需要"再圣化"，那是心灵的、精神方面的，但教师毕竟不是神也不是圣；教师要有大情怀、大视野、大格局、高格调，但那是一个漫长的过程；教师也绝不是个个都要成为名师大家，还是让教师安下心来做个好老师吧。

不是吗？很多教师要参加各种评比、竞赛，要花无数时间去备战，看资料、定方案，一次次预演预赛，一道道过关过审。这本无可非议，教师要在挑战中成长，但教师的"战场"在课堂，教师的任务在于上好每一堂课。过多过高的评比、竞赛，带来过多的竞争，造成纠结、焦虑是必然的。还是让教师安下心来在课堂里站稳自己的脚跟吧。

不是吗？教师要担负的事情越来越多，有联系不完的单位，有做不完的表格，有交不完的"作业"，有接待不完的人……教师的任务应该是明确而有限的，而不是把社会的、家庭的事都背负在已经沉重而弱小的肩头，否则哪还有时间和精力去研究、去改革、去实验？还是让教师安下心来教书育人吧。

不是吗？……

当然，我还想说，教师安下心来，绝不是平静无浪，平如止水，而是如周国平所描述的"丰富的安静"。湖面是平静的，下面的湖水是激荡的，湖底涌动着湍流。教师在安静下来以后，还应该有美学之父鲍姆嘉登所说的"情绪的沸腾"，还应该有激情燃烧的岁月。教师总得有点心动，心动，说明我们对教育对生活有足够的热爱。英国作家毛姆说："任何瞬间的心动都不容易，不要怠慢了它。"教师总得有点想象，想象是创造的先导，想象是头脑中的创造，想象可以把我们带到任何一个地方。其实，想象也是一种期待，想象中的期待无比美好。但只是想象还不行，要让想象中的期待转化为创新的行动，这就是改变。教师在安下心来后，还要学会改变。

当然，我还想说，让教师的心安静下来，关键是政府、教育行政部门、社会要解放教师。解放教师的前提是尊重教师、信任教师、保护教师，真正厘清教师的职责，敢于为教师讲话。校长也应更加勇敢些，像匡亚明先生一样，坚守"教师第一"的理念与原则，葆有知识分子的良知与风骨，遵循教育的常识与规律。要知道，能始终保持一份知识分子的理性与良知，该是多么可贵啊！

让教师静下心来吧，我恳求，我呼吁！

爱要走在教育的前头

一 爱要走在教育的前头

十多年前我读了《德兰修女传》。德兰修女矮小瘦弱，人们抬头看到的是那张皱纹纵横的脸，但她庄严的讲话，是那么质朴，又那么美妙。

她创立的基金会有着千亿美金的资金，世界上最有钱的公司都乐意无偿捐钱给她。但她住的地方除了电灯外，唯一的电器就是一部电话；她穿的衣服一共三套，自己换洗，只穿凉鞋，没有袜子。她带着爱的光芒在无限的大地上行走，把无限的爱带给了穷人、流浪的人、垂死的人、饥饿的人。她用整个人生邀请我们，邀请我们选择爱与光明。因而，她成为最没有争议、最令人钦佩的诺贝尔和平奖得主；在大型调查中，她是很受青少年崇拜的人。

德兰修女的一生都在爱中行走。她用自己的一生告诉我们，爱是人类存在的理由；爱，让人类、让人生、让世界充满意义、充满和谐、充满希望。

我不敢说，爱就是教育，但我敢说，爱是教育的一种力量和方式。教育是要引导人们去学会爱，学会同情，学会感激，学会服务，教育需要爱来推动，需要让爱渗透其中。从这个意义上说，爱要走在教育的前头。

二 爱是教师的美德

斯霞老师的"童心母爱"至今都是崇高的、伟大的。发扬"童心母爱"精神，对于教育来说是任何时候都不能怀疑，更不能丢弃的。

母爱是给予性的，是不求回报的，用流行的话说，就是"因为爱所以爱"，爱本身就是目的。

教师的爱应该具有母爱的特性：是学生就得爱。对学生的爱不需要理由，爱学生是教师的天职，爱学生，不求学生回报，甚至不求学生感激。

值得指出的是，当今一些教师缺少母爱的情怀和精神，一些学生对爱的期盼与渴求得不到满足，学生情感、心理上的缺陷不能不说和教师对学生缺少关爱有一定关系。在商品经济发达、物欲膨胀而人文精神淡化的今天，提倡母爱更有意义、更为重要。母爱，是教师的美德。

其实，斯霞的爱不仅是母爱，更是一种教师爱。教师爱并不等同于母爱，教师爱是对母爱的超越，是教育爱。

其一，教师爱扬弃了母爱中的私性。学生虽不是自己的孩子，但教师把学生当作自己的孩子来爱。在生活中，学生也往往把老师当作自己的父母。

一位高三的学生在收到大学录取通知书后给数学老师写了封信，信的开头就说："老师，请原谅，因为我曾经骗了你。父母在我很小的时候就离婚了，我想在学校里寻找到失落的父爱。可是，教外语的男教师，因我成绩不好，当众宣布放弃我；教语文的男教师，因为我背不出《赤壁赋》，让我当众站在那儿，羞愧难当；只有你——教数学的男教师，为我添置寒衣，为我无偿补习数学——其实我的数学很好，只是为了看看你能不能给我父爱……"

此时这位老师才知道，学生也在每天考验着教师，这是爱的考验。扬弃了私性的教师爱面向所有的学生，追求爱的普遍性，追求教育的公平、公正。

其二，教师爱注重教育的科学性。"因为爱所以爱"固然可贵，但爱同样要讲究科学性，否则容易导致盲目地爱，而没有教育。

教师爱注重教育目的，按照党的教育方针，用爱的方式促进学生素质的全面提高。而如果仅有母爱的话，则可能导致教育偏差，导致孩子不能全面甚至是片面地发展。

教师爱遵循教育规律，即从学生身心发展规律及个性特点出发，以平和的心态、积极的方式，循序渐进地引发学生内在力量的苏醒与生成，从而使得教育的节律更为和谐，更适合学生自身发展的特点。而如果仅有母爱的话，则可能操之过急，揠苗助长，违背孩子的成长规律，结果只会是把爱变成了害。

教师爱注重教育的客观性，对学生既充满激情又充满理性，实事求是地分析学生的优点、缺点及发展可能性，因而教育更具针对性，更全面、更有效。而如果仅有母爱的话，则可能一叶障目，或只见孩子的优点，或把孩子看得一无是处。教师爱是一种有"度"的爱，是一种科学的爱。

其三，教师爱是稳定的。教师对学生的爱一以贯之，日复一日，年复一年，爱在教育中行走。教师用爱点燃教育的火炬，学生在爱中陶冶高尚的情感，在教育中提升爱的品质。

教师爱的稳定性首先表现为非情境性，即在不同情境中，教师的爱永远不会消失。情境改变的只是爱的方式、爱的形式，而决不会改变爱的温度、深度。爱的非情境性是教师成熟的特征，是教师具有的优秀品质的表征。

其次，教师爱的稳定性表现为非情绪性。教师是有情感的，因而也会有情绪的波动、心理的变化，但教师应当清楚地知道，在学生面前的任意言行都是教育活动的开始。故而，教师需要及时调整情绪，不以自己心情的好坏影响对学生的态度，不弱化对学生真挚的爱。教师爱的非情绪性，表明教师既有爱的激情，又有爱的理性。

其四，教师爱聚焦在童心上。英国著名人类学家莫理斯说过："创造力就是童心不灭"，"创造力从根本上说就是儿童品性在成年时期的延续"；法国学者波德莱尔也认为："天才只不过是借助意志的行动而被重新发现的童年"；我国学者王国维说："伟大的词人之所以能够写出伟大的作品，是因为他们拥有童心"。

教师爱儿童，就要珍爱儿童的童心，珍爱童心就是珍爱人的创造性，这是教师对学生最大、最崇高的爱。

三 爱在微小的事情中生长

德兰修女常说："我们常常无法做伟大的事，但我们可以用伟大的爱去做些小事。"

是的，爱的伟大，并不意味着一定是轰轰烈烈，爱的方式并不决定爱的意义。事实上，那些因爱而燃烧的灵魂常常选择以微小的方式成长。

微小的方式首先是指对那些具体小事、细节的态度。小事不小，细节可能决定成败。教育无小事，细节隐藏着成功的密码，对待小事和细节的态度往往反映一个人对事物意义认识的水平和程度，也往往反映一个人的品质和习惯。

学生，尤其是小学生，不可能经历许多惊天动地的大事，但每天生活中遭遇的一件件细小事情却在锻造着他们的性格，他们正在以一种微小的方式生长着爱的崇高情感和品质。

微小的方式也意味着处理小事、细节的具体办法和行为。微小的方式应该是真实的。真实的爱出自内心，是自觉的，因而也是真诚、可贵的。微小的方式应该是默默的、细腻的、不事张扬的，默默中充满激情，细腻中体现细心、周到。微小的方式应当是对人尊重的方式，因为爱如果没有尊重，就可能异化为支配和占有。微小的方式还是培养意志品质和行为习惯的重要方法，"一屋不扫，何以扫天下"，小事恰能锤炼富贵不淫、贫贱不移、威武不屈的君子品格。

爱绝不是一种浪漫倾向。微小的方式引导着学生认真做事。

一要做自己喜欢的事，用喜欢的方式做事。让孩子真正像孩子，让爱的小事产生快乐的情感和幸福的体验。

二要做应该做的事。喜欢的不一定是应该的，应该的却一定是遵循道德标准的。当然，应该做的事也要用喜欢的方式快快乐乐地去做。

三要做必须做的事。学生守则和行为规范所要求的就是学生必须做且必须做好的事。

如果把句子分行写，就会成为爱的诗篇：

让爱走在教育的前头
教育就开始了

让爱走在教育的前头
教育就会温暖人心

这样的教育也才会走进我们的心里

也许，让爱走在教育的前头

正是对爱的教育的一种破解与追崇

"不知道"与"知道"之间……

古希腊哲学家柏拉图提出"理念论"。他认为世上的万事万物转瞬即逝，唯有事物的本原——理念才是永恒的存在。

青年教师需要那永恒的存在。可是，真正抵达那永恒存在的美丽彼岸，是个漫长的过程。同时，让理念转化为具体的实践，又是个艰难的历程。这"程"究竟有多远、有多难，我们并不清楚，这一"程"又一"程"对青年教师而言又意味着什么，我们也不清楚。所以，我们对青年教师的指导，好像总是隔着一层什么，对他们的要求是否切合实际，他们是否能真正达到，我们也是心中无数的。

在一次青年教师沙龙上，南京一位初中物理教师天翔老师说了这样一段让我震撼的话："我们青年教师在课改中，在专业发展的路上，会遇到各种困惑和困难。'知道'与'不知道'之间隔着一条长江，'知道'与'做到'之间隔着一条银河，'知道'与'悟道'之间隔着一个宇宙。"话音刚落，在场的青年教师中就发出一片笑声，笑声中还夹着掌声，看来天翔说出了他们共同的心声。

"不知道—知道""知道—做到""做到—悟道"，这实际上是事物发展变化的过程，过程中有转化、有转折，也会有转角。这"—"好似一条鸿沟，其实也是一种跃迁,实现了必定是一次重要的跃升。三次跃迁、跃升,都围绕"道"这一核心主题展开,"知道"之"道"是从知识理解层面;"做到"之"到"虽然非同字但同音也同义,即将所知之"道"运用到实践中,达成了"道";"悟道"之"道"则是原理、规律,是属于柏拉图所说的"理念"、思想,属形而上学范畴。天翔老师为青年教师专业成长描绘了路线图,也是进军图,犹似从山麓到山巅,是一次重要的攀登。

攀登不易。在青年教师那儿,攀登的过程一次比一次艰难。他们用夸张的手法,形象生动地道出了专业发展之不易。显然这一夸张的手法,不会是畏惧,更多的是要定下目标,向着理想的愿景,永不停步,永不言败。他们将这些困难有意放大,但不是放弃,更不是逃避,而是要做好各种充分准备,随时出发,不懈努力。其中有着青春的誓言,有着韶华的闪光,这样的教师,可贵,可敬。

这其间更充满着深刻的哲理。"知道",不仅包括前面说的知识,也包括经验、认识、思维与思想。"知道"绝非易事。黑格尔的名言"熟知并非真知",其实就在说"知道"之难。熟知,指的是"知道"的程度,而真知指的是"知道"的内核。他们对课程知道吗?对教材知道吗?当然知道。但是,他们也可能存在三种情况:一是并不全部知道,只知道其中一部分,比如对于学科教材,并没有从体系上把握,难免局限于部分或局部的"知道";二是知道得不深刻,对内在的核心素养、内在的学理并不十分清楚,显得有点浅;三是没有将"知道"的教材与教学以及学生的学习紧密联系起来,没有将教材变成学材,没有将学科知识变成学科教学知识。显然,这不是真正的从"不知道"到"知道",也不是获得了真知。青年教师说,这里隔着一条长江,这是很有道理的。

从"知道"到"做到"呢?同样非常不容易。"知道"还在知识、理念层面,"做到"是真正成为行动,在实践上达成了。如果"知道"只是"坐而论道",

"论"出了大道理、好策略，但"做"没有跟上，没有将"论"落实到行动上，那么也是成不了事的。比如：教学的核心是学生的学习，如何以学为中心推动课堂教学呢？从总体上看，我们做的还是非常不到位的。此"到"非彼"道"，"道"是"做到"的基础和前提，"做到"则是真正的完成时，说其中隔着一条银河不无道理啊。"做到"才真正知道银河之美。

毋庸置疑，"做到"至"悟道"就更难了。"悟道"是用理性思考将事物中的道理、原理、理念抽象出来，柏拉图说，这种"理念"只能存在于思想之中。青年教师如何将教学定位于实践智慧，又如何将实践智慧提升为一般规律，将学生创新精神作为教学的核心目标，当作教学的境界，这是需要"悟"的。在哪里"悟"？广袤的世界正是我们思考的天空，是我们思想激荡的宇宙。

勇敢地跨越吧，年轻的老师们；大胆地突破吧，年轻的老师们。雄关漫道真如铁，而今迈步从头越，这正是"年轻"的品质。

指点与指指点点

我一直关注北京人艺,向往北京人艺,真想到现场去看看。我以为,北京人艺既是艺术家成长的舞台,也是不叫学校但最像学校的学校,有着最好的教育。北京人艺几代著名导演,首先是教育家,然后才是艺术家,抑或说,是艺术的教育家;他们的人生,既是艺术的,又是教育的。教育与艺术的本质是相通的。我们可以从北京人艺那儿汲取教育的养分,获得教育智慧的启迪。

1953年,北京人艺的郑榕29岁。他清晰地记得,那一年,他第一次见到著名导演焦菊隐,焦菊隐对他说的最主要的一句话是:"过去你是知道怎么在台上演戏,我现在要教会你怎么在舞台上生活。"[①] 就是这么一句话,让郑榕记了一辈子,也影响了他一辈子,让他成长为著名的表演艺术家。这句话,是对郑榕艺术人生的指点,轻轻的,又是重重的。北京人艺的演员们都说,焦菊隐导戏,从来都是指点,而不是指指点点。北京人艺流传着这样一句话:"大幕拉开才是真的。"意思是说,演出前一切的一切,只有等大幕拉开才见分晓,而这见分晓的一刻又一刻,都透射出演员演出前受到指点后,在舞台

---

① 李晋荣.郑榕:《茶馆》伴我一起成长 [N].光明日报,2019-06-04

上生活的艺术功力。

对演员的成长需要指点，而不是指指点点，那么，对孩子的成长呢？当下广为流传的青年数学家陈杲的故事，生动而具体地演绎了这一点。陈杲14岁考上中国科技大学少年班，18岁赴美读博士，26岁放弃美国名校教职毅然回国，成为母校的特任教授，攻克世界级数学难题，在爱因斯坦的相对论和杨振宁等人的量子力学模型间架起了一座"新桥"。陈杲的成长也引起了我对教育、对家庭教育的关注与思考。陈杲在接受采访时说：走上科研之路"离不开父亲的引导"。他的父亲陈钱林是一位知名校长，我和他曾有过交流。陈钱林十分善于发掘孩子的兴趣，并能把兴趣引向与学习相关的领域。他发现陈杲小时候总喜欢听闹钟的嘀嗒声，有次和家人出门玩，还发现住宅楼门牌单双号的排列规律……这些平常无奇的小事被陈钱林敏锐地捕捉到，他意识到陈杲对数学有独特的兴趣，为此让陈杲放弃了一些学习项目。为了让儿子免受标准化教学的消极影响，陈钱林在与老师沟通后，与陈杲商量，决定不让孩子做学校统一布置的作业，而是把更多时间放在感兴趣的数学上，学得更深更精。

陈杲在谈到父亲对他的教育时，用了两个字——"引导"。这里的引导就是指点。指点，不是硬性的规定，而是"沟通"，如怎样对待作业问题；不是教训，而是"商议"，如商讨跳级问题；不是指责，而是鼓励，如鼓励他把数学学深学精。指指点点则不然。指指点点往往一方是居高临下的批评、指责，表现出对另一方的不满，也彰显了自己的无能。指指点点的结果是让受教育者手足无措，不知所从，心中慌乱，以至产生焦虑，其结果可想而知。当然我们也需要去指点指点，但我们应当牢记：要用"指点"而不是指指点点去引导学生发展。

同样，年轻教师的成长，也需要高人的指点。青年教师渴望得到指点，因为他们知道并体悟到"指点"里情感的温度和思想的张力。而且，关于自己的成长方式，关于指导他们成长的方式，他们早就有了自己的辨别力和选择倾向。他们对"指点"自己成长的人充满敬意和谢意。前些日子，我去浙江杭州上城区考察一所初中。没想到邻近的一所初中校长听说后去"旁听"，更没有想到这位被年轻教师称为"超哥"的校长，还带去三位更年轻的教师——90后、95后一起去"蹭课"。当天晚上，三位教师都写了"随感"，我从他们的"随感"里知道，他们这样跟随校长一起"旁听""蹭课"已好几次了。一位小尹老师说："今年是我正式工作的第二年，接'超哥'校长这样的电话已经不知道有多少个了。校长经常组织我们几位跟他一起去学习，去见识见识大家风范。我们十分珍惜这每一次难得的机会，因为在我们眼中，和名师大家近距离接触，学到的东西远比在屏幕上、手机上、书本上要多得多。"他们认为这是校长给他们的机会，是引导，是指点。他们喜欢这样的指点方式，而不是校长的唠唠叨叨、喋喋不休的指指点点。小尹老师继续说："你可以对我指点，但是不能指指点点。这是一句年轻人中广为流传的话，从一位专家的嘴里说出来，我当场就傻眼了。"为什么傻眼？因为，这句话久违了。让"指点"早点来到，让"指指点点"早点远离——这是年轻教师的共同心愿。

五百年前，麦哲伦在航海出发前，跟船员们说："我们将开始人类历史上前所未有的航行，我们中间有些人会葬身大海，不可能所有人都回来。但是，我们将会证明，地球是圆的。"一百年前，毛泽东说："恰同学少年，风华正茂；书生意气，挥斥方遒。指点江山，激扬文字，粪土当年万户侯。"他们指引着航向，指点着未来。

大幕即将再次拉开，时间将会证明一切。

我们该怎么对待经验

到学校去，年轻教师总是向我提一个问题，我们缺少经验，该怎么让自己获取经验，成熟起来？又该怎么对待老教师的经验？这是一个普遍性的问题，我年轻时也碰到过，而且有时候还比较烦恼。过去这么多年了，常问自己，我有经验了吗？今天的经验与过去的经验发生了什么变化？也许，经验正是在不断追问中默默积累起来的。追问停止了，经验也就徘徊不前了。

认真思考以后，我概括了几句话，这几句话可能是我的经验之谈，与年轻教师分享，也希望对这些经验之谈进行追问与反思。

第一句话：经验是宝贵的，应该以谦恭的态度向老教师、有经验的教师学习

我读过关于于漪老师年轻时向老教师学习的故事。一天，于老师在办公室备课，坐在旁边的一位老教师严肃地对她说："于老师，我发现你备课笔记上一个字写错了，教师写错字会影响学生一辈子的。"于老师一看，果真有错字，原来是个"着"字，"羊字头"最后的一撇写断头了。直到今天，于老师都还记得那位老教师严肃的表情，她下决心要好好向老教师学习。我还读到另外一些故事：开学第一天，老教师面对班上所有学生，准确而清晰地叫出了每一个人的名字。学生心里都在想，老师认识我！这是个温暖的片刻，却让他们温暖了一辈子。这位老教师之所以能做到这一点，是因为他曾经遇到过尴尬的事：接到新班级学生名单没有认真看，结果把一个生僻字读错了，那位学生心里有一丝不满，也有一丝对教师的不信任。接班前把学生名字读准并且记住，这也是一种备课啊，既然备课就要下足功夫，这也是一种经验吧。同样的事也发生在另一位有经验的教师身上：点名时突然看到一个拿不准的字，怎么办？他故意避开，放在最后点名，说："还有哪位同学没有被点到？"那位同学站起来说是我，并响亮地介绍我叫某某某。老师记住了，其他学生也记住了，这叫灵机一动。这灵机一动，其实是在经验中生成的智慧。经验是宝贵的，应该向老教师学习，向有经验的教师学习。

第二句话： 有时候经验是可怕的，对经验应当反思和改进

有个寓言故事：兔子非常敏感、小心，出洞后四处张望，然后踩着自己曾经走过的足迹向前，一旦发现自己的脚印变化或者消失了，便马上退回洞里，不再轻易出来。但兔子总要到洞外觅食，于是猎人在它原来的脚印下安上陷阱，然后把上面恢复成原来的样子，没有明显的变化。兔子终于出来了，小心翼翼踩着脚印向前，它以为前面那个脚印还是自己的脚印，结果踩了上去，掉进了陷阱，被猎人捉住了。兔子是谨慎的，有经验的，但它不知道事物会发生变化，而经验应该顺应这种变化。相反，猎人也有经验，但猎人的可贵之处在于改造经验、优化经验，在不同情境中经验应顺时顺势而变、"与时俱进"。兔子过于相信经验，而猎手善于思考、改进经验。经验的可怕在于

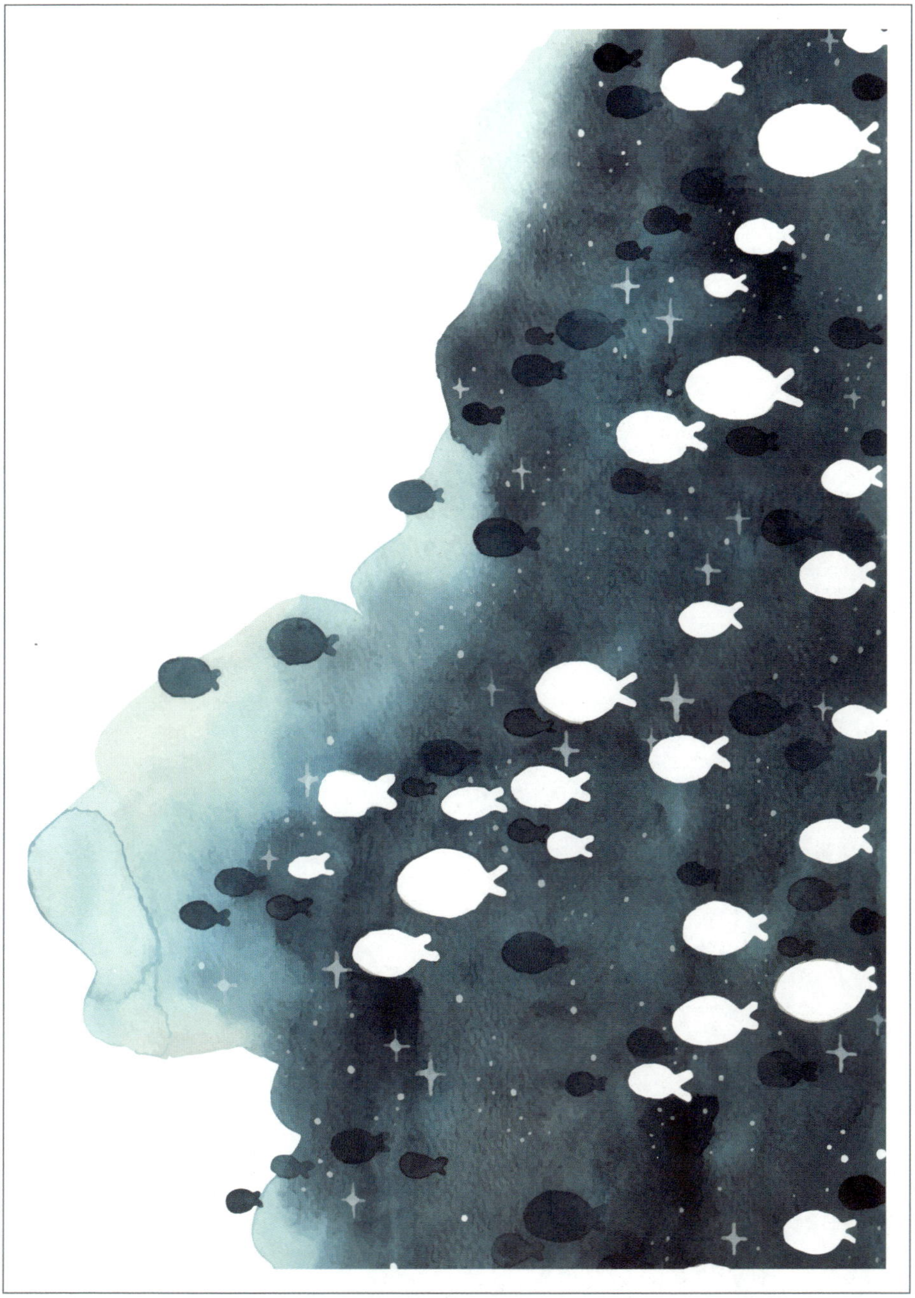

"教学之眼"是教师心灵的折射与反映，闪烁着教育思想的光芒，有什么样的心灵便有什么样的眼睛；反之，有什么样的眼睛，便意味着有什么样的教学主张。

　　不难理解，锻造教学主张，必须先塑造自己的灵魂。

　　学生透过"教学之眼"可以看见教师的心灵，触摸到教师灵魂的跳动。

　　一个灵魂唤醒另一个灵魂，可以从一双眼睛照亮另一双眼睛开始。

死守经验，而反思经验教训则能生成智慧。

第三句话： 经验是创造出来的，在经历中思考，让经验积淀得以生成，这是经验的生命力所在

经验其实是生活、工作、学习中知识的积累，是实践中的体认、顿悟，是自我对经历中感悟的概括。提升、凝练是认知中的一次跃迁与超越，这是一个创造的过程。首先，要有行动，要在实践中探索，即要做中学、用中学、创中学，没有经历便无所谓有经验的创造。其次，要有比较深刻的思考，思考是对经历中发生的现象的分析，总结其中的得与失；概括内蕴的特点与规律，这样的经历叫作熟知未必真知；要以熟知走向真知。再次，要有想象力，想象是创造的先导。一个富有想象力的教师会追求理想的教学和教育，在想象中进行"预设计"并付诸实践，这是经验创造的过程。最后，应当有真诚的态度，向大家学习，也应该向学生学习。还是说说给学生点名的事吧。一位新教师对新学生的名字读不准，事先又没有时间去查字典。课上这位教师说，亲爱的同学，你的名字我真的读不准，请你自己做个介绍。那个学生大大方方介绍自己，教师知道了准确的读音，认识了这个生僻的字，其他学生也多学了一个字。相信这位教师会永远记住这个字、这个学生，而这个学生也会记住一辈子，他会感到自豪与自信。经验青睐真诚，真诚获得了信任，信任中便会产生新经验。

正如康德所说，无理论的经验是盲目的，无经验的理论是空洞的。年轻的老师们，没经验没关系，以上三句话正是对经验的三个基本认识。带着这些认识去实践吧，经验一定会与您交上朋友。

教师该不该与学生有距离

美国教育界曾经讨论过一个问题：教师与学生之间该不该有距离？讨论的情况用在《教学伦理》的书里。

事情是这样的，纽约州北部有一个小工业城镇，市民为当地中学拥有一支全国最好的橄榄球队而自豪。球队的教练年轻帅气，与许多学生都保持着良好的关系，学生常常就一些问题征求他的意见，从成绩到追求女朋友等各种各样的问题。后来，一个称为"内部小圈子"的橄榄球队员与教练的关系非常亲密，经常在周末和晚上去他家看比赛或开展社交活动，受邀参加聚会的学生在学校有了一种特殊的地位。关于教练与这些学生间的关系是否合适，引起了一些议论。一些教师认为，作为教师的教练，这样的邀请、聚会不合专业规范；另一些教师认为，这样的邀请与聚会没有什么害处，一些队员可以借此得到一些有益的接触，并认为教师与学生在校外的所作所为不关任何人的事情。

书里还列出了几个讨论题，其中包括哪些行为是教师的个人行为，哪些行为是职业领域的公开行为？教师与学生该不该有距离？如果有，应当是什么样的距离？书里没有给出答案。这大概就是美国学者提出的"价值澄清"理论——只澄清，至于选择什么样的价值，让学习者自己去决定，培养学生的思考能力和探究精神。

类似的事也曾发生在我身上。大概是当教师的第二年，我与学生一起踢足球，兴高采烈，有说不完的话。走回教室的路上，我与学生搭肩而行。事后一位老教师认真地提醒我：教师与学生不要勾肩搭背，教师要像教师的样子，与学生保持一定的距离。这一提醒至今还留存在我的心里，时时想起并常常提醒自己。估计年轻的老师也遇到过这样的情况和问题。

与学生该不该有距离，的确是个值得讨论、需要厘清的问题。讨论可以有多种视角，不同的视角可以形成视域重叠和融合，在整体上理解和把握会更准确与全面。我有以下几个基本认识：

其一，从教育理念上看，教师与学生应当心心相印，在心灵上"零距离"。这样的零距离，让教师尊重学生、相信学生、依靠学生，走进学生的生活世界和心理世界，了解他们，发现他们，触摸他们情感脉搏的跳动。而学生处在这样和谐的师生关系中才会心情愉悦、信任教师，才会把心里话告诉教师，得到教师及时的指点和帮助。这种以信任为基础的和谐师生关系，构造了良好、可持续发展的教育生态，有助于教师与学生的交流、沟通和共享共长。无疑，这是教育所要追求的状态和境界，无可非议。值得注意的是，当下这样零距离的心理关系还未真正建立起来，因而一些不该发生的矛盾和问题时有发生就不奇怪了。如果年轻教师能在这方面多下功夫，相信教育效果会更好。

其二，从现代教学理论看，师生间是不应该有距离的。学者们认为，在教育教学过程中只有两种人：作为教师的学生和作为学生的教师。意思很明显，现代教学理论告诉我们，学生是学习者，教师也是学习者，都是终身学习者。师生是平等的，教师绝不能以知识占有者、知识传授者自居，高学生一等。平等关系下的师生在学习上是没有距离的，而且我们已进入了"后喻文化"时代，教师还要真诚地向学生学习。事实上，学习的途径、方式和获取知识、信息的渠道，学生比教师更丰富多元，他们已成为信息时代的原住民，可以成为教师的教师，教师更应向学生请教。从这个角度看，似乎还有一点距离，这样的距离感应是一种专业品质。

其三，从教师的职责和教育的伦理看，教师与学生应当保持一定的距离。教师虽亦应是儿童，但是用蒙台梭利的观点来看，教师应是"作为教师的儿童"。教育学生是教师的天职，是教师崇高的使命，任何教育教学中教师都不能缺席，都必须承担起教育学生的责任，这是一种距离。这样的距离让教师能增强角色意识，形成一种教育自觉，不忘教育初心，严格要求自己，比学生学得更多、做得更好；也要严格要求学生，不仅对学生进行价值澄清，还进行价值引领，让学生日有所进、不断成长。这种距离感实质是一种责任感。此外，教师与学生要保持身体上的距离，不随意触碰，也不随意邀请学生聚会。这样不仅保护学生，也保护自己。这种距离感体现的是教师的伦理规范。

年轻的老师们，这是一个实践问题，又是个理念、理论问题。你们有什么想法和建议呢？

学校行为学视域下的教师重建

怎么理解"重建教师"？

第八届中国教育创新年会提出了一个重要的追问：如果说，教师决定了教育的高质量，那么又是什么决定了教师的高质量发展？在我看来，"重建教师"，就是要在重新认识与重新发现的基础上，帮助教师实现职业生涯的创造性发展。

当然推动"教师重建"有许多角度，这次年会创造性地提出了一个根本途径——"学校行为学"，从教师的行为表现中反观其成长发展面临的问题，从而触摸教师发展的动力机制、行为机制。所以，我们要懂得在"学校行为学"的视角下，寻找"教师重建"的几个关键因素。

一　文化的因素

恩格斯说："在文化的进步中，我们才能够走向自由境界。"教师的文化进步表现在哪里？第一，文化的本质是人化。"重建教师"在本质上是让教师成为一个文化创造者。第二，文化的核心问题是价值观。教师的价值是附着在教育行为和管理行为当中的。讨论文化，就是让教师有自己的理想追求，有坚定的信念使命，在价值观的塑造中完成重建。第三，文化是"复数"。它是在集体生活中共同创造出来的一种记忆，而文化记忆会成为一种力量。重建教师，是让教师形成一个文化建设共同体，在建设中促进个人发展，实现个人价值，再把个人价值的实现和集体价值、国家价值的实现统一起来。

二 行为模式的因素

行为模式是打开文化之门的一把钥匙，也是打开自我发展的一把钥匙。"学校行为学"为教师提供了一条文化进步的路径，即启发教师学习、阅读、实践、思考。同时，"学校行为学"也告诉我们，人处在社会环境之中，一定是和环境互相影响的。过去我们更多看重的是"环境对人的影响"，对"人创造环境"的研究还不够。而杜威说："我们要有准备的环境。"指出要为学生准备优化的环境——对学生发展如此，对教师发展也同样如此。蒙台梭利还说："环境对儿童的影响一定要让儿童有吸收性的心理。"从教师的角度来看，教师自身也要有准备地接受环境影响，以及学会积极创造有利于自我发展的环境。

三 制度的因素

制度是一种外部力量，对人的发展起了两大作用：规范和解放，两者是一组相对概念。一方面，我们应该对教师的发展提出适合的、规范性的要求；另一方面，只有得到充分解放，教师才能够释放生命潜能，调动自我发展的积极性和创造性。解放教师还有一个重要前提：尊重教师，信任教师。当把解放教师和规范教师有机统一起来，教师就可以获得一种发展的创造的张力。

四 | 内驱力的因素

激发教师内在的力量有三个关键词。一是眼睛，雕塑家为了捕捉儿童教育家李吉林老师心灵的光芒，把她所有照片排列在工作室的四周，不断观察，最后，他看到了一双干净的眼睛，这双眼就是心灵的光芒，高尚的灵魂。二是肩膀，人民教育家于漪老师讲："我站在课堂里有两只肩膀，一只肩膀挑着学生的现在，另一只肩膀挑着民族的未来。"每一个教师都有两只肩膀，只有在使命担当中才能重建自己。三是勇气，数学家华罗庚说："我们常常告诫年轻人不要到'班门'去'弄斧'，但是我以为'弄斧'一定要到'班门'。"教师"班门弄斧"，就是要勇于在展现自己中暴露问题，通过一次次挑战让自己不断地发展。

以上四个因素帮助我们回答了开篇的那个问题——是什么决定了教师的高质量？就是从"学校行为学"切入，在文化的进步当中不断认识自己，改变自己，重建自己。

努力做研究型的实践家

有不少老师常问我：教育科研有多重要，我们知道，也在努力做，但就是不知道从何下手，更不知道如何往深处去，能不能给我们出几个招？他们的态度很诚恳，困惑真实存在，也具有普遍性。尽管我自己做过课题研究，也指导过不少学校的课题研究，但总是还有"蒙在鼓里"的感觉，真的说不出什么有效的"招"来。不过，我很乐意和你们一起聊聊自己的心得和建议。

一 | 把自己进一步和教育科研"融"在一起，努力做研究型的实践家

你们说教育科研很重要，我听了很高兴。今天的教师对教育科研的认识比过去大大提高了，有了很大进步，这进步难能可贵。的确，教育科研的价值意义是多方面的，对教师专业成长尤为重要。我想起日本教育学家佐藤学说过的一句话："教师应当是'反思型的实践家'。"这是他对教师的新定义。请注意，他说的是实践家，而不是实践者。实践者、实践家虽一字之差，可差得很远。实践者、实践家都要实践，而且都要深入实践，都要把研究之根深深扎在教育教学之中，实践是教师必备品格和关键能力，也是教育科研的

可贵品质和重要途径。细究起来，实践者更注重经验，是一种经验性的生存，而实践家却能从经验中探索出教育的原理和规律来，甚至还能生成新的理论，并能在理论的支撑和引领下走向教育的深处，走向教育的远方。倡导做实践家绝不是对经验的轻视，而是对经验的提升与超越。需要说明的是，反思也是一种研究的方式，这种方式能让教师走向研究，走向理性思考，走向理论探索，并不断改进与提高。我坚定地认为，教育科研是教师发展的幸福桥梁，是名师成长的必由之路。年轻的老师们，让我们在研究中努力成为反思型的实践家。

二 将教育教学即时性研究与课题研究进一步融为一体，用研究的方式推动教育教学改革

从教育的本质看，研究是教育的应有之义，研究原本就在教师的教育生涯之中，甚或说原本就镶嵌在教师的教育智慧之中。教师是离不开研究的。仔细想想，事实正是如此，哪个教师在备课进行教学设计时是不思考不研究的？哪个教师上一堂课是不打磨不反复研究的？哪个教师在处理学生问题时是不选择时机不讲究方法不研究策略的？……也许你没意识到你正在研究，但事实是你正从实践者走向实践家。人民教育家于漪老师说，名师是在课堂里站立起来的，是从教室里走出来的。于老师说的课堂，说的教学是内含着研究的。不仅如此，于老师也是在说，教师还应当做些课题研究。

课题研究也是研究，但它和日常教育教学中的即时性研究既有联系也有明显的区别。课题研究有着严格的规定性，更注重研究的规范性和科学性。课题研究首先要有课题，课题是研究的载体，没有课题将无法研究，研究会虚空起来。这是其一。课题研究要设立研究目标，研究目标是研究任务的凝练，

使研究要求进一步明晰起来，研究目标实质上是课题研究预设的成果。目标不在多，在于准确，在于鲜明而集中，聚焦于一些问题上。这是其二。课题研究应当有内容的布局，使目标要求具体化。这是课题研究的重点。根据研究内容可以分解成一些子课题。这是其三。课题研究要形成研究思路，研究的逻辑合理、清晰，有研究的过程、研究方法，形成一个具有科学性和操作性的行动框架。这是其四。此外，有研究结论，还应有反思性、改进性、发展性的未来研究打算，促使课题研究持续深入下去。如果说教育科学中的即时性研究更多渗透在日常生活中，那么课题研究则侧重在集中时间集中精力有目的有计划地研究一两个问题。两种方法的研究，让研究成为我们的工作方式，即用研究的方式来工作。这样，不忘教育的真谛和初心，我们与研究一路开花，才会形成一种气象与境界。

三 | 问题是格言是呼声，将问题转化为课题，确定一段时间内研究的重点

课题源自问题，问题凝练而成为课题；问题解决是课题存在的依据，也是课题的价值所在，因此，课题研究要以问题为导向，而问题又转化为课题。以问题为导向，实质上是以问题的解决为导向，以实践为导向。马克思深刻地指出："问题是时代的格言，是表现时代自己内心状态的最实际呼声。"所以，以问题为导向，即是听从时代的呼唤，表达自己对时代的认知与回应；以问题为导向，就是从一个具体问题切入，折射时代的特点和要求。因此，课题研究的问题是时代进步中的问题，是改革开放中的问题——尽管这是从某个领域、某个角度出发的。老师们，这么去认识课题的价值，也是在体现自己进行改革的责任感和使命感。

究竟怎么寻找问题、将问题转化为课题呢？还是举个例子吧。南京市拉萨路小学二十多年来一直致力于学程研究。所谓学程，是指学习的进度及其安排，这在课程方案和课程标准里是有规定的。但是在实施中遇到了问题，准确地说，是发生了一些问题。比如，学科之间缺少联系，几乎是学科"单兵独进"；比如，按课表上课，一课复一课，一周复一周，课时是分散的，课时之间是割裂的。总之，缺少整合，未能形成育人的合力，育人的目的未能完整地真正实现。这些问题引起他们的深思：学程只能是按部就班，不能有所变化吗？他们有个假设：学程不只是那个规定不变的进程，而是一个在确定性中充满不确定性的过程，应当让学习过程生成更真实更丰富的意义，培养学生的综合素质、创新精神与能力。同时，他们还从课程方案中找到依据：课程要注重关联，加强综合；课时可以分散使用，也可以集中使用。于是，他们确定了一个课题：《小学综合育人的融通学程创新实践》。从题目中我们获取以下信息：学程之间要加强联系，使之融通起来；融通学程是途径、手段、过程，综合育人是目的；融通学程是创新中生成的概念，实践的过程充满着创造性；在实施中，他们又形成了融通的新样式——学程周，所谓学程周是利用一个星期的时间，集中安排，走出课堂，跨出学科，在实践中学，在实践中发现问题、研究问题、解决问题。这是一个大胆的探索。一个好课题实际上是教育教学改革的一个重点、一个方向，甚或是一面旗帜，凝神聚力，攻关一个难题。

四 | 要格外重视课题研究的过程，将目标、内容融在扎扎实实的研究实践中

课题研究中常常有这样的状况——重两头轻中间：重开题、结题，轻实

施过程。开题是课题研究的开启，应当有个开题报告，开题报告实质上是在课题申报时提出的课题方案基础上形成的，是个具体的实施方案，具有很强的可操作性。结题报告是研究结束时提出的研究报告，围绕研究目标，我们做了些什么，做得怎么样，取得哪些研究成果，得出哪些研究结论，目标达成的状况与水平如何。开题、结题意味着课题研究是个完整的过程，两者都重要，缺一不可。但是，结题是在课题实施的最后形成的，没有认真、扎实的实施，就不可能有所谓的结题报告，即使有，也一定是空洞的、虚幻的，是不真实的，是虚假的。同样，没有认真、扎实的实施，开题报告也只能是一个宣言，要知道，"一打宣言抵不上一个行动"。

研究过程主要是子课题研究的落实。因此，在研究内容的基础上要合理布局子课题。子课题的集合实质是课题研究的整体框架，子课题与子课题之间存在着自然而又紧密的联系，层层关联，环环相扣，步步深入，形成一个研究的逻辑。还是以《小学综合育人融通学程的创新实践》为例。这一课题由以下子课题构成：一是基础性研究，包括学程的文献研究，厘清什么是学程，学程的界定、特点和发展走向，并确定研究的起点，包括综合育人现状的调查研究，明确问题的针对性，寻找到研究的重点。这两次基础研究目的是在前人已有研究的基础上有新的突破与超越。尽管这两项研究在课题申报时就已比较清楚了，但是开题研究时需要进一步深入研究，使之更准确。二是框架性研究，要对"综合育人融通学程"作一个总体设计，实质上是一个研究成果的完型，包括核心理念、基本原则、主要内容维度与实施的策略等，在研究最后阶段，据此建构一个融通学程综合育人的模型图。总之，总体框架研究确保课题研究目标的实现。三是专题性研究，包括学生综合素质的整体描绘，课程综合育人的内涵与特点；包括融通学程的具体形态、融通的方法；包括学程周的设计，低中高不同年段的不同样式，以及融通学程中学科课程的地位、功能以及应有的变化的研究。四是案例研究，包括各种案例的培育及其理论分析。为了让研究真正落地，必须组建相适应的子课题组。这就是研究过程必须要扎实做的。

五 | 勇敢地开个头，起个步，和大家商量，选择一个课题研究起来

课题研究绝非易事，具有极大的挑战性。正因为有挑战性，研究充满了探索的乐趣，才会生成创造的理念和能力，这是个极高的平台和极好的机会。老师们勇敢点，迎接挑战，来一次试试，也许这是你新进展的重要一步。当然，也建议你们把握好以下几点：确立为儿童而研究的理念与宗旨，一切课题研究都是为了儿童全面发展，为了儿童有个幸福的童年。确立探索教育规律的勇气和信心，在研究中我们会走在规律之中，成为规律的发现者和践行者。确立以课程改革、教学改革为重点，推动教育改革的深入，为新课程、新教材、新课堂、新评价的发展作出应有的努力，也让自己的专业发展走上一个新境界。

老师们，努力吧，研究型的实践家正在向我们发出又一次呼唤。我们会以研究的方式，终有一天成为研究型的实践家。

解放实践：人才培养的原则高度

培养拔尖创新人才需要理论指导，尤其要以马克思主义为指针。马克思主义及其中国化的理论是人才培养的根基性、统领性理论。

马克思指出："所有的社会生活，从本质上来说都是实践性的。"无疑，拔尖创新人才的培养是一种实践，是一种社会实践，因此绝不能止于坐而论道，说大词、说空话是不能真正解决人才培养中的难题的。当下，我拔尖创新人才培养在基础教育阶段还无实质性进展，甚至正处于困境中。原因很复杂，其中，与如何认识实践、如何对待实践有重要的关联。我关注到香港中文大学（深圳）当代教育研究所一份有关拔尖创新人才早期培养的述评～《超越争论，打通堵点，做负责任的行动主义者》（《中国基础教育》，2024第5期），其旨意就是人才早期培养，一定要注重实践，强调理想信念推动下的实践，重在负责任的实践。

那么，我们需要什么样的实践呢？这是一个必然提出的、值得追问的问题。纵览当下，基础教育早期培养拔尖创新人才各种实践都在积极展开，也确实取得了一些进展，但是仔细、深入观察，就会发现不少实践，包括冠之以"创新实践"的实践效果并不明显，更谈不上突破与超越。问题出在哪里呢？马克思指出，实践应当有原则。他具体的表述是："实现有原则高度的实践"。马克思尖锐地指出了问题的关键，击中了困境的实质：如果只有实践而无"原则高度"，如此的实践肯定不能从根本上解决问题。

自然，我们就有了第二个追问：实现"有原则高度的实践"究竟是什么原则呢？我们知道原则是标准，是思想单元，是指导思想的高度凝练。马克思对实践的"有原则高度"是有特定阐释的，那就是他提出的"解放实践"。解放实践实质是马克思的批判观，这样的批判观对当代的批判理论仍然有着重要的意义。解放实践这一批判观，批判的是一种认识形式，也批判与这种认识相一致的实践形式。学界认为解放实践有三个特点，其中第二个特点是，"它是实践的和追求解放的，这体现在他不仅致力于理解，而且致力于改变现有社会"（《卡尔·马克思：作为解放实践的批评》，荷兰罗宾·塞利卡提斯著，王然译，清华大学《高校马克思主义理论研究》，2017年第3期）。从中我们领悟到，解放实践的要义以追求解放为目的，解放实践的价值追求在于改变现有社会，改变当下的实践。

解放实践，四个字如有千钧之力，冲击了我们的认知，洗刷了对实践的肤浅理解。的确，我们已开始了拔尖创新人才早期培养的实践，但是之所以还无真正的实质性进展，是因为实践的"解放"要义远远没有引起重视，更没得到实现。我们针对一些现象应提出第三个追问：既往的实践究竟做得怎么样？答案并不令人满意。

比如，改变教育理念。长期以来，我们一直在努力发展素质教育，克服以应试为目的的教育，拒绝知识灌输、题海战术、以分数排队，让学生主动地生动活泼地发展……值得注意的是，这些理念和要求，并没有真正实行，更没有实现。究其根本原因是没有让学生从知识和分数的牢笼中解放出来。素质教育要以解放学生为核心，否则教育仍在规训学生、束缚学生、压制学生，与解放实践南辕北辙，越走越背离教育宗旨。没有解放实践就不可能有真正的素质教育，当然不会有学生核心素养的培育与发展。

比如，改变学习方式。改变学习方式的核心是思维方式的改变，重点是突出实践，让学生在真实、丰富、复杂的情境中学，做中学、用中学、创中学。这样，学习方式的变革才能促进育人方式的变革。可现实是，学生的学习方式并没有真正改变，学习状态让人担忧，"学习贫困"仍然存在。我们往深处真实地想想，这种状况说到底是因为学生仍然没有从书本世界走向生活世界，仍然被囿于符号世界，认知狭隘，学习方式单一，学习生活与社会生活断裂以至对立，实践无解放可言。这样的实践越多越坏事，违背了学习逻辑，背离了学生身心发展规律，进而离弃了教育规律。

再比如，解放学生。陶行知早就提出了学生的六大解放，并呼唤教师、家长到孩子队伍里去，"来！来！来！到孩子队伍里来，解放你的孩子。你不能教导你的孩子，除非解放你的孩子。……"可事实上我们仍然在孩子队伍之外，"除非"的要求远没有达到。我们也一直呼吁要呵护孩子的好奇心、激发想象力、鼓励探求欲，但这些呼唤仍受到各种各样的限制，好奇心、想象力、探求欲的翅膀实际上是被折断了。我们还一直呼吁开展学生的社团活动。学生社团的本质是学生的自愿、自主、自由。可是在风生水起、热火朝天的社团活动中，我们看到学生仍然处于被训练、被"表演"的状态，毫无解放感、自由感可言，当然也不会有创新发生。

让解放实践回来吧，让有原则高度的实践回来！解放实践，其实是一种关怀理念下的伦理学，学生需要规范，但是规范应以解放为原则，否则，规范一定会异化为压抑、压制孩子的规训。解放实践，指向学生潜能的开发，指向学生心智的解放。解放实践，实践解放，正是对谬误的摆脱，最终是实践者的解放，既包括作为实践者的学生，也包括作为实践的设计与指导的教师的解放。人在实践中解放，解放实践让人的解放得以实现。

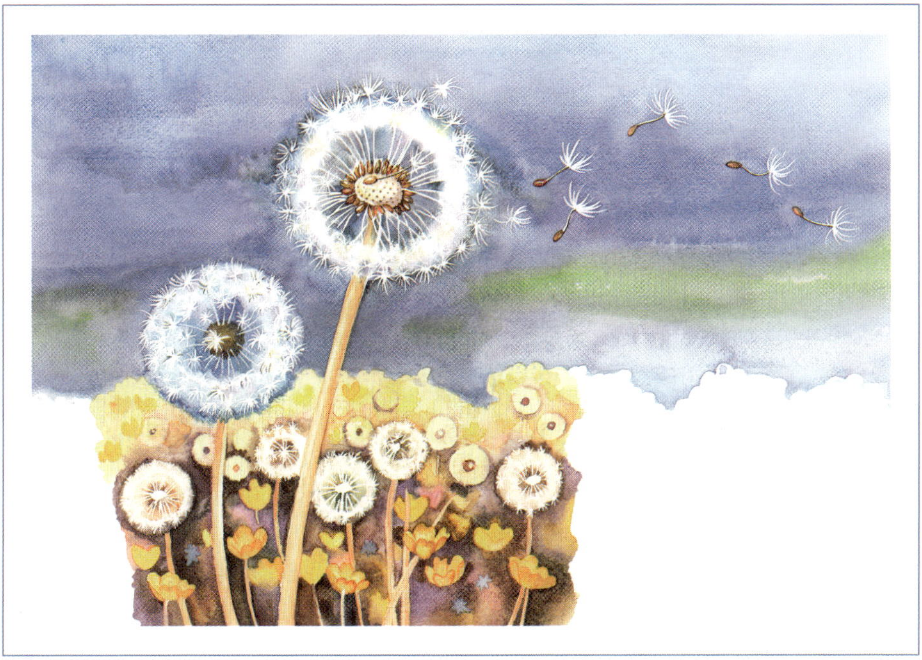

我们每天都在呼吸，呼出的是什么？又吸进了什么？并不知觉，但一定是在呼与吸中吐故纳新，一定是在寻觅，在呼唤，在创造。青春的呼吸正是自由地生活，不必刻意，只要正常、顺畅就行。因为，在呼吸中我们懂得了认识世界也认识自己的辩证法，懂得了选择，选择了美好与崇高。

青春的呼吸，真好真妙！

批判理论的晚期耕耘者哈贝马斯曾把知识因人类旨趣而归成三类。其中一类是由"解放旨趣""所构成的反省与批判的知识领域"（黄武雄著，《童年与解放》第121页）。看来，"实现有原则高度的实践"，即解放实践，意在重构新的知识范畴，它为拔尖创新人才培养指明了一条光明之道。我们当勇往直前。

未来教育家，从中小学里走出来

我们会永远记住这个日子，2019年7月18日。这天，儿童教育家李吉林离开了我们，离开了她所挚爱的儿童，离开了生活了六十多年的校园……但是，她始终没有离开她所创立的情境教育，因为，情境教育还在继续，像是教育的命脉，在我们中延续、深化。李吉林给我们留下了情境教育这座富矿，在中国大地上矗立起了一本大书：中国特色情境教育学。这是一本活的教育学，闪耀着中华文化的光彩，走向了世界，回应着世界基础教育改革的潮流，回响着中华民族的智慧。就在回应与回响中，教师们自信、自豪地站立起来。

透视这本中国特色的情境教育学，我们从李吉林那里还看到什么呢？看到的、感受的、领悟的当然很多很多，不过，其中一个重要的话题，我们更应关注，这应该是成为教育改革的核心命题：教师——未来教育家。

李吉林是从小学教师中走出来的教育家。她为我们树立了一个典范，发出一个召唤性的声音：教师也可以成为儿童教育家，成为教育家。这是一个切切实实的真命题，教师并非与教育家无缘，教育家也不是少数人的专利。这一真命题拓展了教师专业发展的领域，提升了教师专业发展的境界。这是一种情怀、一种理想，也应是一种信念。

李吉林开始进行情境教育改革实验时，并没有这个心愿，可以说，连想都没想过。因而，成为教育家应该是自然成长的过程，无功利，也无目的，具有纯粹性。大凡想当教育家的，结果都不会是，都不会成功。那么，这不是与上文所述的情怀、理想、信念相悖吗？不，绝不是。我们所说的情怀、理想、信念，是指一个普通的教师应当心怀高远的志向，而不是将行动当作目的。去功利，必定去浮躁，必定去浮夸与浮华，必定要脚踏实地去努力、去奋斗，走在未来教育家成长的路上。

情怀、理想、信念，还表现在另一个重要方面：把小学（中学）当作大学。小学并不小，因为教学教育是国民素质的奠基工程，今天的儿童，就是明天的国家栋梁，现在有什么样的儿童，就有什么样的民族未来；小学不小，是因为小学有自身的规律和特点，深蕴着科学道理，研究小学教育，是大学问、真学问、高深学问，小学教育规律紧紧连接着、影响着整个教育规律；小学不小，是因为小学的校园纳进了整个世界，小小的教室激荡着宇宙的风雨，如果把小学比作摇篮，那么，未来教育家那双摇动摇篮的手可以推动一个地球。所以，李吉林说："我把教小学当作大学来上，我与儿童一起在小学里成长。"

情怀、理想、信念不是一句口号，而应该是积极的行动。李吉林心无旁骛、潜心研究、科学实验，用自己的一生去铺展情境教育研究之路：一开始着力于课堂教学，提出情境教学，让学习发生在真实、丰富的情境中；任何教学都应具有教育性，李吉林又研究情境教育，从语文学科向其他学科教学改革延伸；教育教学应当以课程为载体，让课程镶嵌在情境之中，李吉林又构建了情境教育课程体系；而课程、教学的核心是学习，李吉林着力研究了儿童情境学习，形成了中国儿童情境学习范式；随着脑科学的发展，儿童情境教育学习研究又进入了新阶段……未来教育家就是这么一步步走出来的。

未来教育家，要扎根在中国大地上，深植于丰厚的中华文化土壤，寻根、铸魂、育人。李吉林常说："我是中国人，我们爱自己的祖国。"她教过的《小英雄雨来》这篇课文，雨来的这两句话表达了她最真挚的爱国情，成为她坚定的理想、信念。《文心雕龙》《人间词话》的"意境说"，创造性地转化为情境教育的支撑性理论，中华文化滋养了情境教育，也滋养了李吉林的心灵。扎根中国大地办教育，办中国特色的教育，办中国人自己的教育，李吉林独树一帜。

从小学、中学教师中走出未来教育家，要弘扬着教育家精神、理想信念、道德情操、育人智慧、躬耕态度、仁爱之心，弘道追求。李吉林为我们树立了一个榜样。李吉林给我们信心、信念和信仰，给我们情怀、情操和沸腾的情绪。我们向远去的儿童教育家、向未来的教育家致敬。

第五辑
风格：领唱者的旋律

　　风格，是教学的最高境界、打开未来之门的钥匙。风格里流淌着思想的血液，阅读、写作，不断生成、凝练思想。写作是风格的一种表达。教师要以领唱者的旋律，和合唱队一起唱出生命审美之歌。

教学主张与教学风格

随着课程改革的深入，我们对"教学主张"这一命题的认知也不断深刻和完善起来，其实践也不断丰富和具体起来。可见，教学主张是一个不断生长的概念，它是在实践土壤里生长出来的又不断生长的一棵理论常青之树。这棵大树将会带来一片思想的丛林。要知道，教学主张、教学风格可以推动教师的重建。

一 | 教学主张是闪耀着独特光彩的教师之眼，让教师之眼有新的发现、新的境界

解释概念可以有诗意的表达。比如，何为教学风格？教学风格是众多合唱声中领唱者的旋律。比如，何为教育？教育是输电管里电源的输送。比如，何为教师？教师是派到成人世界的文化使者。更遑论"人，诗意地栖居"了。同样的，教学主张也是可以用上比喻的。为此，我想用"眼睛"来比喻教学主张——教学之眼。用眼睛来作比的并不鲜见：眼睛——心灵的窗户；天眼——大口径的射电望远镜；南京之眼——南京市的地标建筑……学术研究中，也有用眼睛来作比的，而且相当精彩：学科之眼——学科的核心概念以

及所带来的学科核心观念；时代之眼——英国著名文化史家巴克森德尔对"时代精神"的比喻。这些关于眼睛的比喻特别神似，特有意蕴，有的甚至形成了一种气象。眼睛的隐喻直抵人们的内心世界，震撼灵魂，为我们开启了一扇又一扇发现世界的窗户。

因此，我们不难理解和感受到教学主张这一"教学之眼"比喻的丰富和神韵。我们曾经把教学主张界定为教学思想的学科化与个人化。首先，教学主张是一种教学思想；其次，这种教学思想是学科化的，是基于学科特质而指向教学实践的，抑或说，教学主张是在教学实践中提炼出来的教学思想；再次，这种教学思想是个人化的，是属于"我的"，而不是属于"我们的"，是教学思想在自己教学实践中的透射和具体体现。无论是学科化，还是个人化，都是在言说教育主张的独特性，对教学改革具有统领性和引导性。正如每个人都有一双眼睛，虽然不相同，但各美其美。所有的教师之眼都会异常明亮，会用教学主张这一双眼睛去发现教学新天地，发现教育新世界。

"教学主张——教师之眼"有着独特的内涵，彰显着丰富的文化意蕴。我试着做些分析，让我们从中透视教学主张的价值与意义。

其一，"教学主张——教师之眼"让我们透过教学主张发现教师的心灵进而塑造学生的灵魂。教学主张的实质是灵魂塑造灵魂。

眼睛是心灵的窗户。"教学之眼"是教师心灵的折射与反映，闪烁着教育思想的光芒，有什么样的心灵便有什么样的眼睛；反之，有什么样的眼睛，便意味着有什么样的教学主张。不难理解，锻造教学主张，必须先塑造自己的灵魂。学生透过"教学之眼"可以看见教师的心灵，触摸到教师灵魂的跳跃。一个灵魂唤醒另一个灵魂，可以从一双眼睛照亮另一双眼睛开始。显然，教学主张是对形而下"器"的超越，是对形而上之"道"的探索与追寻。道者，不只是路径，更是规律，是心灵的创造。因此，"教学之眼"好比是教学的指南针，回望传统，审视现在，瞭望未来。

"教学之眼"凝视着学生，让学生在知识中站起来，在能力中强起来，在思维中活起来，在价值体系认同中生长起创造的力量和人生的精彩。因此，教学主张说到底是育人的主张，是立德树人在学科教学中的具体化。"教学之眼"发现了"立德树人"这一中华民族的育人初心，发现了孩子们内心跳跃着的生命火花。在新时代，应在教学主张的实践中，用课程、教学塑造孩子们的生命，塑造灵魂，塑造担当民族复兴大任的时代新人。

其二，"教学主张——教师之眼"，让我们透过教学主张发现并把握学科独特的育人价值，探索并寻找到育人的学科方式及学科贡献。

教学之眼离不开学科之眼。学科长着一双独特的眼睛，这双眼睛长在学科的独特性质和独特任务之中，同时，又进一步彰显学科的特质和独当之任。学科之眼，给我们学科的视野，它让我们以学科的方式来观察，发现了学科本身所展现出来的世界，独特、精彩、美妙；进而，又将这个学科所展现的世界与其他学科所展示的世界联结起来，因而发现了一个更宽阔、更宏大的世界。当我们再以更开阔、更宏大的世界回到学科所展现的世界时，定会有新的发现和新的认识。学科之眼，给我们以学科的方式来思考，培养我们学科思维的品质。语文，培养了我们"灿烂的感性"，去思考语言文字里所蕴含的人生意义；数学，培养了我们深刻的理性去思考、抽象出世界之美；艺术，培养了我们超越时空的想象力，让"伟大的潜水者"在大海深处以及大海之上，追寻闪着异光的彼岸……学科之眼给我们以学科的观念，发现大问题、大情境之中的大概念的闪烁，并以此逐步建构起结构化的观念系统，将我们导向正确的价值世界，去审视，去发现，去创造。视野、思维、观念，学科之眼给我们以超越知识的力量，进而基于学科特质，深入研究，潜心改革，开发学科独特的育人价值，让学科对育人做出应有的贡献。

其三,"教学主张——教师之眼",让我们透过教学主张立足现实,瞭望世界,探寻人才的"未来素养",让学生在学习中走向远方。

教师之眼不只是盯着现在,只盯着现在的,一定是"近视眼";教师之眼,不只是盯着地上,只盯着地上的,一定是"功利之眼";教师之眼,不只是盯着自己,只盯着自己的,一定是"狭隘之眼"。教师之眼是用文化滋养的,不忘本来,吸收外来,面向未来,在文化的河床上,让文化意义之水流向远方。

未来与现在并没有明确的时间界限,我们已在未来之中,未来已拥抱了我们;未来就在我们脚下,未来已在创造之中。只有远望未来,教学主张才会更有深度与高度,它应更加关注未来人才的必备素养,除各学科独特的育人功能外,更重视共同的素养的培育。一是"认知素养",如批判性思维、问题解决、创造性、信息通讯素养等;二是"个人素养",如自我概念、个人与社会责任感、自主性、情感能力等;三是"人际素养",如交往、协作、团队精神、冲突解决、协商能力、服务意识、领导力等。因此,教师之眼是"远视眼"——未来之眼、战略之眼。

以上三个视角,从教师之眼的特质与内涵出发,将会使教师对教学主张有新的认知,获得新的启发,在新的挑战中,走向更深的层次和更高的境界。

二 | 教学主张又好比是一棵教师的生长之树,在漫长的过程中自然生成

显然,不同的比喻有不同的旨意。如果说,用教师之眼作比,意在对教学主张有更深刻的认知,走向更新的发展境界;那么,用生长之树作比,则意在强调教学主张的成长性,它是在漫长的过程中沉淀后自然生成的,犹如美丽的花蕾刹那间的绽放。

提出这样的话题，既出于理论的思考，又出于对现实问题的审视与反思。从理论的视角看，严格地说，我们还没有触及教学主张的基本理论问题，还没有触及与教学主张相关的其他理论问题，在理论上我们还不成熟，甚至还停留在问题的表面。从实践的视角看，在追求教学主张的过程中，还存在一些不能令人满意，还有一些需要警惕的问题。比如，功利之心、浮躁之气、不当之措，不仅是存在的，而且还有加剧与蔓延的趋势，如果不反思、不纠正，那对教师的专业成长、对教学的深入是非常不利的。为此，我们应该从理论与实践的结合上，通过讨论来进一步厘清并澄清一些相关的问题，推动教学主张命题本身的完善与实践的深入。

首先，在认识上，教学主张这棵树不是孤立的，它只有在树林中才会有生命的活力——关于教学主张独特性的讨论。

教学主张是一棵树，说它是一棵树，是言其独特性。说它是树林中的一棵树，是言其不能离开整体性。作为教学主张，可以从教学风格的角度来界定。教学风格是教师教学过程中所表现出来的教学整体风貌与鲜明的独特性。这一界定及其基本理念完全适用于对教学主张的阐释。教学主张具有独特性，认识到这一特点才能触及教学主张的真义。独特性是教学主张的鲜明特征，也是教学主张的本质之所在，若缺失独特性，则无教学主张可言。但是只有独特性而无整体性，同样也无教学主张可言。这一基本规定性并不难理解：整体性，亦即教学的规律、要义和框架，这些是教学主张独特性的背景，更是独特性的基本依循。离开整体性，独特性就失去了依据与依靠。独特性要反映整体性，更要融入整体性，独特性是整体性的一个侧面，抑或说是整体性的一个角度的透射，抑或说是整体性的某一聚焦与凸显。总之，教学主张应是独特性与整体性的统一。

遗憾的是，这一基本认识没有为大家所认识，更没有真正得到落实。主要表现在刻意去寻找甚至人为地制造出某一教学思想的独特性来，其结果不是教学主张提炼不准、提炼不出，就是教学主张显得单薄而无分量，或是让教学主张离开整个树林，孤立地"树"在那里，没有整体风貌，形成不了气象。只有把教学主张根植于教学过程整体优化和教育规律的土壤中，教学主张才会有强大的生命力，才会有厚度。所以，教师们要着眼于教育规定性与基本规律的探寻，着力于自己教学整个过程的回顾、总结与提炼。

其次，在价值指向上，要让这棵树长得健康结实，而不是让绚丽的花遮蔽壮硕的树干——教学主张独特功能的讨论。

心理学告诉我们，个性的原意是面具。由此说开去，教学风格也是一种面具，而作为教学风格的理论基础——教学主张当然就有面具的意思。不能否认，面具是有功能的，其基本功能是表演。从表演理论来看，表演无非是两种：舞台上的艺术表演与社会性表演。教学，远远地超越了社会性表演。这是一个师生对话、共同建构生命共同体的过程，这个过程充满着价值传递、价值生成、价值体认、价值创造与价值引领。教学的本质属性是育人的活动，其根本的宗旨是育人，各学科都要充分开发学科育人的独特价值，一如上文所述，为育人做出学科努力、学科贡献。教师形成教学主张的目的，是为育人服务，是为了更好地育人。教学主张让教师与学生之间敞开心扉、坦诚交流、共同探索、深度体验，在教学中培植爱国情、强国志、报国行，让学生从小就挺起民族的脊梁。与此同时，学生也实现了个人的价值。假若教学主张偏离了育人的宗旨，追求所谓的教学个性、彰显教学特色，而且在不自觉中成了自己教学技艺的炫耀，显然，这就降低了教学主张的境界，甚至异化了教学主张的核心价值。这样的现象是存在的，只是自己还没有深刻反思，没有意识到，更没有真切的改变。教师应该铭记：教学主张是对学生成长的核心关切，用自己的教学主张在教学过程中镌刻"育人"两个字，才是教学主张的根本宗旨。

再次，在追求的心态和方法上，等待教学主张这棵树依着天性成长，而不是拔苗助长——教学主张形成规律的讨论。

《管子》里说："一年之计莫如树谷，十年之计莫如树木，百年之计莫如树人。"这就是生长的规律、育人的规律。教学主张的追求与提炼也要遵循这样的规律。如果对规律做个概括，当是八个字：顺其自然，积极探索。具体说，可以将以下几点作为规则来对待。

一是要积极，但不要心急。追求教学主张，将其提炼出来，应当有积极性，有紧迫感，但是不能心急，更不能浮躁，尤其不能浮华。积极而不心急才是良好的心态，折射出自己内心丰富的安静。积极更侧重于精神状态，而心急则是急于求成的情绪倾向，恰恰不是真正意义上的积极。因此，追求教学主张重要的是精神价值的追求。二是要浇灌但不能"催肥"。一棵树的生长，需要阳光的照耀、雨露的滋润、营养的支持，什么时令做什么事，做到什么程度是有讲究的，"时令"就是大自然赋予生命成长的节律。而"催肥"则不同，是强加给树苗的，破坏了自然生长的节律。长期的浇灌才会有丰厚的积淀。三是要刻苦但不能刻意。刻意会带来"目的性颤抖"，刻苦让刻意发生了价值转向。

其实，教学之眼、生长之树，何止是在讨论教学风格和教学主张呢？何况，教学风格、教学主张牵动着教师未来发展，也牵动着整个的教师发展。可以说，教学主张、教学风格正是在重建教师。

走进思想的丛林

新生代名师们代表着青春。他们的教学主张，就是以青春的名义对教学改革的一个崇高而郑重的约定，又以青春的约定表达着他们不懈的追求和切实的行动。他们的主张汇聚在一起，形成了一片思想的丛林，林中摇曳着青春的风铃，响起风格的青春序曲。于是，我们向新生代致敬，就是向青春致敬，向未来致敬。在这片青春的树林里散步，一定会得到关于青春与创造的启迪。

一　教学主张：
　　思想的血液、风格的魂灵

萧伯纳曾经说过这样的话："一个人要是没有什么主张，他就不会有风格，也不可能有。一个人的风格有多大力量，就看他对自己的主张感觉得有多么强烈，他的信念有多么坚定。"他的意思很明显，风格来自自己的主张、追求。形成风格，首先要拷问信念和追求自己的主张。主张应当是风格的魂灵。

的确，风格离不开主张，离不开思想。福楼拜是一位执着追求"最恰当的字"的作家。他说，思想是风格的雕塑。别林斯基则说，思想是风格的血液。思想的淡化以致离去，必将导致风格之花凋零、枯萎而死去。一个教师的教学主张有多坚定、多强大，教学风格就会有多鲜明、多独特。

教学主张是一个教师的核心教育理念，是教育思想的具体化和凝练，也是个性化的表达，犹如一个人内心的指南针。它超越了实践，也超越了一般性教学观念，用许卫兵的话来说，这是对教学实践"形而上的关怀"，这关怀包括形而上的观照和引领。

这批新生代名师初步形成了自己的教学主张。如果对这名师的教学主张做一些初步梳理和归纳的话，可以看出他们所确立的教学主张有不同的视角。其一，侧重于文化与生命的视角。祝禧和王笑梅分别提出文化语文和生命语文的主张。文化语文主张语文教学要走在"回家"的路上，即要回归文化。生命语文则主张"语文成为儿童生命的泉眼"。其二，侧重于教育所面对的关系的视角。周益民探寻的是儿童与语言文字的关系，形成诗化语文的主张，"回到话语之乡"，"与儿童共同寻找语言家园"。蔡宏圣认为数学与儿童有着和谐的本源，和谐是数学教育的固有姿态，和谐成为他数学教育的主张。施延霞从教育与环境的关系，提出优化英语教学环境的主张。曾宝俊探寻的是儿童与科学的关系，主张经历、体验、理解科学。其三，侧重教育宗旨的视角。钱阳辉用最平实的语言，主张数学教育就是把孩子教聪明。陈萍主张主体德育，确立学生的主体地位是德育的根本宗旨。其四，侧重教育状态或形态的视角。徐斌认为教育的形态是无痕的，无痕的数学教育也是教育的最高境界。许卫兵则认为，数学教育的主要形态应是简约，简约是教育的艺术和智慧。沈峰主张英语教学应当自然、自在、自如，即自在的心灵体验，自然的师生关系，自如地运用能力。其五，侧重于方法论的视角。魏星主张用向四面八方打开的方法，为言语生成而教语文。管建刚的作文教学革命是从方法的改革开始的，提出诸多"重于"的主张，比如讲评重于指导。

以上只是一个大概的分类，并不精准。其实，分类的维度是多元的，不过，无论何种分类，都离不开教育的宗旨、学科的特质，以及个人的文化背景、知识结构，也离不开个性化的表述。同时，所有的教育主张都离不开一个核心问题：教学主张究竟为了谁？

二 儿童发展：
教学主张的根本价值与终极意义

的确，教学主张绝不只是一句吸引人眼球的口号，因为，它都要回答同一个问题：究竟为了谁？其实，这一核心理念本身就内在地蕴含着儿童这一核心要素，儿童成了他们教学主张的主语，即一切为了儿童的发展；儿童的发展成了他们教学主张的基本逻辑，即一切从儿童的发展出发；教学主张的基本方式是儿童方式，即以儿童的方式展开教育教学活动。总之，他们的教学主张有一根本立场：儿童立场。他们从来没有淡忘儿童，甚至连轻慢儿童也没有。假若离开了儿童发展这一根本宗旨，那么，教学主张只能是一个华丽的词句，只能是一个缺失内涵的干枯的概念，只能是教师毫无意义的个人表演。

为了儿童的发展，首先要认识和发现儿童。周益民对儿童的认识与发现是：儿童首先是今天，儿童的名字就叫"今天"，有了幸福成长的今天，才会有幸福的明天；儿童拥有丰富的可能性，他们是天生的诗人、可敬的探索者、艺术的王子；儿童有令人惊异的深度，当然这是儿童深度。周益民告诫自己：只有真正认识和发现儿童，才会真正知道一切从儿童出发，出发点在哪里，又应走到哪里去。也只有这样，才会给儿童以完整的童年，语文教育、整个教育才会回到人生的根据地。

其次，要寻找学科与儿童的本质关联。王笑梅认为语文与儿童的本质关联是："语文，儿童生命的泉眼。"这一本质关联的具体内涵是："语文课堂是

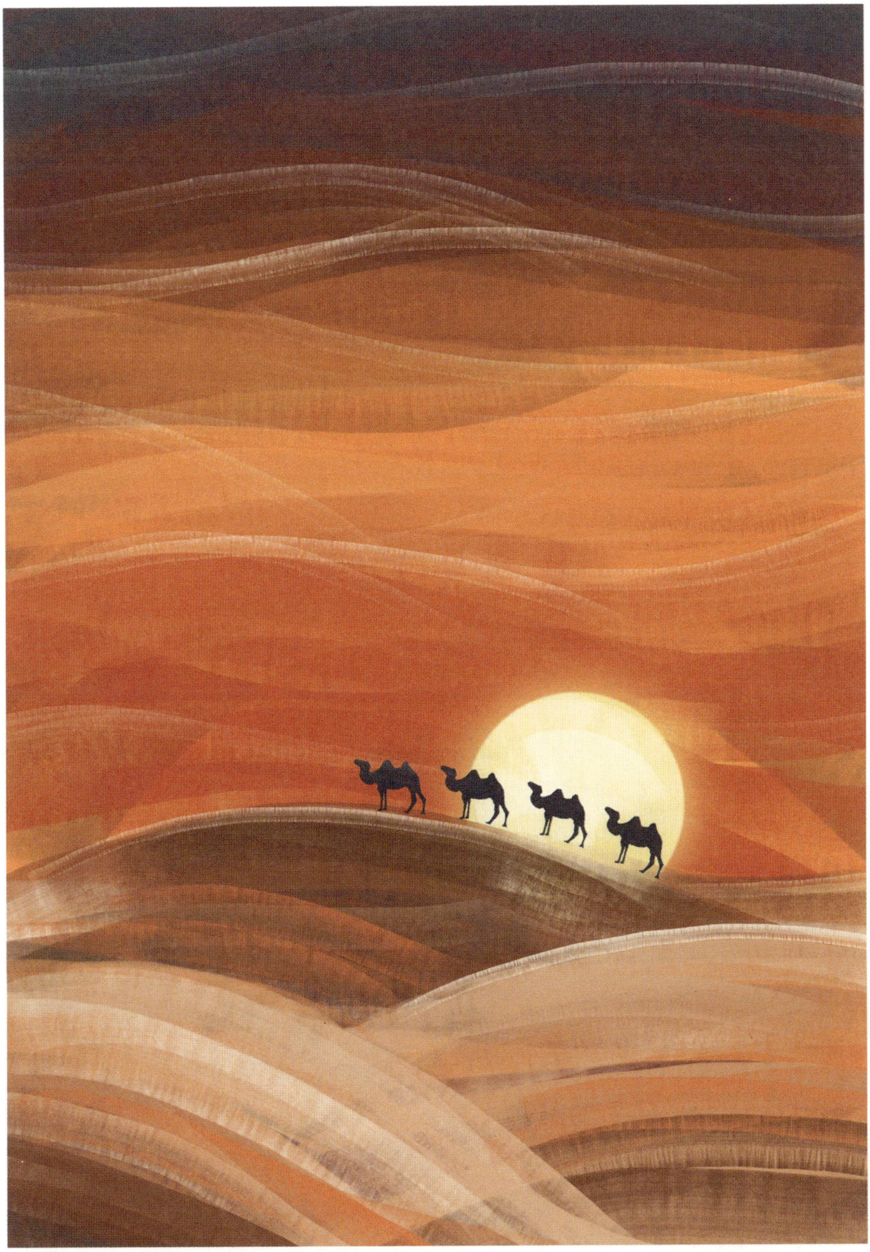

人是意义的存在。人的意义不是别人赋予的,而是人自己寻找、创造的。人既可以是意义的创造者,又可能成为破坏者。我们在青春的旗帜下集合。教师,要不断去追寻意义、创造意义,让精神的阳光照进生命,在伟大的时代写出地平线报告,构建自己的审美人生。

师生心灵的约会";"作文是一部儿童童年的嬉游记";"将儿童应做的事变成游戏,将儿童最难的事化作嬉戏"。儿童的生活是生命的初恋。语文回到儿童生活中,才会有生命感。这样,从生命的角度找到了本质联系,于是语文教育才能找回生命的原初体验,程式化的语文教学也才能在生命的体验中消融。王笑梅告诫自己:缺少这种本质关系,儿童与学科永远是"天各一方",生活、生命以及语文本身就无从说起。

再次,要研究儿童是怎么学习的。儿童从来不是一个抽象的概念,儿童是怎么学习的,往往可以看出儿童是怎么发展的。钱阳辉的教学主张的形成过程告诉他,对小学数学教育要进行全方位的思考,把目标、内容、过程、评价结合起来,在社会、学科、儿童三位一体的整体上作系统化的建构,而其中十分重要的是要研究儿童是怎么学习的。假若学生不经历知识创造、解读发现的过程,那么教学目标是无法达成的,儿童发展也只是一句空话。研究儿童发展,沈峰主要从建构入手,并进行了具体的阐释,"应该建构什么""应该建构哪里""应该建构的是谁"三个问题,层层深入,引导学生主动学习。儿童的学习在建构中改变了关系,又在改变关系中获得发展。钱阳辉和沈峰告诫自己:有什么样的学习方式,就可能有什么样的儿童。

发展儿童,既要发展儿童的整体素养,又要着力于儿童创新精神的培养。创新是一个民族进步的灵魂,而儿童敢不敢、能不能创新,则决定民族的未来。我们常常在理论上承认儿童的创新精神多么重要,可一回到实践,创新就被知识、被分数冲掉了。严格来说,我们只是在口头上说说而已。曾宝俊认为,创新最重要的,一是孩子们应拥有"第三只眼睛"。这"第三只眼睛"是始于儿童的好奇心的,又是在发现科学规律中形成的。二是要有一种勇气,即敢于怀疑,大胆质疑,甚至有一种"摧毁科学经典的能力"。三是要有科学的方法,学会进行探究活动,并在探究活动中,善于总结,善于发现,学会创造和发明。曾宝俊告诫自己：让创新主导自己的教学。

三 回归与寻找，提炼与提升：
教学主张形成的基本路径

教学主张不是某一个早晨就能确立起来，更不是空穴来风，没有长期的实践和思考，是形成不了教学主张的。

建议你好好地读一读蔡宏圣的文章。他这么概括自己教学主张形成的过程："二十多年来，正是在学习和思考的约会中，提出了不少对当下数学教学的独到理解，并汇集起来逐步确立了'和谐是数学教育的固有姿态'的教学主张。"的确，与他者的相遇与约会是会有新的发现的，是会诞生思想的。不过，他约会的是思考，他的约会就是思考。思考之一，"本源追溯"——"儿童是和谐的生命体""数学是和谐的复合体"，那循着儿童和数学的和谐本源而展开的数学教育，自然是和谐的。思考之二，"课例突破"——以课例为基础的理性思考和总结，碎片得以结构化，论文因此而渐成经典，教师因此而得以成长。思考之三，"理性自觉"——课例、经验、思想碎片，经持久地拷问，在磨砺中提升，这是理性自觉的过程。蔡宏圣具有理性气质，其教学主张的形成过程正是理性的追溯、理性的拷问、理性的提炼与提升的过程。值得注意的是，此次他又特意用感性的方式来展开和呈现，提出诸如"出发这就是一种美"可见，名师的重要特征，是理性与感性的结合。而正是这两者的结合，催生了教学主张。

同样，祝禧教学主张的逐步形成，亦是在对实验过程梳理后的思考：把目光停留在语言与文化的关系上。而她的基本路径是回归，是寻找"回家"的路。法国哲学家利奥诺首创的"重撰"概念是与"回归"紧密相连的。利奥诺认为，重撰既是"回归到起点"，又是"深加工"。祝禧正是有两次"深加工"，一次表现为对文化语文的阐释：文化语文之"文化"，以民族文化为核心，以多元文化为视野，以当代文化为切点，以儿童文化为语境。在此基础上，她又进一步"深加工"、提升：文化语文洋溢诗意的温度、史意的厚度和思意的深度。是的，回家的路上充满着新的想象，充满着创造，文化永远是回归与创造的过程。

回归需要寻找。周益民的寻找极为深刻，他寻找儿童，而且和儿童一起寻找。管建刚则是另一种寻找，他的寻找是在故事中进行的，是在传统教学与现代教育的交织中选择的，他的寻找就是选择。魏星寻找的是语文教育的规律："言意共生"体现语文观、"个体内生"体现人本观、"活动创生"体现实践观、"有无相生"体现哲学观、"生生不息"体现生命观。许卫兵的简约数学实质上是在寻找丰富中的简单、深刻中的浅近，以及教师的丰富与教学的简约，也许应了契诃夫的名言："简捷便是天才。"也应了美国诗人艾略特·温伦格的话："好得很平庸。"——好的教学当简约，当"平庸"。

如果说作家是寻找语言的流浪者，那么数学教师则是寻找数学思想的"流浪者"，比如王凌在数学知识中寻找"社会属性"，而且对"社会属性"作出了独到的解释，可见王凌有哲学视野和思维。其人其课广泛受到高度赞扬，是理所当然的。建议大家好好研究王凌。而音乐教师则是寻找音乐文化的"流浪者"，比如黄美华要用文化主题把音乐课堂撑起来。记得黄美华谈论过关于"美丽"和"漂亮"的话题，给我留下了深刻的印象。用文化支撑的课、用文化润泽的人是最美的。黄美华对此有精辟的演绎。

基本路径就这样在他们面前铺展了一条宽阔的路：回归，寻找，发现，实践经验的提炼，原初思想的提升，教学主张才会逐步明晰，才会生成。

四 | 课程开发、课堂教学改革：
　　教学主张需要实践建构

　　教学主张既要依靠理论的支撑、理性阐释的清晰与深刻，也要依靠具体的实践建构的支撑和证明，否则只有"形而上"，而没有"形而下"，"形而上"也就变成了空壳，况且，实践建构也不纯粹是"形而下"。

　　新生代名师都在教学主张引领下进行实践建构。一是课程开发。祝禧开发了校本课程，无论是人文大主题文化阅读课程，还是意象主题文化阅读课程，都极富文化的意蕴，极具文化语文的特色。周益民开拓语文课程的新领域，无论是诵读与聆听课程，还是身体阅读课程，还是口传民间文学的引入，都在"寻找"语言存在的家。管建刚实际上是在创造自己独特的作文课程，是颠覆后的创造，他很可能建构的是具有中华民族文化传统特色的作文课程体系。施延霞建构的是"以校园英语环境为主体，以课堂英语环境为核心，以家庭英语环境为补充，以课程资源环境为提高"的一整套英语环境课程系统。黄美华开发的是"主题性文化情境课程"——在一个文化主题引领下，开发、整合"合适"的音乐素材，将音乐"置于社会的和文化的语境中并作为文化的一部分"。陈萍十分重视理论建构——品德教育：走向主体活动。究其内容，仍然是理论指导下的实践建构。她的专著《走向主体活动的品德教育论纲》应该引起大家的关注。

　　二是课堂教学改革模式的建构。教学模式是理论和实践的中介，是理论化的实践，实践化的理论，难度很大。如果对一般教师提教学模式建构是过高要求的话，那么，这批新生代名师，则把建构课堂教学模式作为自己的主动追求。比如，王笑梅用四个"让"串起了自己模式建构的线索：让文本灵动、让课堂灵动、让阅读灵动、让写作灵动，而一切的灵动都是生命的灵动。比如，徐斌有个性十分鲜明的建构："不知不觉中开始"——数学教学内容的整体把握；"潜移默化中理解"——儿童学习心理的深度洞察；"循序渐进中掌握"——学生学习过程的精心组织。这就是徐斌的"无痕教育"，的确是无痕的，却在儿童的学习过程中和儿童的知识结构、文化人格中留下了深深的印记。比如，蔡宏圣的和谐数学，价值指向——教学内容——教学组织——教学设计——思维方式，这一系列的思考和整体设计，正是和谐教学模式建构的操作要义。比如，钱阳辉的实践建构，主张深入到数学思想方法的层面，显然是一种深度建构。沈峰十分注重学生思维的发展，在教学中思维引路，训练学生在探索中发展形象思维、发散思维，让学生思维跳跃起来。不能说他们已建构了教学模式，但已有了基本的框架，这难能可贵。今后的任务应当是进一步具体化、结构化，并作出理论解释。

理论与实践的双向建构，课程开发与课堂教学模式的双向建构，有力地托起了名师的教学主张，并使教学风格的孕育与形成贯穿在教学过程及其研究之中。同时，也正是在主张引领下的双向建构，促进了名师的成长与发展。

名师成长是有核心因素的。季羡林曾经借用王国维《人间词话》中的三重境界来解释人的发展的三个核心因素，即"独上高楼，望尽天涯路"——要有理想、抱负和胸襟；"衣带渐宽终不悔，为伊消得人憔悴"——刻苦努力、勤奋付出；"众里寻他千百度"——不断探索、寻找、发现、创造。季羡林又补充两个，一是机遇，二是人的先天禀赋。这五个核心因素点出了人的发展的关键，同样可以视作名师发展的关键，其中最为关键的应当是教育思想和理念，应当是人的精神境界。最近听到林则徐的那句话："海到天边天作岸，山登绝顶人为峰。"这句话用在名师的教学主张及其实践中，不仅恰如其分，而且可能又是一次更高的引领和召唤。故，迫不及待地抄录于此，作为结尾。

风格：教师的生命歌唱

和老师们谈谈教学风格。

说到风格，不能不说到雨果对风格的论述。他说："没有风格你也可以成功，但是没有风格，最终不会成功，不会陶醉在众多人的欢呼中，也不会拥有众多人献给你的花冠。"他的意思很明确：风格是一个人成熟的标志，也是一个人成功的重要原因。雨果还说："风格是打开未来之门的一把钥匙。"的确，风格可以让我们走得更远更好。也许，歌德的话点出了风格的更深层的价值：风格是艺术家所企求的最高境界。艺术家如此，教育家也应如此。不仅教育家，优秀教师、名师也应追求自己的教学风格。其实，教师们一直在追求风格，只是处在不自觉的状态。风格关乎艺术，也涉及技术方法等问题。但是，今天我们讨论教学风格，还应跳出技术，甚至要跳出艺术来深入探究，抑或说，要发现艺术、技术背后关于风格的深义和形成风格的关键因素。

一　风格是众多合唱声中领唱者的旋律

对风格的定义及其阐述还是比较多的，但是有人用描述的方式来诠释还是挺有"风格"意蕴的：风格是众多合唱声中领唱者的旋律。这一描述性的定义其实是很深刻的。我们可以对其内涵做一些分析：其一，风格是领唱者的旋律。领唱者的旋律具有鲜明的独特性。正是独特性，彰显了合唱队的风格，可见独特性是风格的本质属性。一如老舍所说，风格是这一朵花或那朵花，这朵花的色彩、形态、香味与另一朵花是不一样的。当然，它首先是花，因为风格才让花园里各具特色，百花齐放，百花争艳，五彩缤纷。试想，如果花园里只有一朵花，没有其他的花，怎能显现花的多姿多彩？也许有人会说，你看，春天，那一片金黄金黄的油菜花，难道不美吗？你再看，那一片郁金香的花海，漾漾荡荡，难道不摄人心魂吗？没错，真的都很美，美不胜收。但是，此时的花海是一朵朵花的聚集，但仍是"一朵花"，一朵朵花荟萃在一起，彰显了花的风格的整体性，让独特性更具大美、大气象。所以，独特性是有不同表现形态的。其二，领唱者。具有风格的教师是领唱者。领唱者是合唱队中的标志性人物，具有示范和引领性。高水平的领唱者才能提升合唱队的水平，合唱队离不开领唱者这个核心人物。其三，合唱队。合唱队发出立体、多彩、和谐的合唱声，在合唱声的衬托下，领唱者的旋律更加优美、更加凸显。领唱者不能离开合唱队，离开合唱队，领唱者还有存在的意义与价值吗？完全可以说，领唱者是在合唱队中诞生并生成意义感的。总之，领唱者旋律的独特性与合唱队的整体性相得益彰。这才是真正具有风格的合唱队。

这就让我想起了李吉林老师。李老师创建了中国特色的情境教育体系，构建了中国儿童情境学习范式。她是从课堂里站起来，是从小学教师里走出来的儿童教育家。无疑，她是其所在学校——南通师范学校第二附属小学的领唱者。正是情境教育确立了学校的教育核心理念和办学主张，是情境教育编织并唱响了教育的主旋律，带领全校老师进行教育教学改革，从整体上提升了教育质量，并形成了鲜明特色。也正是情境教育引导教师从自身的特点和所任教学科特质出发，追求并形成各自的教学风格，而不同的教学风格又从本质上体现情境教育这一核心理念和主张。与此同时，李老师从教以来，一直没有离开过通师二附小，是二附小的老校长和老师们托举了她，是学校给了一个十分良好的文化生态，尊重她，信任她，支持她，她已与学校融为一体。通师二附小是优秀的高水平合唱队，而李吉林则是合唱队的灵魂，提升了合唱队。从这一例子来看，风格不只是指个人的，也可以指一个集体，亦即一所学校也可以形成风格——我们将其称作学校风格。同样，学校风格也要有领唱者唱响的旋律。

二 追求教学风格的根本目的在于育人，做一个育苗人

教学风格，固然是教师专业发展的境界与专业品格的标志，体现了自己的专业价值与尊严。我们从来不怀疑，更不否定个人价值的实现，合唱队里的每一个人都要充分发挥自己的作用，只有每一个人都是优秀的，合唱队才可能是优秀的、杰出的；也只有每一个人的价值与集体价值融为一体，个人价值才会更有意义。时代从来都这么认定："小我"融入"大我"，"小我"才会更有存在感和幸福感。这一历史的逻辑同样体现在对教学风格的理解中。因此，个人的旋律要与国家的主旋律相一致，要为主旋律而唱响，并成为主旋律中的一个音符。

换个角度讨论，教师的教学风格不是"秀"自己，不是炫技的过程，而是在体现个人价值与成长标识的同时，必须服从于并服务于育人的根本任务，为促进学生全面发展服务，帮助学生成为担当民族复兴大任的时代新人。这是追求形成教学风格的根本目的、最终目的。我们常说，生命为祖国而歌唱，

青春为民族复兴而澎湃，这正道出了教学风格的宗旨与境界。其实，这里还隐藏着一个学术问题，即教学风格的形成离不开学生。其含义是，除了为学生发展服务，还强调学生参与，这是教师教学风格形成不可或缺的因素。因为教学是教师教与学生学共同构成的过程，学生的学支撑了教师的教，离开学生的参与，便无风格可言。同时，还因为学生的参与和发展，是教学风格的试金石和检验剂，教学风格的意义在于学生的学习进步。风格合适不合适，风格的目的是否达成，应由学生的成长变化来判定。因此，教学风格应当"融"在学生的学习过程中。假若，有的教师一心只为自己形成教学风格而心中无学生，把学生学习和发展丢在一边，甚至让学生成为配角，来配合教师、衬托教师，让学生为自己的所谓风格服务，这怎能形成真正意义上的教学风格呢？如果将这样的"风格"也称为风格的话，我们不要也罢，而且要坚决反对、唾弃之。

我常常想起语文教育家、儿童教育家斯霞老师。如果活到今天，她应114岁，她离开我们已有20年了。她在小学语文教学中开创了"字不离词、词不离句、句不离文"的教学法，生动自然。学校的文娱活动中，50多岁的斯老师会在头发上扎上蝴蝶结，系上白色的围裙，两手叉着腰又唱又跳，扮演孩子们喜欢的角色。在教"祖国"这个词语的时候，她结合学生的生活经验，根据学生的认知特点，深入浅出，循循善诱："小朋友，什么叫祖国？"一个小男孩儿说："祖国就是南京！"同学们哄堂大笑。斯老师严肃地说："不要笑。南京不是祖国，是祖国的一个城市。想一想什么是祖国。"孩子们被点醒了，说："祖国是国家。"斯老师说："我一半同意，一半不同意。世界上有中国，还有美国、德国、英国等其他国家，想一想什么是祖国。"这又一次点醒了学生："我知道了，祖国就是自己的国家！"斯老师马上接过话头："是的，祖国就是自己的国家，是爷爷奶奶、爸爸妈妈、祖祖辈辈、世世代代生活着的国家。1949年新中国成立，中华人民共和国就是我们的祖国。"接着，她说："小朋友，我们一起来读：祖国，我们爱祖国。"斯老师教学风格那么简洁、那么亲切，又那么严谨，这是因为她爱孩子，更懂孩子。她被誉为"小学教育界的梅兰芳"，是一个伟大的育苗人。在这里，愿与大家分享诗人臧克家献给斯老师的一首诗："一个和孩子长年在一起的人，她的心灵永远活泼像清泉。一个热情培育小苗的人，她会欣赏它生长的风烟。一个忘我劳动的人，她的形象在别人的记忆中鲜活。一个用心温暖别人的人，她自己的心也必然感到温暖。"

三 │ 教学风格的追求与形成：要努力形成教学主张，做一个有思想的实践家

前面谈到风格的本质属性是独特性。独特性的深处应当是思想的深刻性。别林斯基说，思想是风格的血液。也有人说，风格是思想的雕塑。总之，风格离不开思想，脉管里没有思想血液的流淌，便不可能有所谓的风格，即使有，也是苍白的、枯燥的、虚无缥缈的。不难理解，塑造教学风格，首先要锤炼自己的教育思想，逐步形成教学主张。

我以为教育思想是一个结构，它绝不是单一的，而是有一个核心，然后从这个核心多维度多向度地展开。这个核心是全面贯彻党的教育方针。全面贯彻党的教育方针，才能构建德智体美劳全面发展的教育体系——其本质是构建更高水平的育人体系。我们既要坚持五育并举，又要促进五育融合。五育并举，强调的是每个"育"都重要，一个也不能少，要充分开发每个"育"独特的育人价值。五育并举是五育融合的前提，否则，有的"育"很可能会被"融合"掉。促进学生全面发展是教育思想的魂，是思想体系的主轴。一个不能面向全体学生、不能促进学生全面发展的教师，教育思想不仅不会深

刻，也不可能有正确的教育思想，所谓的教学风格也会缺失正确的方向。这会关涉另一个问题，即素质教育与应试教育的关系问题。我们要有鲜明的态度：坚持发展素质教育，抵制应试教育；不能因为应试也是一种能力和素质，就误认为应试教育要与素质教育共存。倘若如此，迈向教学风格之路必然走偏了、走歪了。换句话说，应试的风格不是我们所追求的。

我将理想信念也列为教育思想的内涵，作为这个框架中一个极为重要的维度。因为理想信念的实质是价值观，价值观会触发理想信念的生成，而理想信念能培育一种奉献精神。马克斯·韦伯说，一个人如果"不是发自内心地献身于学科，献身于使他因自由所服务的主题而达到高贵与尊严的学科，则他必定会受到败坏和贬低"。这儿的"学科"可以理解为科学、学术，也应可衍生为教育。一个人要有献身教育的精神，这样的精神透射出理想的光照和信念的坚定，具有这种精神的人才会去追求真理，追求思想的自由，追求教学风格。

我将教学风格深处的教育思想叫作教学主张。教学主张是教育思想的凝练表达，是教育思想和核心理念的聚焦与高度概括，是个人化和学科化的过程。因此，教学主张具有独特性，独特的教学主张会导引、生成教学风格。教学主张的凝练是一个漫长的、不断磨砺的过程。正如特级教师贾友林说："先有点想法，再有点见解，再形成观念，在此基础上逐步形成自己的教学主张。"这是一个过程，是一个凝练、结构化、系统化的过程。这就让我想起几个关于教师劳动的话题：教师是个精神劳动者，培植自己的精神特质，进而培养学生的精神品格；教师是个思想劳动者，活跃思维，理解价值，创造意义，进而帮助学生培植理想，做个会思考的人；教师也是个情绪劳动者，以情激情，以美育德，让积极情绪充溢课堂，让愉快、审美的表情也成为风格的表情。

所有这一切，都要求教师要扎根实践、深植实践。风格是自然形成的过程，但这是个刻苦、努力的过程，有巨大付出才会有丰收的喜悦。我以为，风格是"做+

思考 + 凝练"的过程。我们应该奉行"做的哲学"。思想在飞扬，但总有一个落脚的地方，那个落脚的地方叫实践，在实践的大地上才会绽放思想自由的风格之花。所以，追求风格的教师是思想者，也是实践家。

四 │ 追求、形成教学风格，是认识自己、自我超越和自我概括、凝练的过程

　　风格是属于人的，属于个人的。风格的独特性是个人的独特性的映射。风格的主体性必然带来独特性；风格的独特性基于人的差异性，因而带来多样性和丰富性。风格的形成需要别人的指导和帮助，但具有绝对的不可替代性。毋庸置疑，追求、形成教学风格必须从自己的实际出发，而前提是充分认识自己。古希腊哲学家提出的"认识自己"是亘古不变的箴言，用在风格的追求与形成上同样重要，而且更加贴切。

　　认识自己的什么呢？一要认识、分析自己的知识背景，把握自己知识的结构与见识的视野。不同的学科有不同的思维方式与表达方式。开阔的视野会带来不同的格局，大视野、大格局才有可能生成更具个性的风格。底蕴越丰厚，风格才会越鲜明，也越稳定和持久。否则，一个教师可能会处在平庸甚或肤浅状态，绝不会生成什么风格。二要认识、把握自己的气质类型，风格与气质类型密切相关。前段时间我看见央视的《我的艺术清单》，所采访的艺术家个个有自己的风格，这才叫作"风格荟"或"风格萃"。其中朱迅采访艺术家韩美林给我留下的印象尤为深刻。韩美林近90岁，可还是那么激情澎湃，有时完全像个孩子，他自称"活泼可爱的韩美林"。因为喜欢贝多芬，于是他又自称"韩多芬"，他说这是自己的"疯话"。请看他的作品，无论是绘画，还是雕塑，还是书法，还是编织，都极富想象力，每一件都像韩美林一样活泼可爱，奇特中

有大气象。我想之所以如此，固然与他的年轻心态、审美认知、文化修养等有关，但更和他的气质类型密切相关。因此，从某个角度看，风格是气质类型的集中体现，当然其间充满着优化、提升。说风格即气质不为过，说气质类型是风格的"底板"或"坯子"也没什么不对。三要认识、把握自己的教学经验。风格是从教学经验发展起来的，其路径大致如下：教学实践产生教学经验，教学经验的积累及改造逐步形成教学特色，教学特色是教学经验的升华。对教学特色进行理性分析，进行概括、提炼，确定发展方向，这一过程会让教学风格像绿芽自然冒出来，在阳光、雨露滋养下，开成一朵风格之花。

认识自己、分析自己、把握自己、提升自己，这是个突破自己、超越自己的过程。写电视剧《三国演义》主题曲《历史的天空》和《歌声与微笑》《绿叶对根的情意》等歌词的著名词作家王健，她提起萧红的话："我要飞，但与此同时，我觉得我会掉下来，因为女性的天空是低的，羽翼是稀薄的，而身边的累赘又是笨重的"。这是一般女性的特点也是弱点，王健也这么认为自己。但她克服了，虽"无彩翼羡飞鸿"，却能"夕阳灿烂胜朝阳"。李吉林老师也这么做，她说，"我要克服一个女人的弱点"。于是她要做"竞走运动员"——永远向前，脚踏实地，一步一个脚印；又要做"跳高运动员"——永远向上腾跃，提升人生意义的高度。何止是女老师，男教师也要寻找弱点，在克服弱点中自我突破、自我超越。我想，这正是追求风格带来的新动能，是风格形成的关键因素。

五 教学风格说到底是特殊的人格，追求教学风格首先要塑造自己的人格

法国博物馆学家布封说，风格是关于人的。江苏省教科院孙孔懿研究员

说，风格是特殊的人格。这些论述极为深刻、透彻。一个人格不高尚的人不会也不能形成自己的教学风格。不仅如此，还非常有可能适得其反，学生不喜欢、不爱戴，同事、专家也不认可。

我们要向人民教育家于漪老师学习。于漪老师的风格具有大视野、高格调，形成了教书育人的大格局。她有几句话常常激励我们前行。她说："我一辈子做教师，一辈子学做教师。"一辈子做教师，表达了她对教师职业的无限忠诚；而一辈子学做教师，则表达了她是一个终身学习者，看到自己的不足，虚怀若谷，勇往前行。一个有追求的教师，才有可能在理想中实现人生的意义和价值，也才可能追求并形成教学风格。于漪老师说："我站在课堂里，两个肩膀，一个肩膀挑着学生的现在，另一个肩膀挑着民族的未来。"这是一种使命感和责任感，挑着学生便是挑着民族，挑着学生的现在便是挑着民族的未来。使命感、育人的价值立意定会提升风格的立意和格调。于漪老师说："我一走上讲台，生命就开始歌唱。"这是一种激情，生命创造的激情。有人称于老师的教学风格属于激情类型，这不是没有道理。但于老师不是一般的激情，而是为党育人、为国育才、培养时代新人的爱国之情、民族复兴之志。于漪老师还说：让有信仰的人讲信仰。于漪老师的这些话发自内心，实质上是她的信条，教育信条托起了她的教学风格。

怀特海在《教育的目的》里说："风格是人类精神世界最后的道德归宿。"他还说，"有了风格，你可以避开细枝末节的东西，直至目标，而不会生出一些令人不快的插曲……有了风格，你的力量得到提升。"老师们，让我们提升自己道德的力量，塑造人格、塑造生命、塑造灵魂，为追求并逐步形成教学风格而努力，为培养时代新人，为拔尖创新人才成长而做出应有的探索和贡献，让教育生涯更光彩更灿烂。

教学风格：创造一个个故事

随着基础教育课程改革的不断深化，教材、课堂在不断变化，然而在改革过程中始终有一些不变的东西，这些不变的东西就是教学的基本问题。这个基本问题就在于教学过程中教师教学和学生学习之间的关系，也就是人的问题。我们谈到苏派、浙派、京派，等等，所谓"派"是离不开人的，正如苏派教育离不开苏派教育中的名师，因为名师是苏派教育的文化符号，像孙双金、薛法根、周益民、华应龙、贾友林、张各华、周卫东等，他们都是苏派教育的标志性人物。研究苏派教育必须从研究苏派名师开始，而研究苏派名师也必然要研究他们的教学风格。

一 | 教学风格与教师专业发展

第一，教学风格是一个教师成熟的标志。维克多·雨果对风格有两段精彩的论述，第一段是说，没有风格你可以成功，但是没有风格你最终不能成功。他后来还有更为诗意的表达，没有风格你不能最终成功，你得不到众多人心里的欢快，你得不到众多掌声，你不能陶醉在你的进步和成功之中。没有风格你可以成功，是说那种成功是偶然的，因为只有风格才能最终使你成功。由此看来，风格是一个教师成熟的标志。同时风格也是一个教师成长的重要路径和策略。第二段，雨果还说，风格是打开未来之门的一把"钥匙"。未来，苏派名师要走向全国，乃至要走向世界，像南通的李吉林老师，她是一位普通的小学语文老师，是从课堂里走出来的教育家。她的情境教育理念、情境教学主张及由此形成的教学风格走向了全国，走向了世界。

第二，教学风格能够让教师走向专业发展自觉。歌德有句名言，说风格是艺术家所期待的最高境界。艺术家都有自己的风格，没有风格成不了艺术家。同样的，对于教师来说，也应有自己的风格，教师有了教学风格才能达到最高境界，否则还是一个平平常常的教师，甚至慢慢沦为平庸。有人认为，只有名师才有教学风格，一个普通的青年教师能有什么风格呢？其实，风格不是名师的专利，所有教师都可以追求自己的教学风格，这是因为每个人都有差异性，由于人的情感、血液、气质、经验、特点等类型的不同，致使每个人形成的一定是属于自己的风格，只不过我们过去对风格不自觉，没有进行概括、提炼。而我们今天提出的教学风格正是让教师们走向自觉，让他们主动去追求这个风格。

第三，教学风格让教师过更专业的生活。怀特海曾说，追求教学风格是专业的概念，因此，追求教学风格让我们过更专业的生活。实际上，风格是有理论支撑，有学理解释的。教师的专业发展为什么还没有新的突破呢？读书、教学、实践、写作、反思、表达，无疑都是有效的途径，但是止于这个途径是远远不够的。假若，能够把教学所长提炼出来，把教学主张概括出来，就会在专业发展上取得突破。因此，有了自己的教学风格才能够让教师过更专业的生活，因为教学风格能让我们在专业发展中走得更远、走得更深。

第四，追求教学风格就是要做一个有创造性的教师。正如魏星老师所上

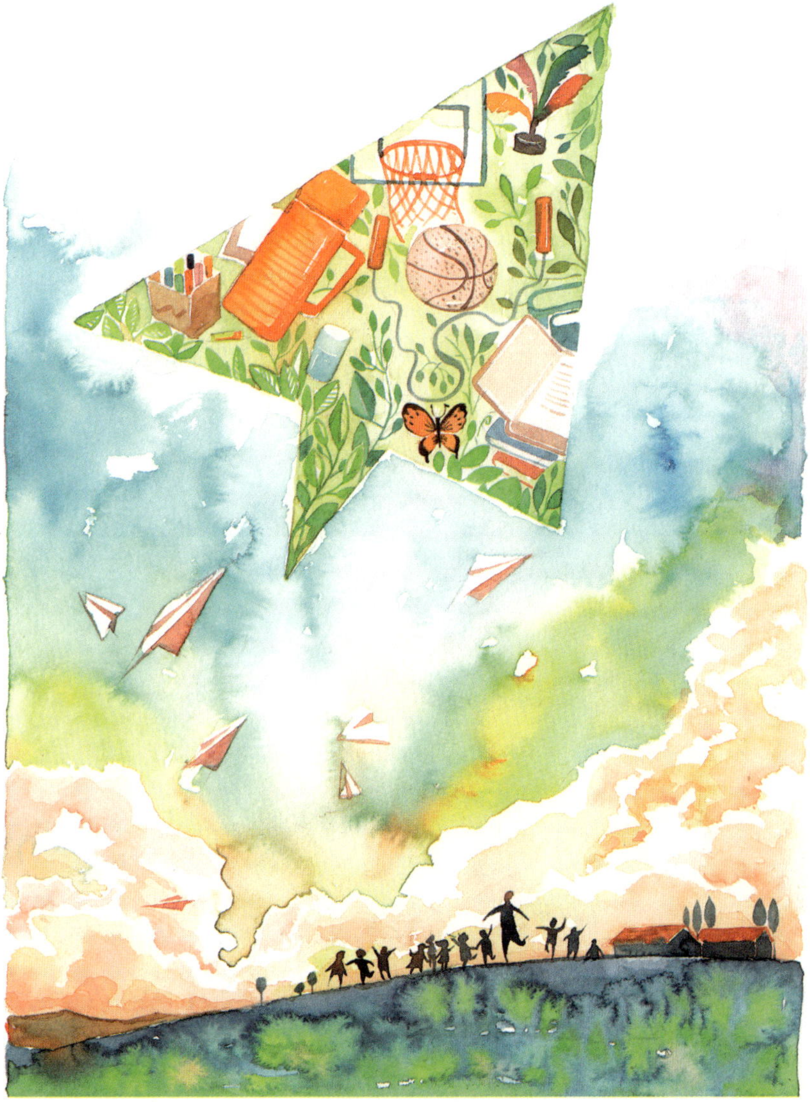

教师发展需要竖起一面青春的旗帜。青春的旗帜将教师之梦再次擦亮。它与生命同在,在岁月的深谷中,抵制惯性和惰性,烫平不安和焦虑,跳脱局限,释放精神,提升审美品格。我们在青春的旗帜下集合,永远洋溢青春的活力。

的课——王冕的《墨梅》，就告诉我们追求教学风格是为什么，那就是"不要人夸颜色好，只留清气满乾坤"，追求教学风格不是把风格变成一个面具给人看，也不是追求表面的光鲜，而是要从教学的本义与宗旨出发，用语文、用学科、用教学来育人，为了"留得清气满乾坤"，这是我们追求教学风格的境界，也是我们追求教学风格的根本目的之所在。再如周益民老师上的课——《创造一个老故事》。创造一个老故事，让老故事从历史走到现在，又从现在走向未来，是为了唤醒传统语言文化，让传统文化在生动活泼的学习中得以传承，又得以创造与发展。实际上，周老师用自己对语文教学的创造告诉我们，教师的教学风格也是自己创造出来的。创造和风格联系在一起，追求教学风格就是要做一个有创造性的教师。

二 教学风格的内涵与特征

风格是什么？天津市教科院原院长张武升先生认为，风格就是在艺术创作活动中主体与客体的本质联系，通过艺术作品所表现出来的整体风貌和鲜明的独特性。由此可知，首先，教学风格是一个整体。不是看它某一个方面，而是要从整体出发，尽管它有鲜明的独特性，但是更重要的是整体性，如果只关注独特性而不关注整体性就不会有真正的教学风格。张武升这段表述的前半句强调风格是在艺术创作活动中用艺术作品来表现，这是风格形成的过程，而追求的过程就是艺术创作的过程。风格更强调它的艺术性，但是这并不排斥风格的科学性。教学过程中主体与客体的本质联系来自教师和学生的关系，而这个关系不是一般的关系，是本质上的联系，是直抵教学核心的，是有深度的。由此可见，教学风格是教学规律的折射，又是在遵循教学规律下形成的。

其次，风格离不开学生的参与。它包括两个方面，一方面，风格是为学生发展服务的，教师不能把风格当成自己炫耀的工具，用风格来炫技、表演，来张扬自己，风格的最终目的应当是为学生发展服务，凡是能真正促进学生发展的风格才是我们提倡的风格。另一方面，风格在形成过程中必须有学生真正的参与，没有学生的参与，教师形成不了教学风格。追求教学风格不只是教师单独的教学行为，而是师生共同参与的过程。正因为如此，对风格有许多生动的比喻，如风格是一个立方体，长度要高于它的宽度；风格是一把雕刻刀，它雕刻我们的教学过程。实际上，教师就是在教学过程中不断雕刻自己的思想，雕刻自己的经验，雕刻自己的方法，进而形成自己独特的教学风格。风格是关于言辞表达的。风格的表达离不开语言，所以教师们在追求自己的教学风格时不能忽略语言。相对的，要深入分析自己教学语言的特点，不断改进自己的语言风格，并从改进语言风格开始来追求自己的教学风格，如语言的准确、生动、规范等。这是我们追求教学风格中对教师语言的基本要求。

最后，风格具有稳定性、思想性等特征。关于风格的稳定性，是说如果偶尔为之，称不上风格，只有长期以来形成的一种稳定的状态才叫风格。同时，风格具有艺术性，具有审美性，或称美学风格。季羡林先生在比较中国美学和西方美学的特征时指出，中国美学的特点是以梅兰竹菊来表达一种人格气节。此外，风格具有思想性，风格离不开思想。有思想的流淌、奔涌才有风格。教学风格不能离开教师的教学思想，亦即不能离开他的教学主张。实际上，教学主张就是教学思想，教学主张是对教学思想的具体化，这一具体化表现为个性化和学科化。第一个，所谓教学思想的个性化，像周卫东、徐文武、许卫兵、仲广群这样的苏派名师，他们的教学风格源自他们的教学主张，而教学主张是个性的生动体现和演绎。第二个，关于学科化。由于语文、数学、物理等学科之间的差异性，教师要基于学科本身的特质来形成自己的教学主张，表达自己的教学思想，这才是真正的教学风格。

苏派名师的教学风格深植于江苏这一地域特有的文化土壤中，去应答着江苏发展的新要求、新走向。当然，苏派名师的教学风格将在课程改革、教学改革深化中，走向全国，又与全国的名师一道形成文化的多样性，开启新的教育生态。不断地去创造一个个好故事，留得清气满乾坤，让立德树人的根本任务落实在各科教学中。

"怪作家"与"怪教师"

最近在看一本书，书名叫《怪作家》——名字还真有点儿怪。作者约翰逊对著名作家的爱好有持续探究的兴趣，阅读了大量的资料，完成了这本十分有趣的书。

《怪作家》开篇就说："作家们是一帮很古怪的家伙。"某些作家的癖好实在让人好奇。书中有这样几个例子：

有位作家喜欢在户外写作，将树林当作书房，常常倚着树干，膝盖上放一个便笺簿，他只有35岁，就这样在德国的黑森林地区过了几个月，在这个开阔的、发出飒飒叶子声的地方，写就了第七部长篇小说《亚伦的神杖》。不只是在德国，他还在英格兰一个礼拜堂旁的农舍里，坐在一棵苹果树下的椅子上写作；在意大利加尔加诺的柠檬树林边，在墨西哥的湖边柳树下，在一株巨大的五针松下写作……树林是他的书房，树是他倾诉与依靠的对象。他，就是著名的作家劳伦斯。

另一位作家特别喜欢饮品，咖啡是他写作永恒的伴侣，是他写作时的对话者。他通常晚上十点上床，凌晨两点在闹铃声中醒来，星光闪烁，别人还在熟睡，他却文思泉涌，笔下流淌出泉水般的文字。如果咖啡浓度不够，他还要加上其他成分；有时应急，甚至直接嚼咖啡豆。他，就是写成辉煌巨著《人间喜剧》的巴尔扎克。

作家们还有其他的"怪癖"：大仲马用三种颜色的纸来写作——诗流淌在黄色的纸上，小说驰骋在蓝色的纸上，其他类型的文章则在粉红色的纸上展开。席勒在书桌的抽屉里放满烂苹果，闻着这刺鼻的气味，他的写作激情迸发，烂苹果成了他的依靠，而他写成的《审美教育书简》却散发着特有的芬芳。还有个"怪家伙"——爱伦·坡，写作时常将一只猫放在肩头维持平衡……

真的，他们是一群"怪作家"。他们的"怪"，是他们的独特性，独特的写作方式，独特的写作习惯，在独特的情境里唤醒自己的灵魂，激活自己的灵感，形成了自己独特的写作风格，而风格是一种习惯，映射的是一种修养。换个角度看，这些"怪癖"都有浓浓的"人间烟火味"。拥有这些"怪癖"的作家们以他们独特的方式贴近生活，从生活中获取启发，生活是他们的导师。

而我们教师呢？我们的语文教师呢？允许不允许一些语文教师也有自己的癖好？我以为应该允许，对一些无伤大雅的"怪癖"还应该保护，甚至可以提倡。道理比较简单。

一、语文教师也是创作者，他要对语文教材进行创造性的开发，整合各种教学素材，转换成自己的教学资源，进而转换为学生的素养。实质上，语文教师也是小说家，是散文家，是诗人，是作家，他也是在创作一个个故事、一首首诗歌、一篇篇散文。他们应该去大胆地写作，勇敢地创作。

二、语文教师进行的是创造性教学，应该给他们一个足够大的个性发展空间，让他们自由地想象，以自己喜欢的方式去备课、上课，追求并形成自己鲜明的教学风格。

三、语文教师应在实践与研究中走向最高境界——随心所欲但不逾矩，实现有规则的自由。有个性的教学更有利于学生个性的健康发展。

不过，小学语文教师毕竟是小学教师，面对的是一群正在接受启蒙的少年儿童。儿童们需要有学习的榜样。"身正为范，学高为师"，这就需要教师把握好分寸，别让"怪癖"对学生产生负面影响。原则上说，凡是有利于将立德树人的根本任务落实到语文教学中的，任何方式都可以探索尝试。此外，"怪癖"是自然天成的，不必刻意追求，更不能为独特而独特，为癖好而癖好。

明亮的日常：一间书房联结着过去与未来

《优教育》主编约我写篇文章，谈谈自己的闲暇生活，我迟迟没有写，因为认真想想，我真的没有什么闲暇生活可写。我的一位领导，也是好朋友，曾经对我说："不会喝酒、不会抽烟、不会打牌、不会钓鱼……成尚荣，你这个人一点意思都没有。"前几天在广州，一位大学教授发现我不会喝酒，也不会打牌，便对我说："这也不会，那也不会，你活着还有什么意思？"

是啊，我有意思吗？活着的意思是什么？这次约稿，确实让我重新思考：何为闲暇？闲暇生活的意思究竟在哪里？对一些方式没有兴趣是不是就没有意思？正巧手边有一本杜威的《我的教育信条》。书的第一章谈的正是兴趣问题。杜威说："兴趣是通过具体的活动满足我们的冲动，并反思这种冲动的价值。"我理解，所谓"冲动"是一种情感冲动。这种冲动可以用"游戏冲动"来解释。"游戏冲动"可以带来创意、带来创造，人是需要"冲动"的。但是，重要的是要对这种"冲动"的价值进行反思。这样的反思是必需的，是很有"意思"的。

我又想，各人有各种各样的"冲动"，表现方式并不相同，应当让人来选择。选择本身就很有意思，而且选择的"冲动"与人的天赋、人的情感倾向有关系，不能强制。这么一想，我就释然了：没有上面这些兴趣，对我而言，并没有什么不好意思，甚至谈不上什么丢脸。由此，我想，闲暇，首先意味着选择，而这样的选择又与人的兴致、爱好紧密联系起来。其实，这里还隐藏着另一个问题：大家都喜欢的，是大家都会的，几乎是一种流行的"时尚"，而我却不会，是不是意味着不入流、不入圈，是不是意味着"退群"？可能会有人这么往这方面想，但是，交往方式是多种多样的，方式可以选择，交往的意义却可以是一样的。追逐所谓的流行并不一定有意思。

说了这么多，还没有说说自己的闲暇，还没有说说自己的"游戏冲动"方式。我的闲暇就是在自己的一间房子里——我的书房。

书房当然是读书的地方，我的兴趣就是读点书。读书会有冲动。比如，我翻看《金岳霖哲学三书》，其中有一本《逻辑》，突然想到课程改革要改变学习方式，学习方式的改变在深处是学习逻辑问题。我们可以提出"学习逻辑"概念，并从学科逻辑走向生活逻辑，抑或将学科逻辑与生活逻辑整合起来，形成学生的学习逻辑。于是，要搜集逻辑的材料，搞清楚逻辑的来龙去脉，酝酿着那篇文章，这挺有意思的。

书房也是读报的好地方。我并未以为读报比读书低一等，读报反而更有丰富多彩的感受。如果说，读书可以在一个"点"上深入，读报刊可以在一个"面"上展开；如果说，读书更多的是读"过去"，那么读报更多的是在读"现在"——我们需要思想的深刻，也需要知识的鲜活；需要了解过去，也需要活在当下。况且，报纸上各种文体显现着各种文采。各种报道、评论、笔谈、书评、影评……常常让我眼前一亮，尤其是关于年轻人的话语及其言说方式，让我了解年轻人，并且深有体会，只有懂得年轻人的"梗"，才能读懂年轻人，才能走进年轻人，也才能让青春在我身上复活。

书房也是写作的地方，是产生灵感的地方。前段时间，我研读联合国《儿童权利宣言》和《儿童权利公约》，又翻看了张华等教授的大作《儿童学新论》，自然想起，儿童学有没有一个法制问题，即儿童权利要受法律保护？这样的儿童学才是完整的，当然这是个大胆的想法。但是，教育的想象力多么重要，儿童研究中的想象力多么宝贵。儿童学是专家、学者撰写的，但是，如果专家、学者们也有儿童的特质，这样写成的儿童学一定十分精彩。于是，我诞生了一个大胆的写作计划：写一本《构建"我的"儿童学》。总之，在书房里的我以自己的方式过自己的闲暇，挺惬意的。

我已退休整整20多年了，退休，就无所谓闲暇不闲暇了，几乎所有的时间都是闲暇，退休就是闲暇的另一种表达。但是，退休并不等同休暇，不过我对自己的退休生活做了安排，仍是有闲暇一说的。我深深体会到，一间书房联结着过去与未来，联结着社会与自然，联结着整个世界。尽管如此，我并不反对喝酒、抽烟、打牌、钓鱼……这些自然有另一种情趣。还是那句话，"冲动"的活动重要，但更重要的是对这些活动进行价值反思。

"当下，人是活还是死，已不是问题，怎么活才是问题；怎么活也不是问题，怎么活得像一个人才是问题；怎么活得像一个人也不是问题，怎么活得像自己才是一个问题。"这段话是作家刘震云说的，我深表赞同。

我今生估计也学不会喝酒、抽烟、打牌、钓鱼……了，也不会去学，随它去吧，没意思就没意思吧，反正我觉得自己有意思。需要郑重说明的是，我绝不是追求所谓的崇高，而是让自己感到有意思。也许，这就是我的闲暇观。

记住，首先是因为相信

2022，极不平凡。有一次又一次的挑战，更有一次又一次的鼓舞，鼓舞终归赢得了挑战。鼓舞也来自阅读的力量。我们永远记住"阅读周刊"馈赠给我们的那100本书，要知道，那100本又衍生出200本、300本……我们永远感谢"阅读周刊"；我们永远记住书籍在阅读时生成的美好与智慧。

我们记住。记住，首先是因为相信；因为相信，才倍觉价值之重。我们相信阅读。有人把书籍比作车轮上那一根根的辐条，它让车轮滚动向前，驶向地球以至宇宙的任何一个地方。阅读可以锻造教师的专业品格，在文化的进步中迈向自由、创造的境界。也许，书籍正是诗人艾青所描述的"纯金的三轮马车"，读他的诗，仿佛在听"纯金的三轮马车"在生活的旷野上驰骋的声音。

有人把书籍比作枕头，比如智利诗人、小说家、散文家波拉尼奥。他说："我为那些头下枕着本书睡觉的年轻人所感动。书是世界上最好的枕头。"书是生活的必需品，阅读是教师的第一必修课。爱书吧，老师们；读书吧，这是我们的生活方式和习惯。有人把书比作栏杆，比如尼采。他说："我是那河边的栏杆，请能扶我，便扶我吧！我不是你们的拐杖。"虽然，他没有明说书是栏杆，但尼采是书、是哲学的化身。书是帮助人的，而帮助的方式是扶助，扶栏杆的人才是主动阅读者，他不会跌入河中，而会和尼采一样成为"晨曦的儿子"。

书是送人最好的礼品。最近听说一个关于送礼的故事，故事发生在南通市海安实验小学（简称实小）。学校里形成了一个不成文的规定，大凡老师出差，一定要去当地的图书馆，一定要去书店，买几本书，当作礼物送给同事，而不是土特产。校长对老师们说了三句话：买书不求全读；读书不求全懂；藏书不求现在就有用。学校还规定教师的藏书量：一般教师每人500本以上，学校领导、教学带头人每人1000本以上。海安实小1998年到2016年，18年培养12位省特级教师。我不敢说，这全是阅读的功劳，但我敢说，读书给了教师深厚的文化底蕴。这是阅读之于教师发展的又一生动演绎：相信源于热爱。

岁末，"阅读周刊"又馈赠我们100本书，这是新年珍贵的礼物，请收下。并请接受下面一句古贤的话："作者之用心未必然，读者之用心何必不然。"说的是中国文本接受的一种独特方式，对我们的启发与要求是：用心去阅读、去接受、去领会，因为这样会生成一种意象。

阅读，我们的爱情故事
——关于阅读的五句话

我喜欢读报。读报是阅读的一部分，读报的价值绝对不亚于读书，我甚至认为只读书不读报不是完整的阅读。真想写篇文章:《读报人的快乐》。而对整个阅读，我的感悟是：阅读，我们的爱情故事。

对于阅读，我有几句话要说。

第一句话：把美丽的词句含在嘴里。每天早上和下午工作前，我首先会读报。今天读的是《内心丰富的人从不畏惧孤独》。文章的开头就深深吸引了我，写的是一个人长年住在地下室的废纸堆中，他从事着世界上最"卑微"的工作——因为他是一个废纸打包工。但是，他却以此为契机，通过从废纸堆里找出书来，阅读神话、哲学、文学等著作，成了痴迷书籍的人。他叫汉嘉，他称地下室废纸堆里的阅读是"我的爱情故事"——尽管他一直没拥有自己的家庭。他的爱情故事的主题是：读书就好像"把美丽的词句含在嘴里，嚼糖果似的嚼着，品烈酒似的一小口一小口地呷着，直到那词句像酒精一样溶解在我的身体"。他曾说自己的生活一向是悲哀和孤独的，却在阅读中倾注了所有的热情，而且借此与形形色色的人物建立起联系，其中包括文化人，生活中充溢着文化的意义。正因此，我认为他的工作并不卑微，甚至我还认为他很崇高。读书是抵制孤独、悲哀的最有效的办法，可以创造美好，让内心丰裕、充盈、高尚起来。

第二句："希望儿童阅读名师工作室的启动，不是一个短暂的仪式和一串串热闹的鞭炮声，而是会有很日常很平静的长期的延续……阅读是件太普通的事，是一把把省略不了的柴火。"这是儿童文学作家梅子涵说的。这段话表达了一个重要的理念和要求：阅读应该成为人们的生活方式，尤其是教师的阅读。的确，阅读要有仪式感，但不能让仪式过于热闹，更不能止于仪式，而应该是一种持续的行为。最近网络短视频平台出现了一批假装读书的博主，以分享阅读的方式教人读书的方法，比如列出"20岁女生必读的7本书""让你脱胎换骨的5本书"等书单，想夺人眼球。这种"营销味"满满的读书活动是真正的读书吗？教师的阅读也有受其影响的可能。不能持续读书，怎么能沉浸在知识与思想的海洋中，感受阅读带来的心灵的震撼，又怎能去影响学生呢？我们要记住，热闹的鞭炮声并不能消除孤独，能消除孤独的唯有持续的阅读。

第三句："最荒唐的是一群不读书的老师在教孩子热爱阅读。"这是语文特级教师张学青说的。说得很尖锐，却是事实。教师在过去被唤作"先生"，先生首先是读书人，不读书是有违先生称呼的。"学高为师"之"学"，当然在很大程度上表现为爱读书、读很多书，但是现实并不让我们乐观。到学校，在校长室里坐坐，办公桌背后的一大排书橱里书还不少，仔细一看，大部分是校长大全、教师成长秘籍之类的，还有就是学校办学经验集，经典书还真的不多。而且，估计没有怎么被看过，甚至没有被翻过。一个不读书的校长怎能要求教师去读书呢？这是不是有点荒唐呢？教师呢，同样的情况也存在。去过年轻教师家里，装修很现代，布局也不错，可就是没有一间书房，甚至连一张书架、书桌都没有。当然，这只是表面现象，教师的阅读并不在乎形式，但无论什么情况，教师总得有每天看书的时间和习惯啊。用手机去阅读有它的好处，但是握着手机与捧着书本的感觉是不一样的。老师们还要捧着书本去读读，否则，教孩子去阅读，真是荒唐的、可笑的，而且你已不是在教育了，而是在装模作样地说教了。

第四句话："我要从讲台前站到书架上去。"这是语文特级教师洪宗礼说的。洪老师从教师成为一个学者，与他的阅读，以及阅读与研究实验的紧密联结有关。我曾将洪老师的语文教学做了一个概括：洪氏语文。洪老师爱阅读，并且一语道出了阅读之境界。教师肯定要站在讲台前，而且要站稳、站好讲台。怎么样才能站稳、站好呢？洪老师希望我们站到书架上去。站到书架，一是意味着每天都要读书，与书为友，读书成了生活的一部分；二是意味着自己要著书立说，让自己的著作也在书架上，与那些作家、学者比肩；三是意味着自己成了一本书，成为一门课程，向学生展开自己的内心世界，在教育的爱情故事里点燃学生生命的篝火。从站讲台到站到书架上，那是一种高峰体验；再从书架上回到讲台前，是教育教学的一次跃升，好似脉管里换了一次血，生命的活力再次蓬勃。讲台前、书架上的归去来兮，好似一次生命的出发和回归，于是教师的教育五彩斑斓。

第五句话：阅读作为"保存人类记忆的一种社会装置"。这是美国图书馆学家巴特勒说的，说得精辟深刻。阅读关乎人类的记忆和人类生存发展，它犹如一个装置，具有保存性、启动性和生成性。它不是一个普通的装置，而是一种社会装置，具有大众性、历史性和未来性。可见，阅读是社会进步的要求，是公民素养提升的必然规定性。这种社会装置处在有形与无形之中，也处在巨大的时空结构中，成为社会的有机体，成为人们的一种生活内容与方式。有人描述了古罗马人阅读的情境：古罗马人将图书馆建成神庙的样子，不同的房间之间留有带屋顶的露台，人们可以在屋檐下边读书边聊天，把作者的智慧变为公共财富。由此他们得出一个结论:"阅读即救赎"。这一理念把阅读推到更广阔的社会生活中,置于日月星辰之下,置于历史的天空之下。我理解,学校也是一种社会装置,学校这一社会装置必然包含着阅读这一社会装置。教师带领学生阅读,让学生担当起社会进步、时代发展的重任。阅读——老师们,这是社会的责任啊,我们应当将它担当在肩。

以上五句话,可算作箴言,从不同的视角阐释了阅读的理念、原则和方式。记住这五句话,可以有益终身阅读,指引教师成为优秀的阅读者和称职的点灯人。也许这正是我们阅读的爱情故事。

阅读：心灵的安顿、自己思想的跑马场

说来非常惭愧，有不少人以为我书读得多、读得好。其实，我虽然读了，但不多也不好；也总有人让我提供书单，建议读哪些书，我总是提不出，也不愿意随意地提供一份书单。这些绝对不是我的谦虚，只是客观地表达我的真诚。读书，不是把自己的头脑当作作者思想的跑马场，而是要把自己带到思想的远方。

一 | 锻造读书的品质：
读书要有敬畏之心、谦逊的美德、去功利化的阅读价值追求

我始终认为，阅读要锻造自己的品质和品位，怀一颗敬畏之心，实事求是，像杨绛先生那样，做一滴清水，而不做肥皂泡。

这是一种自我警惕，也是对当下阅读中一些不良现象的批评，因为我发现一些教师读书比较浮躁，浮躁一定会带来浮华、浮夸，这"三浮"不是阅读应有的品质。阅读是认识自我、提升自我的过程，重要的是内心的体悟与充盈，绝不是做给别人看的，不是用来装点门面、作秀甚至炫耀的。所以，阅读真正的品质是对读书的虔诚，把读书当作对心灵的洗礼。

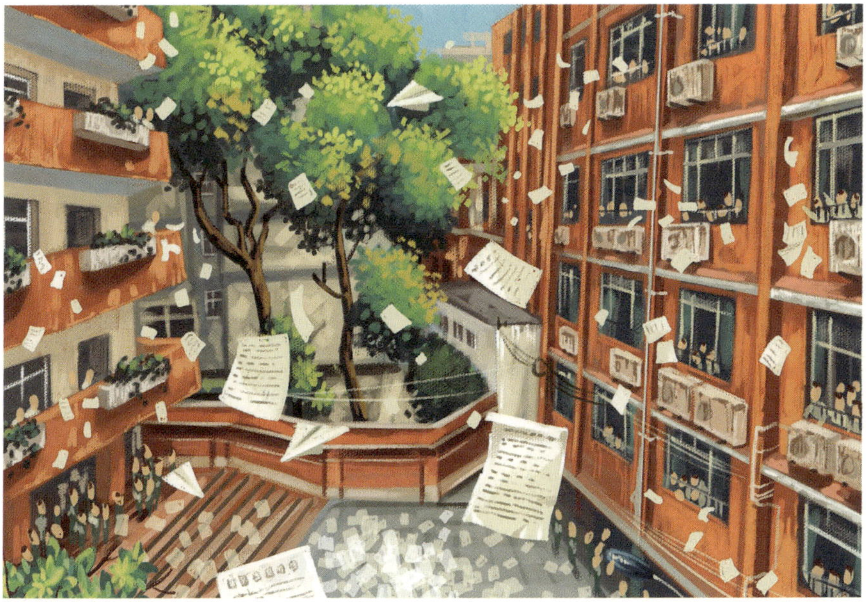

一个人可以看不见,但这个人的心灵是可"看见"一切的;一个人可以没有视野,但是这个人的内心世界是完整的、丰富的。于是,美不是用眼睛,而是用心灵发现的。

在江苏省教育科学研究所（江苏省教育科学研究院的前身，以下简称"省教科所"），我特别崇拜两个人，他们年龄都比我小，但我视他们为我学习的楷模和老师。一位是孙孔懿，我称他是真正的学问家。记得当年他刚调到省教科所工作时，借住在江苏省幼儿师范学校（已被合并）的宿舍里，小小的房间被一整排大大的书架占满，书架上层层叠叠地布满了一列列、一层层的书。孔懿读书表现为两个特点：一是广泛阅读教育经典，深入思考，在学理上钻深，又与自己的见解结合起来，开辟教育的新视野，形成教育研究新领域。他专心写作，先后写成了《素质教育论》《学校特色论》《教育时间学》《教育失误论》等。二是专注于教育家研究，写成了《论教育家》。最近，他告诉我，这本论著几乎重写了。他又将教育家研究的重点投射在苏霍姆林斯基研究上，写出了两本皇皇之作：《苏霍姆林斯基评传》《苏霍姆林斯基教育学说》。孔懿研究、写作有一颗安静的心，甘坐冷板凳，如昆曲《班昭》的唱词："最难耐的是寂寞，最难抛的是浮华。从来学问欺富贵，真文章在孤灯下。"这是写作的境界，也是阅读的境界，阅读的境界带来写作的境界。

另一位是彭钢，他是哲学家、理论家。他在大学学的是中文专业，可非常喜欢哲学。他将阅读与教育科研结合起来，让教育科研广阔起来、深刻起来。前几年他告诉我，他几乎把所有海德格尔的中译本读完了。他非常认真地读了海德格尔给海德堡大学哲学系学生上的哲学课的演讲录，又集中精力啃下了1235页的《尼采》。这本《尼采》至今被称为"尼采的海德格尔阐释"，在学术界极有影响。现在他在读哈佛大学爱德华·威尔逊的著作。威尔逊是生物学家，哈佛大学动物博物馆"蚂蚁馆"的馆长，写成了《蚂蚁的故事》，荣获普利策奖，是普利策奖中唯一的非文学类作品。我问彭钢为什么要读海德格尔的书，他说可以让自己稍微深刻一些；为什么读生物学家的书，他说好玩。"深刻"与"好玩"联结在一起，就是健康的阅读心理和目的，而我缺少。实质上，他是从生物学的角度研究儿童。

寻找到身边阅读的榜样，心无旁骛，这本身就是一种阅读。读人比读书更重要，在读书中读人，读书为了做好人。从这个角度看，人比书长寿，也比书更伟大，因为有了人才有书，书的伟大实则是人的伟大。

二 案头、书桌、书橱和书房：
给自己一个安顿心灵的地方

读书该有个读书的地方。其实，处处都是可以读书的地方，也就是说处处皆可为读书台。欧阳修在《归田录》中说："余平生所作文章，多在三上，乃马上、枕上、厕上也。盖惟此尤可以属思尔。"由此，"三上"便成了读书人津津乐道的话题。"三个地方，三种时间，可谓清静自如，没人打扰，能自由自在地读书、思考；地方看似不雅，时间也零碎，但若能利用此地、此时，久而久之，总能收获一二。"以上这些文字是叶水涛先生发给我的，因为说得好，我就抄录了。

我以为以下地方是读书的地方，也应是读书必备的物质条件。

一是床旁的柜子。我喜欢在柜子上放几本书或杂志，躺在床上，睡前、睡中（半夜醒来，睡不着了）喜欢把所有的报纸翻一遍，看一份往地上扔一份，有重要文章的存放在床上，准备第二天重点看，有的还要剪下来存读。在床上读杂志是十分惬意的，随便翻翻，总觉得在床边的案头正儿八经地读书不合适。

二是书桌。我常对自己说，退休前有张办公桌，退休后把办公室"搬"回家，改造成一张书桌。办公桌是临时的，总归要"退休"，而书桌永"不退休"。"不退休"的书桌意味着终身阅读，做个终身学习者。大概当下不少年轻人家里有化妆台，有牌桌，有酒柜，有钢琴，唯独缺一张书桌，感觉挺遗憾的。记得一位来自农村的男教师，一次在我组织的沙龙上讲述了家庭晨曲。一天起床后，他看见妻子在梳妆打扮，便说道："女人应当有张梳妆台，我也应该有张书桌，我俩都要化妆，你是做容颜的美容，我是做精神、思想上的化妆和美容。"全场响起一片笑声，那是赞赏、认同的回响。

三是书橱。家里应当有几个书橱，至少应当有书架。江苏泰州中学前副校长、语文教育家洪宗礼老师在语文教育界作出了很大贡献，形成了"洪氏语文"教学主张与风格。他说："我要从讲台前站到书架上去。"站到书架上，至少有三层含义："我每天都要读书；我要著书立说，让自己写的书也出现在书架上；我自己变成一本书。"可以想见，从书架上再回到讲台前，教师就似乎换了个人，脉管里的血重新换了一遍。书橱、书架好啊！

四是书房。有条件的家庭一定要安排一间书房。书房是家庭图书馆，书房是研究、写作、做学问的地方，书房是自己的精神家园。我就是书房的主人，是图书馆馆长，是精神家园的缔造者。书房可以很乱，但乱得有秩序、有条理；书房可以有沙发，累了可以平躺；书房可以有零食，饿了随时就着茶水吃一两块……总之，书房应当舒适、温馨。"躲进书房成一统"，正是阅读、写作的极好感觉。我只要在家，绝大部分时间都在书房里。每当早上、中午、晚上夫人喊一声："成尚荣，吃饭了！"我可以轻轻地应答一声，也可以一声不响。过几分钟，打开书房门走到饭桌，那才是读书人的"谱"，有种说不出的自豪与快乐。

有了床边的案头、书桌、书橱、书房，读书才有了踏实感、充实感，也有了仪式感和归属感。其实，这一切都是在安顿自己的心灵。

三 | 读书，还要读报纸、读杂志：
   构建大阅读的概念，努力做到海量阅读

阅读，抑或说读书，是个"大概念"，不只是读一本本的书，还应读报纸、读杂志。所谓学问，就是要海量阅读；所谓思想，大部分来自读书。

在读书方面，最近一两年我有了阅读专题：一读美学。包括朱立元主编的《西方审美教育经典论著选》，李泽厚的《美的历程》，丹纳的《艺术哲学》，王长俊、王臻中的《美学基础》，周清毅的《美的常识》，席勒、普列汉诺夫的《大师谈美》等一系列美学著作。这不仅是因为中央发了加强美育工作的文件，还因我原本就有一个计划，想专门研究儿童美学。没有大量的美学著作的阅读，是不可能搞懂儿童美学的。二读实践育人方面的论著。实践育人是新课改的一条原则。要搞清楚何为实践育人，首先要弄懂何为实践。桌上堆了一些书：毛泽东的《实践论》，金岳霖哲学三书《知识论》《逻辑》《论道》，袁贵仁的《马克思的人学思想》，韦尔纳·耶格尔的《教化：古希腊文化理想》（陈文庆译），赵汀阳的《四种分叉》，刘晓东的《发现伟大儿童——从童年哲学到儿童主义》，乌特·弗雷弗特的《情感学习：儿童文学如何教我们感受情绪》（黄怀庆译），王勉三的《知行合一王阳明》，还有《马克思主义知识辞典》……古今中外都要读一点。三读"苏教名家"（江苏省教育家培养工程）规定读的书目：罗伯特·R·拉斯克和詹姆斯·斯科特兰的《伟大教育家的学说》（朱镜人、单中惠译），尤瓦尔·赫拉利的《人类简史》（林俊宏译），以及联合国教科文组织发布的几份国际教育发展的报告。以上这些书都比较难啃，难啃也得啃啊！难啃才有滋味、有嚼头啊。

我有个深切的体会，不仅要读书，还要读刊物。我每年都会订几份刊物。第一份是《新华文摘》。这本文摘犹如百科全书，政治、社会、哲学、经济、历史、教育、社会科学、新华观察、文艺作品、文艺评论、科学技术……选取当前学术研究的精华，大大地打开了我的视野，放大了我的格局，丰盈了我的学养，瞭望了世界和未来。此外，我还订阅了教育科研和课程研究的权威刊物：《教育研究》《课程·教材·教法》《人民教育》。有人曾对《读者》不屑一顾，认为其文章是心灵鸡汤，对这样的批评，我却不以为然。我认为《读者》给了我们另一种视角和表达方式，给人以亲近感、新鲜感，还有特殊的美感，阅读时好像走在春风里，即使是心灵鸡汤又有什么不好呢？读书既要向上飞扬，也要向下沉潜；既要有深刻的哲理，也应该有心灵美的滋养；既要有宏大背景，还应回到人自身来，回到当下的生活来。《读者》往往出现在床旁，可以随时翻看，它更像我家里的一位成员，可以倾听，可以对话。

读报纸是我每日的必修课。近20年了，我订了以下报纸：《光明日报》，这是一份以知识分子为对象的报纸，它让我站在更高的视角看待知识和教育，构建自己的知识图谱，听从知识分子良知的呼唤。《文汇报》充满着开放精神，它扎根中国大地，眺望世界，触摸未来，在多彩的表达中让人获得另一种感受、另一种启发。《报刊文摘》的特点是短小精悍，灵活多样，尤其是第三版，都是极富哲理与穿透力的短文，常让我感叹"小即美""小即大"的深义。

读整本书，帮助我建构一个体系；读刊物，帮助我在某一主题、某一论点上往深处走；读报纸，帮助我了解时事，把握走势。这是我阅读的图谱，我称之为"大阅读"，但还没有达到海量阅读的标准。

四 猜想性阅读：
阅读牵引我的写作，写作说到底是深阅读

记得改革开放不久，我读了报告文学作家徐迟的大作《哥德巴赫猜想》，

写的是数学家陈景润。读罢，我心潮逐浪高。当时我就有一个想法：既然哥德巴赫有猜想，陈景润有猜想而且证明了一半，为什么我们不可以有自己的猜想呢？读书是读的过程，读也应该是思的过程，边读边思，边读边猜想。我认为是可以的，所以给这样的阅读取了个名字：猜想性阅读。

猜想性阅读基于以下理念：不要让自己的头脑成为别人的跑马场，而应让别人的思想激发自己的思考，让自己的思想激荡起来、飞扬起来。猜想性阅读还有另一个重要使命：培养自己的创新精神、创造能力。我深以为，培养创新精神、创造能力应当是时代的主题，是走向未来的通行证。暂不说，在2022年冬季奥林匹克运动会开幕式上，总导演张艺谋的创新设计令世人惊呼，他发出一个强烈的信号：中国有自己的文化自信。也暂不说，每年在上海举办的世界顶尖级科学家峰会，所设计的每张桌子上铺着的白色台布，让所有参会讨论的人，随时在白布上写下自己的问题、想法、灵感，也许是一个问号，也许是一个图案，也许是片言只语……那些转瞬即逝的猜想都留在桌布上了。现在，我只想说猜想本身。猜想就是想象，想象是创造的先导，想象是地球上最绚丽的第一朵花。学生的想象力需要教师想象力的呵护与激发，猜想性阅读正可以激发教师的想象力。

前段时间我读了《亲爱的图书馆》这本书，作者是美国最知名的纪实作家之一苏珊·奥尔琳。奥尔琳一度宣布封笔，不再写书，因偶然得知洛杉矶公共图书馆火灾事件，重拾起她对图书馆的回忆和情感，这些回忆与情感聚焦在一个词语上——"亲爱"。在书的扉页上，她引用了另一位作家威廉·福克纳《八月之光》里的一句话："记忆首先是相信，然后才是记住。"我们相信图书，相信她们是"亲爱"的。由此，我想象到图书馆课程。图书馆应当是课程，图书馆课程应该构建起一个课程体系，于是我写了一篇文章，编辑给它加了一个主标题——"图书馆何以亲爱"。同样，我阅读德国教育人类学家博尔诺夫的著作《教育人类学》，书中提到学生非连续性发展的观点，我联想到教师的连续性发展与非连续性发展，道理是相通的：学生具有可塑性，教师同样具有可塑性。在一番联想、猜想后我写成了《非连续性发展：教师专业发展理论的另一论域》。我读过一套儿童哲学绘本《哲学鸟飞罗系列》，丛书的主角菲卢是一个六岁半的男孩，恰好处在开始产生社会性困惑的年龄，总是没完没了地提问题，全家人为答案吵得不可开交。晚上回到房间，他的好朋友——一只名叫飞罗的小鸟就会来到窗台，与他交谈。周国平认为这个飞罗其实就是菲卢，是他的那个理性的自我。我不断地猜想、综合，写成了关于儿童哲学教育的文章——《当教室里飞来哲学鸟的时候》……

  呵，猜想性阅读把我带到了思想的远方。当读书建议成为阅读信条的时候，我们离思想的远方就不远了。

教师写作要有"自己的房间"

一 | 不必把教育写作看得过于神圣，但心里一定要有"神光"

写作当然是崇高的、神圣的。但是，写作，包括教育写作，不能过于强调崇高感、神圣感，但一定要倡导生活感，要有生活的愿景，要有自己的价值梦想。我就有这样的梦想。

读师范时，自以为作文还不错，还和同学办起班报，取名为"学步"。我曾对要好的同学说过这样的话：以后，我一定要有篇文章登在《新华日报》上。我直到今天都深以为，文章登在《新华日报》上，是光荣的，而且是神圣的。也许这是我教育写作梦的开启。有没有这样的梦很不一样。之所以六十多个年头过去了，我还记得这句话，还常常提起它，是因为它已长在我的心里了。如果呵护它，时时滋养它，总有一天它会萌发、长成一棵树的——不敢说好大一棵，但至少是一棵直直的树。

师范毕业，等待分配工作的那段时间，我看了不少的电影文学类的刊物，像着了魔似的。边看边想，我能不能也写个电影文学作品呢？如果能拍成电影更好。这也是一个梦，可至今都没有实现，看来将来也无法实现了，不过梦已写在我的教育生涯里了。我想，自己的教育人生不就是个美好的电影脚本吗？我们不是在讲述自己如电影一样的教育故事吗？当我在老去，当我们也老去时，回忆过往，就像翻看自己的电影。一幕幕，让自己怦怦心跳。

当了小学教师，我曾写过《柿子下的故事》，写的是校园里两棵柿子树结满了红红的柿子，成熟了，分给全校的同学，一人一只。故事登在儿童刊物上，好像是《儿童文学》。那篇故事，短短的，淡淡的，挺有味道的，像柿子一样有着清香。记得那天，一挥而就，有点春风得意。现在想起来，教育写作恐怕不能离开校园，更不能离开儿童。教育写作的源泉是丰富的校园生活，儿童则是灵魂的天使。我们得主动邀请灵感，教育写作就是把自己的灵魂安顿在校园里。

除了有自己的写作记忆，我还有他人的写作故事，尤其是作家的故事。一位作家通宵达旦地写作，天渐渐亮了起来。他搁下笔来到窗前，望着街上人们慢悠悠地走着，漂亮的姑娘出门了，小伙子们蹦跳着，店门开了，一切都活了。在清新的空气里，这位作家头脑更加清新，心里想：啊，生活真美好！一夜的写作多美好！原来，写作就是为了迎接这美好的清晨，写作就是清晨的开始。那么，教育写作呢？教育写作就是表达美好的生活，教育写作本身就是美好的生活。假若你看到雀跃着飞奔进校园的孩子们，假若你听到清脆的钟声，心头该涌起什么样的写作波澜呢？

我也记得美国女作家弗吉尼亚·伍尔夫，1941年离世。80年后的今天，关于她，人们仿佛只记住一句话："一个女人要写作，她必须有一个她自己的房间。"时至今日，她的这句"自己的房子"依然是女性独立意识与自由思想的一个重要象征。何止是女性，每一个人，每一个教育写作人，都应该有一间"自己的房子"。"自己的房子"不只是一个物理空间，更重要的是自由思想的心灵。对于教育写作，自由思想的心灵比写作技巧重要不知多少倍。

是的，教育写作是崇高的，是神圣的，但是崇高与神圣不应显山露水，更不应在口头，它们原本在自己的心灵深处，原本在自己的梦想追求中，自然而然地在自己的生活中。那梦想，那生活，就是心中的"神光"，而"神光"就在"自己的房子"里。

我们得有一间"自己的房子"啊！

二 | 不必把教育写作看得过于神秘，不妨从有感而发开始

写作有密码吗？如果有，怎么才能破解这密码？对这问题，我是无解的。

写作肯定有密码的，掌握密码的人才可能写得更好，其中一些人会成为作家。但是，我又觉得没有什么密码，把自己的真情实感写下来就可以了。不管有没有密码，我们不能把写作看得过于神秘，这会让教师产生畏惧感，慢慢产生拒绝感。教育写作首先是情感问题，让教师爱上写作，让爱的情感走在写的前面，先别管写得好不好，在爱的驱动下先写起来再说。要说密码，也许"爱""喜欢"是"第一密码"。而"爱""喜欢"需要激发，鼓励是最重要的激发力。

我从小就有这样的体验。我小学就读于南通师范学校第一附属小学，大概五年级的时候，我常到大礼堂去，因为那里有个壁报栏，介绍的是学生的好作文。一次我看到哥哥的作文，"成尚鸿"三个字赫然在目，像是红红的火焰在燃烧、在跳跃。哥哥是我的榜样，我决心向他学习，把作文写好。六年级时，最盼的是作文评讲课，因为评讲课老师要面对全班同学读最好的作文，有好几次，我的作文被挑上了。有一次，老师读了我的作文，到走廊里，和隔壁班的老师说着什么，又把我的作文交给了那位老师，原来我的作文又要

在兄弟班级作为优秀作文朗读,作为范文让大家赏析。那情景至今我都没忘记过,近70年了,恍如昨日,清清楚楚。现在回想起来,我仿佛又回到儿童时代,陶醉在作文范文被朗读、被称赞的幸福与激动之中。鼓励,表扬,赞美,是一种力量,它让你心向往之,巴望下一次作文、下一次作文评讲快点来到。现在回想起来,在大礼堂,那交换作文的走廊正是那间"自己的房子",是属于我的。

这是颗种子,总有一天会苏醒过来。这颗种子是我当了江苏省教科所所长的时候苏醒的。省教科所办了份刊物《江苏教育研究》,后来从双月刊改为月刊,每期都有卷首语,作为杂志主编(挂名的)的我揽下这活。写了好几期,反响挺不错,听到不少赞扬的话:精巧、有闪光的思想、有色彩的文字。但是,一位老领导却说:"这是什么文章,都是有感而发。"意思是缺少科研含量,没有深度。听了以后,我问所里的学问家孙孔懿先生,对这一评价我该怎么对待。孔懿先生回答得十分干脆:"你走你的路,保持自己的风格。"我想,对啊,文章怎能"不有感"而发呢?"不有感","发"什么?写什么?即使是科研论文,也总是在实验、研究、实践、思考中有了"感"才"发",才能"发"啊!于是,我坚持了下来,写了不少的"有感而发"的卷首语。一次,听到时任刊物副主编的蔡守龙正在和一位校长说什么,听起来好像是下一期的卷首语会更精彩,这话对我又是极大的鼓舞,给了我新的信心。

现在我也会写所谓的论文了,有的篇幅还很长,在《教育研究》《人民教育》《课程·教材·教法》《中小学管理》《北京师范大学学报》《西北师范大学学报》上刊登,《新华文摘》还转登我的文章。看来,教育写作从"有感而发"开始,这也许是破解密码的好办法。我们千万别看不起有感而发的小文章,千万别看不起感性的表达,因为,那是灿烂的感性,那是教师写作最接地气、最温暖、最明亮的那间"自己的房子"。

三 | 不必把教育写作看得过于专业，
不妨把视野放开放大

教育写作必须体现专业的特点，专业性是教育写作的规定性，教育写作属于专业写作。不能体现专业性，不能遵循专业写作的规律与特点，不能称之为教育写作。问题是怎么理解专业性，怎么把握教育写作的特点与要求。

从题材与文体上来看，教育写作涉及许多学术领域，也涉及各种不同的体裁，当用融通来应对专业性。吴宓先生是研究世界文学史的大家，写就《世界文学史大纲》。他在书中对哲学、诗、小说、戏剧有不同的比喻。他说："哲学是气体化的人生，诗是液体化的人生，小说是固体化的人生，戏剧是固体气化的人生。"他的意思是，哲学重理，诗重情，小说重事，戏剧重变。说得"特"有道理、特别精彩。我从中领悟到不同的学科领域、不同文艺作品有不同的样态，不同的样态体现了它们各自的特质，这就关涉写作的专业性问题。同时，他的论述中有几点值得我们关注和思考。一是这些个"化"，是个过程，内含着变化的意思，变化意味着生成，所以，有时候不必过于拘泥于形态与样式，可以开放点、自由点。我以为戏剧固然体现了学科领域、写作样态的融合，其他的也可以是一种融合体。二是吴宓先生说的是"人生"。人生是丰富的、多彩的，是复杂的，充满着许多不确定性，因此也放开点、自在点，生活、人生是专业写作的最根本的专业。三是，无论是理，还是情，无论是事，还是变与不变，都是相对的，都交融在一起，你中有我，我中有你，这种融通性已成为一种趋势，所以，专业的融通性，正在为专业写作呈现开放状态。教育写作，既有学科的个性，更有共通性，尤其对教师的教育写作应当放宽一些，放宽才能放活，放活才有教育人生特有的意蕴。

从做学问的方向看，当用打开的方式应对专业性。施蛰存先生说得好。

施蛰存是现代派作家、文学翻译家，是著名学者。他说自己的人生推开了四面窗：东窗是文学创作，南窗是古典文学研究，西窗是外国文学翻译，北窗为金石碑版整理。他说，他从不为自己设限。"不设限"，不加上条条框框，不设固定的标准，而是向四面八方打开，各有各的风景，各种视域形成重叠与融合，一定会带来创新。在这个过程中，对专业的要求无形中会有所放松。教师的写作就应这样，"不设限"，或者不要过多地设限，让教师自由地写作。倘若能如此，便解放了教师，教师的心灵便自由起来，教育写作一定会在轻松的状态中走向积极的、多彩的创作。这是多么生动的情境啊！

从写作风格来看，教师的教育写作当用生活的情趣与想象来应对写作的专业性。先讲一个故事。陈之藩教授是自然科学散文家，曾有一篇演讲稿，题目为《谈风格》。其中一节说到剑桥北边的一条新河，水清鉴人，照出岸上的小紫花。朋友问他作何想时，他答道："我现在想的是袁枚的诗，'临水种花知有意，一枝化作两枝看！'"啊，多富有想象力，多富有情趣。再讲一个故事。作家宗璞先生做了眼科手术，视力略有提高，写信报喜："方才有一只喜鹊从窗前过去，我看见了尾巴长长的影，且是淡水墨的写意画。"她是随意看的，一般人却是看不见的。这是因为她有想象力，她有无限的生活乐趣。教师写作肯定有自己的风格，但风格即人格，人格在生活里培育与塑造。尽管风格是个专业问题，但风格最终在生活里呈现，专业也将在生活里飘散。

这部分我有故事可讲，但以上故事比我的故事精彩，还是把自己的故事收起来吧。不过，我和他们一样都有"自己的房间"，特别明亮。

四 | 不必把理性、理论看得过重，但一定要用感性去表达理性或理念

教育写作当然要强调理性，没有理性的文章深度不够，也当然要强调理论支撑与阐释，否则写作站不到高位上去。从总体上来看，教师写作的理性不够，是短板、软肋，必须努力克服，逐步提高。但是关于理性与感性的问题要澄清。

感性与理性都是认识世界、把握世界的一种方式，两种方式都重要。感性强调感情、想象，理性强调逻辑与论证，只有感性表达，写作会浅；只有理性表达，写作则会干涩，因此两种方式应当结合起来。

有学者称感性是灿烂的，前文已有所涉及。感性之所以灿烂，因为它倡导情感，情是纽带，感情是燃料，会带来动力，也会带来生动活泼的氛围，带来浓浓的兴味，情感的最高层次是审美感，审美往往推动创造。感性的确是灿烂的，所以教师们完全不必为自己的感性表达而自惭形秽，相反这是优势，应当自豪。试想，教师的教育写作，没有真挚而丰富的情感，那文章不就是一台冰冷的机械吗？冰冷的美丽，固然也是美，但不是教师、更不是学生所喜欢的。

黑格尔有句名言："美是理念的感性显现。"教师就应当这么努力表达。前段时间我写了一篇随想录，题目是《目的与目的性颤抖》（已录在《年轻的品格：教师的精神气象》里了），就是力图用感性来表达理性。文章举的是鼓王安志顺的故事，安志顺，一生打遍各种鼓，将陕北硬汉的豪情与担当和一辈子的生命体验全敲在鼓上，用鼓声讲述民间故事，传递人间喜怒哀乐，将原本单调的鼓乐演奏得有声有色、有灵性、有情味。意大利作曲家称他为"中国打击乐的贝多芬"。他在加拿大演出时，当地媒体评价称："中国的打击乐把

加拿大人打得灵魂出窍。"我在写这篇小文时，论述了目的不能过强，更不能过于功利，防止产生目的性颤抖。文中说："不打'退堂鼓'，也不打'升堂鼓'，不写'急就章'，一切都在努力中，一切都会自然生长起来。"事实证明，这样的表达方式大家是喜欢的。文中一句话大家觉得特别有意思："打了一辈子鼓，还'蒙在鼓里'"，意味深长啊！这是什么？是感性？是理性？抑或是用感性表达的理性？都对吧。

原来，这也是我"自己的房间"啊，真好，真美，真亮！就是这"自己的房子"让我们不会蒙在鼓里。

"蚂蚁写作"：教师写作的"我自己"

教师写作是个热门话题，这是好事。老师们用阅读为教书育人铺上厚实又灿烂的底色，又将写作当作教育生涯的生命表达，并搭建与大家对话、交流的平台。阅读与写作这对闪着荣耀的双子星座已融入教师的生命，化作自我启蒙、完成使命前行路上的灯塔，照亮自己的内心，也放出光芒，为孩子的未来送去成长的能量。

对于教师写作，我本没有多少想法，也写不出有什么新意的东西来。不过春节期间翻了些书看看，再动动笔，似乎又有了一点体会。心里有个声音在催促我：快写出来吧，挺好的。我是个能听从内心召唤的人，一如法国法学家孟德斯鸠所言："任何外部的力量都抵不上自己内心强烈的呼唤。"内心的呼唤是种原生力。

这次是作家宗璞先生的一段文字冲击了我。宗璞的父亲是冯友兰先生。宗璞评价冯友兰的一生学术成就说了三句话，即"父亲的一生有三方面的贡献：一是写出了第一部完整的运用现代逻辑方法的中国哲学史，是这个学科的奠基人之一；二是建立了他自己的哲学体系；第三他是一位教育家"。受父亲的教诲与影响，她走上了文学创作之路，并在艰难的跋涉中顽强地向前进，她说："痴心肠要在葫芦里装宇宙，只且将一支秃笔长相守。"1957年她在《人民文学》上发表小说《红豆》，当时只有29岁，好年轻啊。正是《红豆》让她赢得了很高的声誉，后来也带来了不少麻烦，但她在短暂担忧后，又开始了写作的新征程。现在的宗璞自评为"一只蚂蚁"，她的写作像蚂蚁在爬，写一天病两天，可是如果不写完又很不甘心。王蒙称她为"蚂蚁著书"。形象化的表达折射了宗璞的人生、情怀与精神。宗璞值得我们学习，尽管她是作家，我们是教师，但精神尺度应该是一样的，而且在某种程度上，极有相似性：教师不可能有整块的时间来写作，"蚂蚁写作"也应该是教师写作的特点。教师应在"蚂蚁写作"中走出一条路，让生命歌唱。

对我们写作还有极大启发的，还有一位记者采访宗璞后写的下面这段话："曾经有人问她，为什么写小说？她说，不写作对不起在身边凝固的历史；为什么写散文？不写对不起胸中的感受；为什么要写童话？不写对不起脑子里的梦；为什么要写诗？不写对不起耳边歌唱的音符。"（舒晋瑜著，《风骨》）我试着想一想，如果有人问我，为什么写文章？我该怎么回答呢？我的回答是："不写对不起那脑海里翻滚着的教育美好想象。"老师们，如果也有人问您，您该怎么回答呢？不管是什么样的答案，都是老师们发自心灵的真实体验与感悟，所有的回答可能都离不开四个字：教育，孩子，或是教书育人。

说到孩子，便想起了任溶溶。大家都知道他是著名的儿童文学作家，是一个内心活泼、阳光、充满童心的老人，遗憾的是百岁儿童在2022年离开了我们。你听，他朗读自己的小诗《没有不好玩的时候》："一个人玩，很好！独自一个，静悄悄的，正好用纸折船、折马……两个人玩，很好！讲故事得有人听才行……"像是一个小孩在吟唱，脆脆的，乐乐的。任溶溶说，写作要有灵感，灵感来自哪里？瑞典儿童文学作家林格伦说，世界上只有一个孩子能给她灵感，那就是童年时代的"我自己"。任溶溶也是如此，他说："我写儿童诗，很多的创作都在写小时候的自己。"自己给自己灵感，但是"我自己"绝不仅仅是自己一个人，而是自己童年时代的体验记忆，"我自己"已成了儿童、童年生活的隐喻。这就让我想到，教师的真正写作是一次生命的回溯或是回归，同时又是一次生命新的重生，因为，我们面对的正是当下的儿童，那些活泼可爱的小精灵们，但仍然是"我自己"。老师们写作，一定要把自己放进去，又把自己放出来，即使是科研写作仍应该如此，因"为儿童研究儿童""为儿童写儿童"，这是科研写作的宗旨和境界。

回到童年时代的"我自己"，内含着一个重要的意思：写作的动力是想象力。儿童具有无垠的想象力，"我自己"让想象力又一次勃发与腾飞。《流浪地球》的作者刘慈欣说："在数字化时代、人工智能时代，人类有一个无法代替、也无法超越的优势——想象力。"想象冲破了一切边界，也将冲破思想上的禁锢。教育教学是个想象的过程——我认为。我想将这样的过程叫作教育想象、教学想象，也应是儿童成长的想象。一个思想空洞、想象贫乏的教师，不可能有杰出的教育设计、有创意的活动。想象让写作长上了翅膀飞到世界各地，飞往未来。一个孩子的成长想象，一个教孩子的教师也应该让自己能像孩子那样有惊奇感、陌生感、颠覆感，让自己能够异想天开，有奇思妙想。诗人邵燕祥曾经写过一首诗：《放风筝的孩子，你到哪里去了》，将童年的经历与当下的现实发生了链接，邵燕祥的想象力像风筝在蓝天里飘荡、飞翔。想象力的确是教师写作的不竭动力。

作家、学者将写作看作是"心灵文本"，比如历史学家宁宗一。他善于反思，他如易卜生所说，"坐下来重新审视自己"，然后"希望自己重新上路"。他还说，写作是"努力给历史留份底稿"。他是作家，是学者，不过我们教师的每次写作，其实也都是在"坐下来审视自己"，所写的东西不管大小，是不是也给自己的教书育人历史留了一份底稿呢？我想，应该是的。

好文章在孤灯下

我常有对灯光的遐想。

昆剧《班昭》里有一段唱词:"最难耐的是寂寞,最难抛的是荣华。从来学问欺富贵,好文章在孤灯下。"这段唱词反映出读书人、学问家的情怀、品格与精神境界。

"最难耐的是寂寞",读书人、学问家需要有"昨夜西风凋碧树,独上高楼,望尽天涯路"的精神境界。当下社会太浮躁,让自己静下心来,审视人生,深思学术,这是对浮躁的抵抗。在寂寞中思考探索"最难耐",却最迫切、最重要。

"最难抛的是荣华",金钱的诱惑,权势的炫耀,表面的风光,都是读书、做学问的大敌。"从来学问欺富贵",真正做到,很难。在金钱、财富、荣华面前作何选择,对读书人、对教师、对所有知识分子都是严峻的考验。

耐住了寂寞,又抵御住金钱、权势、荣华的诱惑,守住了初心,长期坚持苦心孤诣,"好文章就在孤灯下"了。这孤灯,始终亮在心里,发出崇高、神圣之光,自然就能产生好文章,做出真学问。

曾读到吴健雄的故事,这位物理学家帮助杨振宁、李政道获得了诺贝尔物理学奖,功不可没。能做出如此贡献,那是因为她有"好文章在孤灯下"

的高尚品格。她曾经对世界一流大学下过这样一个定义：世界一流大学，是深夜站在校园里，教室、实验室、阅览室、图书馆、会议室、宿舍……所有的窗户里都亮着灯光，通宵不灭。那些灯光下，是一本本经典，一项项计划，一个个实验，一场场头脑风暴……"宝剑锋从磨砺出，梅花香自苦寒来"。其实，"孤灯"虽苦，却不孤。能做出如此贡献，还因为她始终牢牢记住乡愁，念想着大洋彼岸她的祖国。在她心里，祖国就是一盏永远亮着的灯，在等着她。有人给她写下这样的墓志铭："优秀的世界公民，和一个永远的中国人。"是故乡的灯，祖国的灯，照亮了她科学研究的征程。

教育家匡亚明，从吉林大学来到南京大学当校长，满肩的责任，一身正气，一心为学校。一天深夜，他来到教工宿舍区，抬头望，宿舍楼三四层已熄灯，而其他各层窗户里都还亮着灯。他知道，熄灯的楼层里住的都是学校行政干部；其他楼层住的是教授、教师，他们还在备课，还在研究，还在工作。没过几天，也是深夜，他让学校行政干部都到教工宿舍区看看。他毫不含糊地说，把最好的楼层让给教授们住。此后，三四层窗户里也亮起了灯光，通宵不灭……

灯光的故事是说不完的。"好文章在孤灯下"，孤灯创造着灿烂文明，从古到今，不眠不息。

后记

《青春的旗帜》是《年轻的品格》的姐妹篇，有一个共同的主题："教师的发展"。我一直在找寻教师专业发展的新领域、新视域、新实践，渐渐地我明晰了两个重要维度，一是教师的精神气象，一是教师的人生意义坐标。这一姐妹篇正是这两个维度的各自开展，更具"道"的意义。

在我的理念系统里，年轻与青春始终是个核心概念，而无论是年轻的品格还是青春的旗帜，都指向人的精神层面，强调意义的创造；而且所有的年轻、青春都指向全体教师，年轻、青春绝不只是属于青年教师的。教师是立德者、立功者、立言者，无论在哪个年龄段，教师的精神生命都是不朽的。我想唱响中国教师的青春论。

与此同时，这一核心概念与我人生的经历，尤其是与退休后的感受密切相关。所谓的"黄昏起飞计划"只不过是想构建自己的"童性人生"，我并没有一个写在纸上的"黄昏起飞计划"。也许，这正是我想"老夫聊发少年狂"，发一把吧。不过，这是我"太阳底下的坦坦荡荡"——黄永玉说的，我认同，我也一直在追求。

这本书本在去年就该出了，却一直在等着，因为她还缺少一个灵魂。这次，"青春的旗帜"是半个月前才确定的。她是理想的旗帜、信念的旗帜、使命的旗帜，燃烧激情，指引方向，当青春的旗帜飞扬起来的时候，青春才是真正有意义的，生命才是澎湃的。于是我和长江文艺出版社秦文苑老师联系，得到她的认可和支持。她以神速与我沟通、整理意见、调整结构，还专门来南京当面讨论，我很感激。我也以神速，半天一篇，补写了与主题更切合的八篇新稿。谢谢长江文艺出版社，谢谢秦老师，谢谢美编老师。

当然，我要感谢老朋友、好朋友的关心与帮助：孙孔懿研究员、江苏省教育学会原副会长叶水涛、江苏省教科院副院长张晓东、南京市教研室管理室主任杨健、南京大学吕林海教授、全国著名特级教师周益民、江苏省教育出版社小学分社社长周红、南师大博士生翟毅斌，还有许鹏；感谢伊顿纪德《优教育》单婷婷主编和雷林翰老师对我的支持和帮助；感谢杨恩典和赵治军小友提供资料、帮助我录入文章。要感谢的朋友太多了！

我还想说一句过去从未说过的话：感谢我的夫人吴铁方和儿子儿媳成则夫妇。这本书也是我献给家人，尤其是小孙女安歌的又一份礼物。

成尚荣

2024.8.1 于北京